太原海关年鉴

2023

《太原海关年鉴（2023）》编纂委员会 编

中国海关出版社有限公司
·北京·

图书在版编目（CIP）数据

太原海关年鉴．2023/《太原海关年鉴（2023）》编纂委员会编．—北京：中国海关出版社有限公司，2024.5

（中国海关史料丛书）

ISBN 978-7-5175-0808-3

Ⅰ.①太… Ⅱ.①太… Ⅲ.①海关—太原—2023—年鉴 Ⅳ.①F752.55-54

中国国家版本馆 CIP 数据核字（2024）第 108799 号

太原海关年鉴（2023）

TAIYUAN HAIGUAN NIANJIAN（2023）

作　　者：	《太原海关年鉴（2023）》编纂委员会
责任编辑：	刘　婧
责任印制：	王怡莎
出版发行：	中国海关出版社有限公司
社　　址：	北京市朝阳区东四环南路甲 1 号　　　邮政编码：100023
编 辑 部：	01065194242-7544（电话）
发 行 部：	01065194221/4238/4246/5127（电话）
社办书店：	01065195616（电话）
	https：//weidian.com/?userid=319526934（网址）
印　　刷：	北京中科印刷有限公司　　　　　　　　经　　销：新华书店
开　　本：	889mm×1194mm　1/16
印　　张：	21　　　　　　　　　　　　　　　　　字　　数：506 千字
版　　次：	2024 年 5 月第 1 版
印　　次：	2024 年 5 月第 1 次印刷
书　　号：	ISBN 978-7-5175-0808-3
地图审图号：	GS 京（2022）1441 号
定　　价：	210.00 元

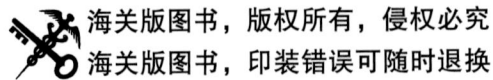

《太原海关年鉴（2023）》编纂委员会

主 任 委 员　　高继科　江　林

副主任委员　　张　军　丁三寅　单　烜　丁传民　张　彦
　　　　　　　　周　竣　马海涛　田　垚

编纂委员会委员　郝　犨　廉慧锋　田宝珍　王云飞　赵宇晨
　　　　　　　　闫玉芳　梁建玉　王怡敏　孙卫东　闫国清
　　　　　　　　宋振宁　文高生　贺建萍　傅英文　蒋雪梅
　　　　　　　　张志瑞　车家春　董旭亮　宋　雷　黄金红
　　　　　　　　吴泽元　郝新敏　许卫东　李　刚　孙英泽
　　　　　　　　王　谊　胡　博　王　鹏　张芝荣　王　红
　　　　　　　　魏　斌　安东云　吴海军　康　杰

《太原海关年鉴（2023）》编辑部

总　　编　　田　垚　廉慧锋

副 总 编　　郑　罡　郑　炜　吴海军

执 行 主 编　　宋　阳

执行副主编　　孙　扬　杜义新　李芊芊　延大海

编辑部成员　　高瀚林　王凌云　朱运红　孙世龙　裴晗言　马　榕
　　　　　　　路志昊　李　挚　左云伟　张国琴　魏晓君　王海涛
　　　　　　　苏　冰　韩俊华　崔　珺　师云龙　杜　伟　梁少华
　　　　　　　倪　松　郭艳丽　郭　超　刘小丰　相小曼　申梦童
　　　　　　　赵宇桐　马艳芳　祁浩南　苏　南　周轩德　李俊革
　　　　　　　高媛惠　王文娟　孟　涛　刘　祺

前　言

中华人民共和国太原海关，简称"太原海关"，是中华人民共和国在山西省设立的进出境监督管理机关，直属于中华人民共和国海关总署（以下简称"总署"），负责海关监管、出入境检验检疫、征收关税、海关统计、打击走私等工作。在中华人民共和国成立之前，山西省的对外贸易主要通过天津、汉口等口岸通关。中华人民共和国成立后至1985年前，山西省境内未设立海关机构，山西省对外贸易通关口岸为天津、青岛、北京、深圳、二连浩特、满洲里等10余个主要口岸。1985年9月，经山西省人民政府申请，国务院批复同意设立太原海关。同年12月，总署委托北京海关负责组建太原海关，并从二连浩特、满洲里海关抽调业务干部协助筹建工作。1987年1月15日，太原海关正式挂牌成立并对外办公。辖区范围为山西省全境，面积15.66万平方千米。主要业务是对山西省境内的转关运输、加工贸易、进出口货物的监管、征税、统计和查缉走私等。

太原海关建关初期，隶属于北京海关，为北京海关下设的跨行政区域的正处级分关。1989年升格为北京海关的副厅级海关。1992年8月，总署决定将太原海关调整为总署直属机构。1999年4月2日，总署批复太原海关成立中华人民共和国太原海关走私犯罪侦查分局（正处级）；9月27日，太原海关走私犯罪侦查分局正式挂牌成立。

2000年12月底，太原海关办公地址由太原市迎泽大街155号搬迁到太原市学府街112号。2002年10月23日，经国务院批准，总署批复同意太原海关设立大同、侯马海关；10月27日，大同海关开关，正式对外办理海关业务，其辖区范围为大同市和朔州市；10月29日，侯马海关开关，正式对外办理海关业务，其辖区范围为临汾市、运城市和晋城市。

2003年1月1日，依据《国务院办公厅关于海关总署走私犯罪侦查机构职能调整和更名的复函》，太原海关走私犯罪侦查分局更名为太原海关缉私局。2003年4月，总署批复太原海关驻机场办事处由正科级调整为副处级，隶属于太原海关。2004年1月18日，经国务院同意，太原海关调整为正厅级机构。2004年9月15日，总署同意将太原海关驻机场办事处调整为太原机场海关，对外全称为中华人民共和国太原机场海关，机构级别为正处级，隶属太原海关。

2018年4月，按照党中央国务院关于机构改革的决策部署，山西出入境检验检疫局管理职责和队伍划入太原海关。2020年9月，按照党中央关于海关缉私部门管理体制调整重大决策部署，太原海关协助缉私部门推进机构改革。

2022年，太原海关坚定政治信仰，扛起政治责任，切实将思想和行动统一到党中央决策部署上来。深入学习贯彻党的二十大精神。党委班子带头学习宣讲，研究制订贯彻落实方案，迅速掀起学习宣传贯彻党的二十大精神热潮。各基层党组织通过党员大会、支委会等方式组织党的二十大精神专题学习143次。坚决贯彻落实习近平总书记考察调研山西重要讲话重要指示精神。把习近平总书记重要讲话和重要指示批示作为行动号令，按照总署党委建设社会主义现代化海关要求，充分发挥海关职能作用，不断优化口岸营商环境，支持山西打造内陆地区对外开放新高地。坚持"人、物、环境"同防、"多病共防"，加强入境分流航班检疫监管。开展"蓝天2022""国门利剑2022"专项行动，对"洋垃圾"、象牙等濒危物种及其制品走私实施全链条打击。坚决落实总体国家安全观，开展安全生产专项整治三年行动和平安山西建设，建立安全生产风险隐患信息"吹哨人"预警机制。巩固脱贫攻坚成果，助力乡村振兴，太原海关驻兴县驻村工作队获评"山西省脱贫攻坚先进集体"称号。

2022年，太原海关深化改革创新，促进保稳提质，服务山西高质量发展。落实总署促进外贸保稳提质部署要求，支持山西全方位推动高质量发展。落实《海关总署关于印发促进外贸保稳提质十条措施》，制定实施促进山西省外贸保稳提质25条措施。为服务长治、吕梁革命老区外贸高质量发展，制定落实服务革命老区外贸高质量发展16条措施。2022年，山西进出口总值1845.6亿元，同比（下同）下降16.7%。深化海关改革，提升贸易便利化水平。持续压缩整体通关时间，2022年进出口整体通关时间分别为31.14小时和1.13小时，优于全国平均水平。2022年，新增进出口企业增长101.2%。全面推广国际贸易"单一窗口"，主要业务覆盖率100%。优化行政审批服务，网上办理率99.8%。进一步加大"证照分离"改革力度，持续落实精简监管证件、简化随附单据等通关便利化措施。落实服务RCEP（《区域全面经济伙伴关系协定》）促进山西外向型经济发展10项措施，2022年签发RCEP原产地证书1466份。促进跨境电商新业态发展，太原、大同、运城跨境电商综合试验区正式获批。2022年审核减免税款1.42亿元、增长92.6%。服务对外开放平台增量提质，助力山西打造内陆地区对外开放新高地。支持跟进中国（山西）自贸试验区申建，扎实做好自贸试验区海关监管制度复制推广。积极支持申建太原阳曲综合保税区。出台支持太原武宿综合保税区发展12条措施，防范打击虚假贸易，助力太原武宿综保区健康有序发展。服务"南果中粮北肉"出口平台和"东药材西干果"商贸平台建设，多种"特""优"产品实现出口"零"的突破。持续深化支持中欧班列发展6个方面16条措施，2022年监管中欧班列94列。

2022年，太原海关坚持海关为民，狠抓工作落实，发挥海关职能作用。加强实际监管。发挥风险管理的先导和引领作用，落实口岸安全风险联合防控机制，加强与国安等部门的协作配合。持续织牢织密非贸风险防控网，针对重点敏感领域开展精准布控。持续推动海关监管作业场所（场地）规范化建设，视频监控实现全覆盖。健全完善进出口商品安全风险预警和快速反应监管体系，严格危险化学品等重点敏感商品监管。筑牢口岸检疫防线。构建进出口食品安全体系，推进进口食品安全放心工程"国门守护"行动，开展供港澳食品安全专项整治。保障国门生物安全，有序开展疫病监测、安全风险监控和国门有害生物安全监测。深化综合治税。坚持依法科学征管，落实税收征管方式改革任务，推进属地纳税人管理，全面推行"一保多用"政策，建立太原海关纳税遵从度评估指标体系。优化验估作业，提高估价能力。保持打击走私高压态势。深入开展打击走私"国门利剑

2022""蓝天 2022""护卫 2022"专项行动，重点打击"洋垃圾"、武器弹药、毒品、反动宣传品等走私以及"水客"走私违法行为。

2022 年，太原海关扎实推进全面从严治党、从严治关。党的建设持续加强。牢记海关是政治机关的本质属性，从严落实管党治党责任，深化"强基提质工程"，认真落实意识形态工作责任制，党委领导能力和管理水平不断提升。从严从实开展"学查改"专项工作和强化政治机关建设专项教育活动，狠抓党风廉政建设和反腐败工作，努力涵养风清气正的政治生态，全体党员干部政治素养不断提高。锲而不舍落实中央八项规定精神，深化纠治"四风"，加强教育引导和监督检查。持续推动精神文明创建工作，太原海关机关获评第六届"全国文明单位"，所属 11 个隶属海关、3 个事业单位均被命名为"山西省直文明单位标兵"。干部队伍持续优化。坚持正确选人用人导向，进一步突出政治标准，确保选拔任用的干部信念坚定、政治过硬。2022 年共开展机关干部选拔任用 7 批 54 人次、职级晋升 5 批 37 人次，指导隶属海关党委完成科级干部选拔任用 10 批 12 人次、职级晋升 13 批 27 人次，依据领导干部能上能下规定免去处级领导干部职务 1 人，配合完成署管干部职级晋升考察工作 1 人。充分保障疫情防控人力资源配备需求，2022 年累计抽调 176 人次参加 7 轮次一线疫情防控工作。注重分级分类，持续提升教育培训质量，全年组织开展集中培训 46 期、364 人次参训，干部学时学分达标率 100%。强化正面激励，对各项工作表现突出的集体和个人给予集体嘉奖 25 个，记个人三等功 30 人，记功 3 人，给予个人嘉奖 138 人，通报表扬 115 人。

太原海关

比例尺 1:2 000 000

序号	类型	口岸名称	批准开放时间	口岸性质
1	航空口岸(3个)	太原航空口岸	1993.3	国际常年
2		大同航空口岸	2019.11	国际常年
3		运城航空口岸	2020.1	国际常年

序号	隶属海关及派出机构
1	太原机场海关
2	晋阳海关
3	武宿海关
4	大同海关
5	临汾海关
6	运城海关
7	晋城海关
8	长治海关
9	阳泉海关
10	朔州海关
11	忻州海关

序号	海关特殊监管区域
1	太原武宿综合保税区

图 例

符号	说明	符号	说明	符号	说明
⊗	直属海关单位	⊙延布	外国首都	-------	地级市界
⊙	隶属海关	——	自治州行政中心 地区、盟行政公署驻地	·········	县（区、市）界
•	派出机构	⊙东城区	县（区、市）政府	━━━━	铁路
⊙	海关特殊监管区域	○庞各庄镇	乡（镇）政府、街道办事处	─S30─	高速公路及编号
●	口岸	✈北京首都 国际机场	机场	────	国道
🚆	铁路口岸	▲清水尖 1525	山峰 高程	────	省道
⚓	水运口岸	┝━━━┥	国界	────	其他道路
✈	航空口岸	┝━ ━┥	未定国界	〰️	河流 湖泊
🚌	公路口岸	--------	地区界	▭	沟渠
●	境外口岸	·········	军事分界线	▯	桥梁 渡口
⊙北京市	首都	—·—·—	省界	⚓	港口 码头
⊙石家庄市	省政府	── ──	未定省界	〰️	长城
⊙廊坊市	地级市政府	-------	特别行政区界	∞∞	珊瑚礁

注：本书中的关境图，不包括香港，澳门，台湾、澎湖、金门、马祖单独关税区。

海关专题图片 领导活动

△ 2022年1月26日,太原海关召开2022年度工作会议暨全面从严治党工作会议 (高瀚林 摄)

△ 团结奋进的太原海关党委班子 (延大海 摄)

> 2022年1月28日，关长高继科（左一）在太原机场海关调研冬奥会、冬残奥会航班备降保障工作和国际邮件疫情防控工作并慰问一线工作人员（倪松 摄）

> 2022年1月14日，太原海关党委书记、关长高继科（左一）春节前慰问退休干部（梁少华 摄）

> 2022年1月25日，党委纪检组组长张军参加全国海关纪检监察工作会议（视频会议）（高瀚林 摄）

> 2022年2月17日，党委纪检组组长张军（中）到基层联系点晋城海关稽查科党支部参加主题党日活动（赵宇桐 摄）

> 2022年5月25日，副关长丁三寅（前排中）到曲沃现代农业示范园区调研（陈丽雪 摄）

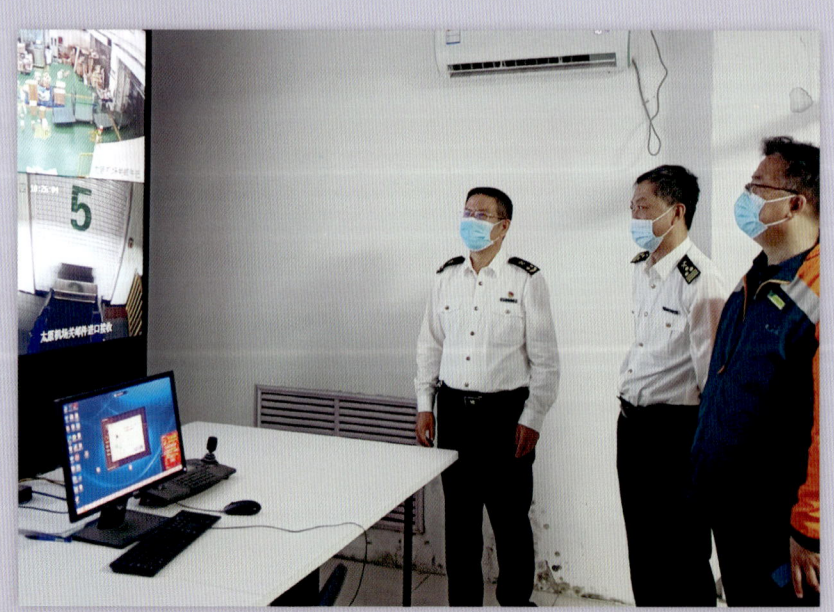

> 2022年9月29日，副关长丁三寅（左一）赴基层党建工作联系点机场海关邮件监管科党支部调研（倪松 摄）

< 2022年1月10日，缉私局局长单烜主持庆祝第三个中国人民警察节仪式（康崇辉 摄）

< 2022年6月20日，太原海关党委委员、缉私局局长单烜（左二）深入后勤管理中心开展安全生产大检查（延大海 摄）

< 2022年8月3日，副关长丁传民（中）主持召开分管部门巡视整改长效机制建设评估会（高瀚林 摄）

> 2022年5月26日,副关长丁传民（左三）到山西壶化集团股份有限公司调研（曹燕茹 摄）

< 2022年7月8日,政治部主任张彦到大同国际陆港调研（郭文静 摄）

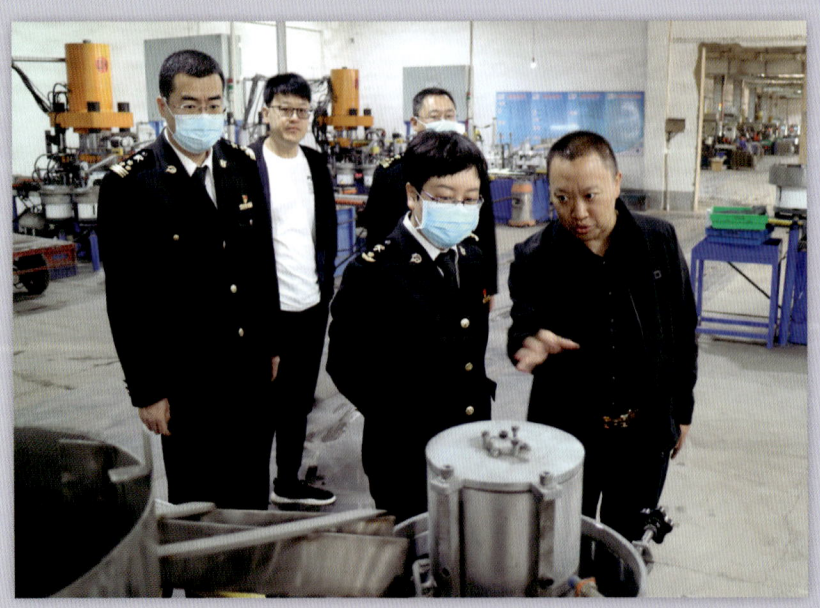

> 2022年5月18日,政治部主任张彦（右二）到阳泉海关辖区重点进出口企业调研（赵佳佳 摄）

铸忠诚

∧ 2022年1月17日,太原海关召开党史学习教育总结大会 (高瀚林 摄)

∧ 2022年1月21日,太原海关第三督导组到武宿海关督导2021年度党史学习教育专题民主生活会 (郭超 摄)

∧ 2022年2月23日,太原海关举办学习贯彻党的十九届六中全会精神专题培训班 (高瀚林 摄)

∧ 2022年4月28日,运城海关举办"喜迎二十大,奋进新征程"五四青年节演讲比赛 (许晓丹 摄)

> 2022年5月17日,太原海关联合督导组到运城海关检查党建工作（高洋 摄）

∧ 2022年5月19日,太原海关召开"捍卫'两个确立'、做到'两个维护'、强化政治机关建设"学习实践交流会（高瀚林 摄）

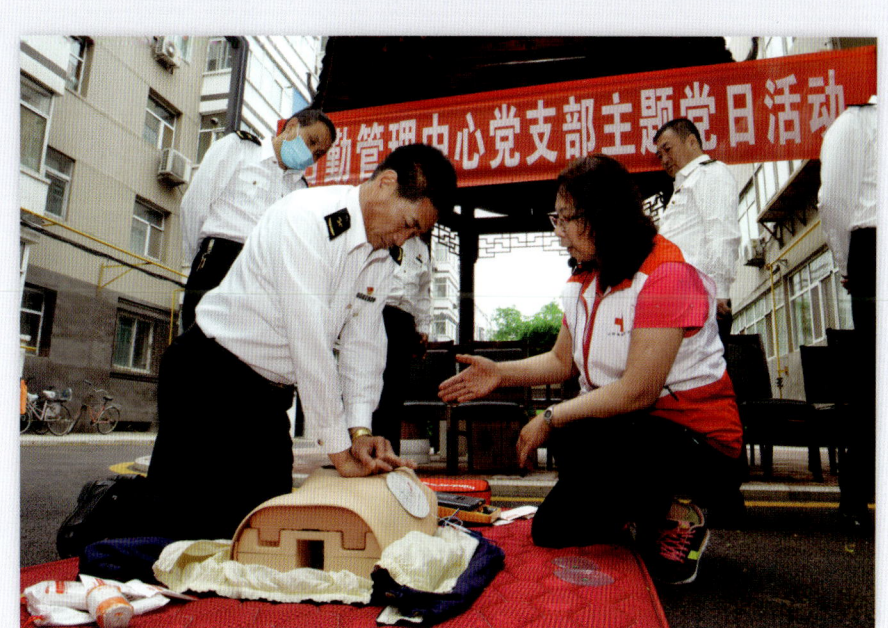

> 2022年5月31日,后勤管理中心党支部开展应急救护进社区主题党日活动（李俊革 摄）

> 2022年6月15日,技术中心开展"喜迎二十大 书香润晋关"青年读书分享活动（宋洁 摄）

< 2022年6月20日,长治海关开展"推进全面阅读 共建书香长关"主题党日活动（马艳芳 摄）

> 2022年6月23日,太原海关党委理论学习中心组赴黎城县黄崖洞红色教育基地开展体验式党史学习教育（吴海军 摄）

2022年6月30日，运城海关党总支开展"喜迎二十大 奋进新征程"主题党日活动（许晓丹 摄）

2022年7月7日，朔州海关党总支开展"喜迎二十大 奋进新征程"主题党日活动（曹泽宇 摄）

2022年7月14日，太原海关召开党委理论学习中心组（扩大）学习会暨"走好第一方阵 我为二十大做贡献"专题党课报告会（高瀚林 摄）

< 2022年7月18日，忻州海关党总支书记讲党课（张家维 摄）

< 2022年7月28日，太原海关党委巡察组在忻州海关召开巡察忻州海关党委情况反馈会（周轩德 摄）

∨ 2022年8月25日，太原海关举办党委理论学习中心组《习近平谈治国理政》第四卷专题学习班（高瀚林 摄）

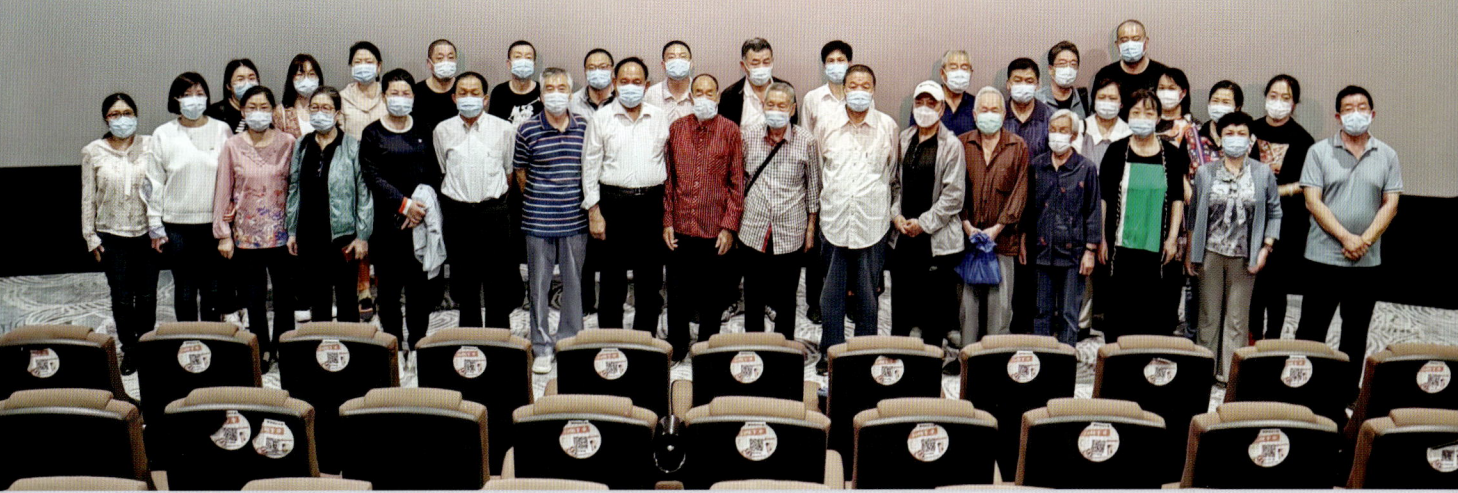

∧ 2022年9月2日,太原海关组织观看革命历史题材优秀电影《红光》(苏宇澄 摄)

> 2022年9月6日,太原海关组织干部职工到山西省党风廉政教育基地参观学习 (高瀚林 摄)

> 2022年9月16日,太原海关召开智慧党建系统推广应用培训会 (高瀚林 摄)

< 2022年10月16日,太原海关组织收看党的二十大开幕会（高瀚林 摄）

< 2022年10月18日,太原海关驻村工作队在吕梁市兴县奥家湾乡恶虎滩村宣讲党的二十大精神（兰东 摄）

< 2022年10月28日,太原海关召开党委理论学习中心组（扩大）学习党的二十大精神专题研讨会（高瀚林 摄）

△ 2022年11月1日,技术中心党总支开展学习党的二十大精神健步走活动 (高瀚林 摄)

△ 2022年11月8日,太原海关党委班子成员到太原机场海关宣讲党的二十大精神 (倪松 摄)

担使命

2022年1月1日，运城海关签发山西省首份RCEP原产地证书（许晓丹 摄）

2022年1月4日，太原海关组织召开业务和财务管理大检查推进会（高瀚林 摄）

2022年1月11日，太原海关业务和财务管理大检查复查复核到晋阳海关开展工作（高瀚林 摄）

> 2022年1月14日,太原海关召开太原海关稽查改革推动情况专题工作会议（高瀚林 摄）

> 2022年1月17日,太原海关召开"精品海关"建设总结表彰大会（高瀚林 摄）

> 2022年1月21日,太原机场海关开展航空器终末消毒监督（闫龙龙 摄）

< 2022年1月28日,太原海关调研北京冬奥会和冬残奥会航班备降保障工作和国际邮件疫情防控工作(倪松 摄)

< 2022年3月3日,太原海关召开"海关重点项目和财物管理以权谋私"专项整治动员部署会(高瀚林 摄)

< 2022年3月19日,保健中心工作人员开展核酸样本检测 (王文娟 摄)

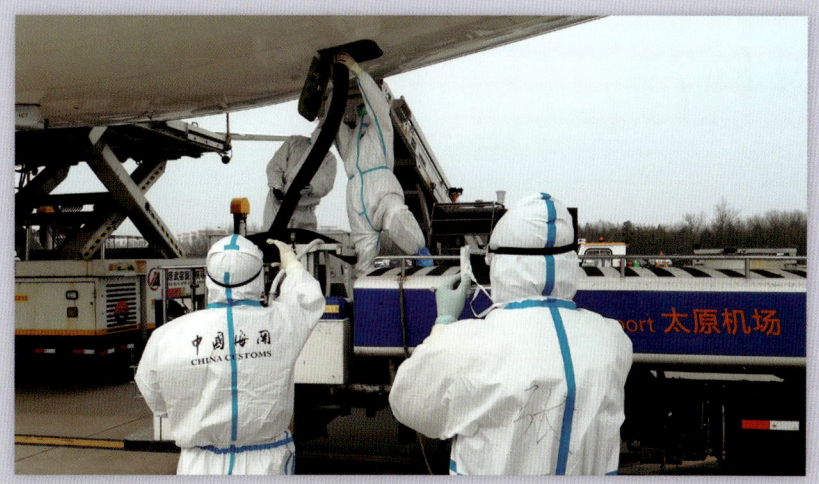

> 2022年3月21日,太原机场海关现场监督入境客机液体废弃物处置(倪松 摄)

> 2022年3月24日,太原海关在武宿国际机场现场指挥CA930(东京—太原)入境国际航班检疫监管工作(延大海 摄)

> 2022年3月24日,太原机场海关现场监督入境客机消毒剂浓度配比检测(倪松 摄)

> 2022年4月20日,晋阳海关党员递交参加口岸疫情防控请战书(任帅 摄)

< 2022年5月19日,山西省直文明办复核验收太原海关2021年度精神文明创建工作(高瀚林 摄)

> 2022年5月19日,太原海关关员使用远程流调系统对分流航班旅客实施电子流调(倪松 摄)

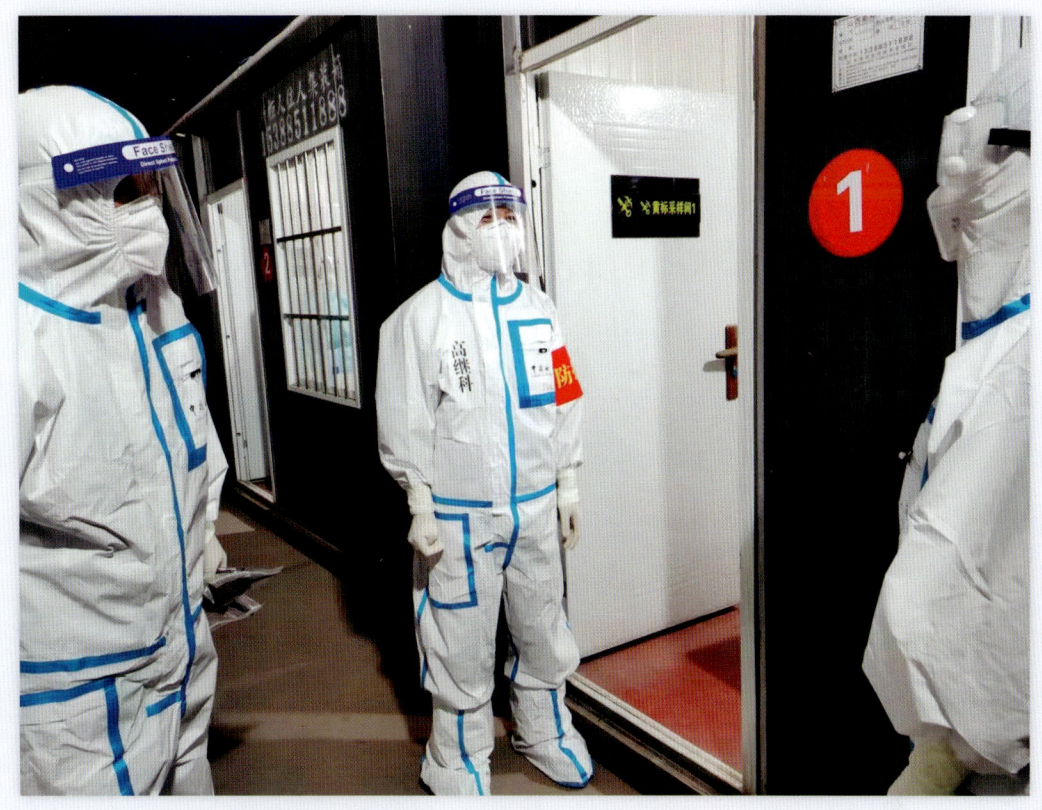

∧ 2022年5月19日，太原海关开展"关长走进口岸封管区"（倪松 摄）

∨ 2022年5月19日，太原机场海关口岸疫情防控全体人员保障入境分流航班（倪松 摄）

> 2022年7月28日,太原海关到兴县恶虎滩村调研帮扶(刘晋岩 摄)

> 2022年8月5日,太原海关召开晋南片区海关执法协作专题关长办公会(高瀚林 摄)

> 2022年8月15日,太原海关参加"服务黄河流域生态保护和高质量发展"关港铁区大协作机制(青岛)倡议发布会(张宁 摄)

> 2022年9月20日,太原海关召开总署疫情防控专项督查工作见面会(高瀚林 摄)

> 2022年9月29日,总署疫情防控督查组在机场海关实地督查(倪松 摄)

∧ 2022年10月21日,晋阳海关深入企业宣贯党的二十大精神(郭弘泰 摄)

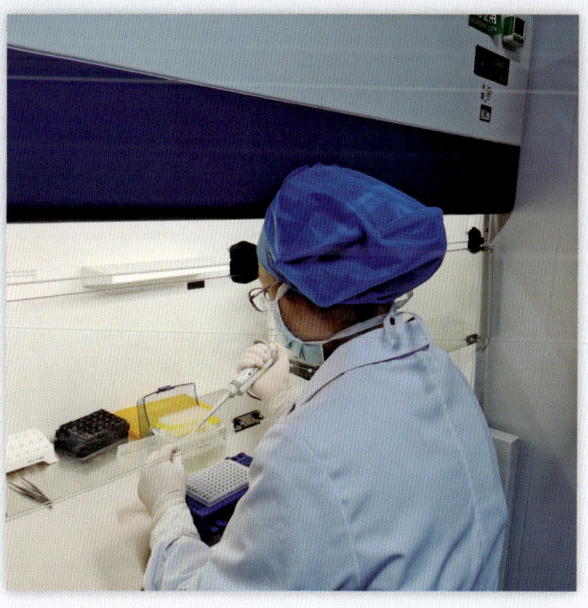

∧ 2022年11月25日,保健中心开展属地疫情防控核酸检测工作(王文娟 摄)

守国门

2022年1月21日,晋阳海关对富士康精密电子(太原)有限公司进口设备实施现场查验 (任帅 摄)

2022年2月15日,忻州海关开展供澳活牛检疫工作 (周轩德 摄)

2022年2月17日,太原机场海关开展春节后首架次货运航班监管工作 (倪松 摄)

> 2022年2月25日,太原海关召开2022年缉私工作会议(高瀚林 摄)

> 2022年4月8日,朔州海关深入中煤平朔集团有限公司开展货物验估(余凯 摄)

> 2022年5月26日,运城海关在出口备案果园施放外来有害生物监测诱捕器(高洋 摄)

2022年6月1日,忻州海关在五台山机场开展外来入侵物种普查工作(周轩德 摄)

2022年6月7日,运城海关对出口危险化学品开展检验监管(高洋 摄)

2022年6月15日,太原海关缉私局到企业开展法律宣传(孙杰 摄)

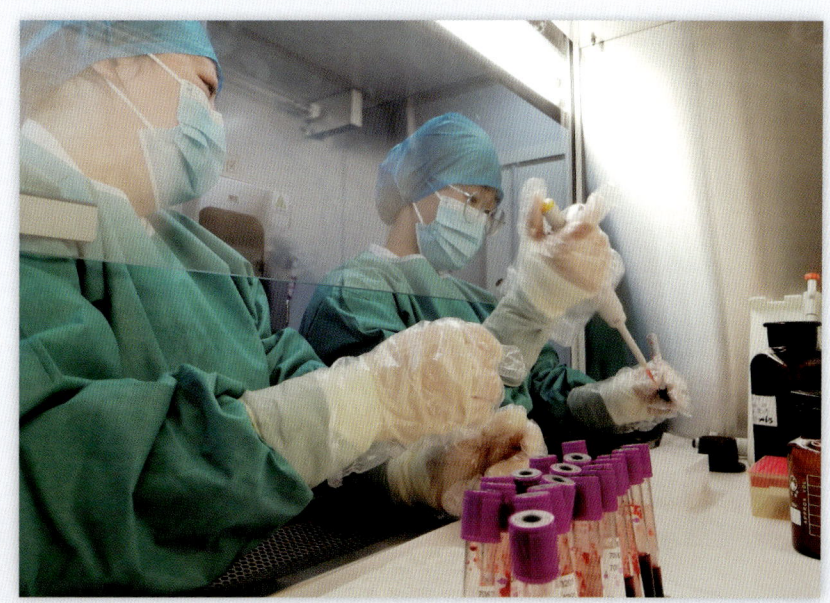

> 2022年6月15日，技术中心开展供港活猪非洲猪瘟病毒核酸实验室检疫工作（高瀚林 摄）

< 2022年6月16日，武宿海关对供港乳制品实施现场查验（郭超 摄）

> 2022年6月17日，太原海关在进境粮食加工厂周围开展外来入侵物种普查（高瀚林 摄）

2022年6月29日,大同海关对出口黄花备案基地实施监管(郭文静 摄)

2022年8月11日,运城海关对出口脱水苹果圈开展安全风险监控(高洋 摄)

2022年8月11日,运城海关现场查验出口苹果(高洋 摄)

> 2022年8月18日,大同海关对辖区出境宠物实施检疫(郭文静 摄)

> 2022年8月18日,武宿海关现场监管入境飞机(高瀚林 摄)

> 2022年8月31日,晋阳海关对进境粮库实施外来入侵物种调查(任帅 摄)

< 2022年9月9日，大同海关对物流中心内跨境电商保税仓储货物进行安全检查（马立华 摄）

< 2022年10月13日，忻州海关对出口食品备案企业开展日常监管（周轩德 摄）

< 2022年10月20日，长治海关检验辖区企业出口危险化学品（马艳芳 摄）

∧ 2022年11月18日,晋阳海关现场查验出口泰国水果(任帅 摄)

∧ 2022年12月7日,晋阳海关对企业出口食用菌菌棒实施现场查验(任帅 摄)

促发展

2022年1月28日，晋阳海关与交城县政府开展工作座谈 （任帅 摄）

2022年3月8日，忻州海关为辖区企业送政策、上门服务 （张家维 摄）

2022年3月17日，太原海关召开统筹口岸疫情防控和促进外贸稳增长工作指挥部会议 （高瀚林 摄）

> 2022年4月20日，忻州海关向企业进行知识产权保护宣传（张家维 摄）

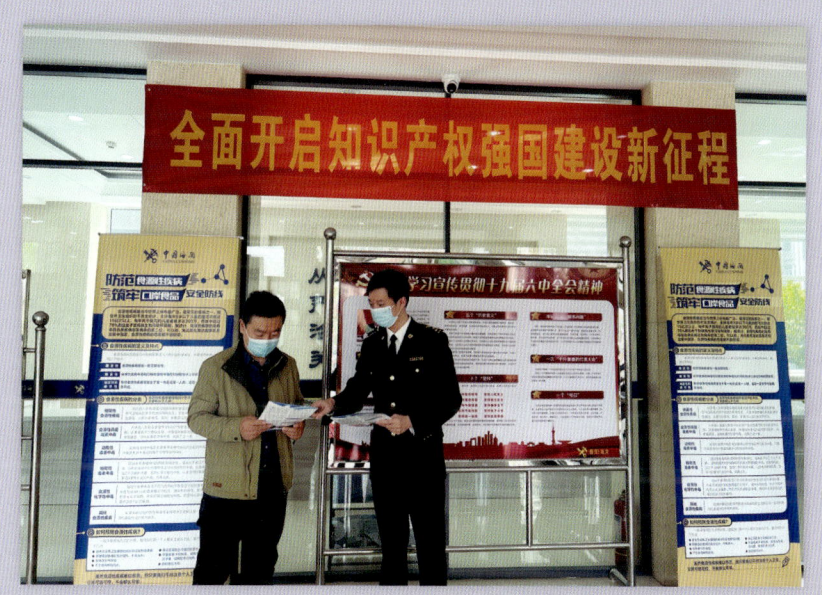

< 2022年4月21日，晋阳海关开展知识产权宣传周活动（任帅 摄）

> 2022年5月24日，技术中心与山西省检验检测中心签订合作协议（高浩 摄）

< 2022年5月16日,太原海关召开深化通关便利化改革暨促进外贸保稳提质工作推进会（高瀚林 摄）

< 2022年5月18日,太原海关在运城海关召开促进外贸保稳提质座谈会（高洋 摄）

< 2022年5月19日,太原海关在临汾海关召开促进外贸保稳提质企业代表座谈会（相小曼 摄）

∧ 2022年5月23日,太原海关与山西农业大学举行"教学科研实习实训基地"揭牌仪式（高瀚林 摄）

> 2022年5月28日,武宿海关加班验放跨境电商近300单出区包裹（郭超 摄）

> 2022年6月6日,太原海关到富士康（太原）工业园区现场调研（张宁 摄）

2022年6月17日,太原海关与中国工商银行山西省分行签署《战略合作协议》

2022年6月20日,太原海关到吕梁市开展助企纾困调研(张宁 摄)

2022年6月21日,晋阳海关召开国外技术性贸易措施影响调查宣讲会(任帅 摄)

> 2022年6月22日,太原海关到孝义市开展助企纾困调研(张宁 摄)

< 2022年7月5日,太原海关到长治市高新区、长子县开展助企纾困调研(张宁 摄)

> 2022年8月23日,大同海关召开大同跨境电商发展座谈会(郭文静 摄)

< 2022年8月30日,太原海关到朔州市出口企业开展助企纾困专题调研(苏南 摄)

< 2022年8月31日,太原海关参加晋北肉类平台2022山西怀仁羔羊肉交易大会(苏南 摄)

∧ 2022年9月23日,晋阳海关与祁县政府签订合作备忘录(任帅 摄)

> 2022年9月26日,武宿海关开展"食品安全宣传周"活动(郭超 摄)

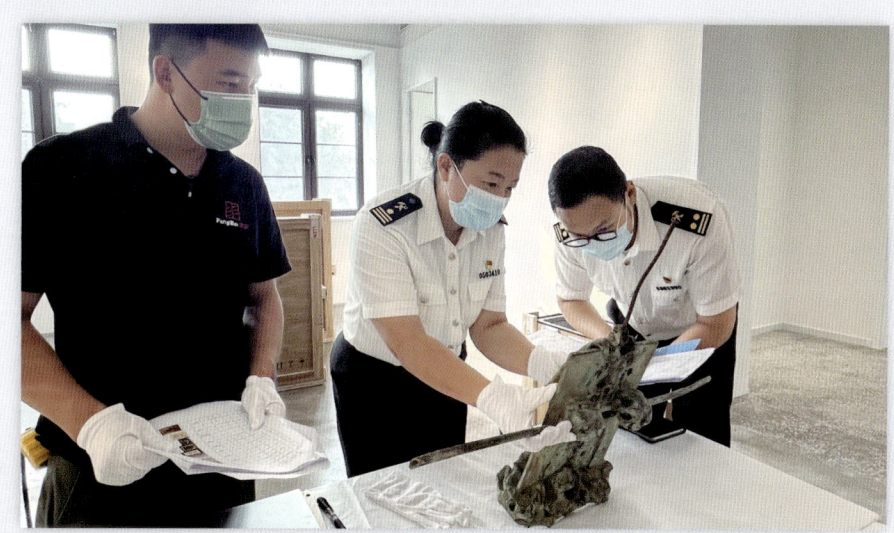

> 2022年10月13日,武宿海关现场监管保税文化艺术品开箱布展(郭超 摄)

∧ 2022年11月15日,太原海关召开统筹口岸疫情防控和促进外贸稳增长工作指挥部会议(高瀚林 摄)

齐奋斗

2022年1月4日,太原海关举行升旗仪式 (高瀚林 摄)

2022年1月6日,太原海关离退休干部处排演节目 (延大海 摄)

2022年1月10日,太原海关缉私局组织开展庆祝中国人民警察节活动 (高瀚林 摄)

2022年1月29日,临汾海关举办春节晚会 (程天明 摄)

2022年3月21日,太原机场海关顺利完成太原武宿国际机场现场指挥MU570(巴黎—太原)入境国际航班航空器终末消毒监督工作 (倪松 摄)

2022年4月12日,大同海关组织开展国门生物安全宣传活动 (郭文静 摄)

< 2022年5月18日,忻州海关开展国门生物安全进校园活动 (张家维 摄)

> 2022年5月25日,阳泉海关开展"博爱一日捐"募捐活动 (尹国强 摄)

< 2022年5月27日,太原海关组织干部职工参加省直机关工委"喜迎二十大 青春心向党 建功新时代"主题演讲比赛(决赛)并获一等奖 (苏宇澄 摄)

> 2022年6月13日,后勤管理中心组织开展废旧物品回收再利用（高瀚林 摄）

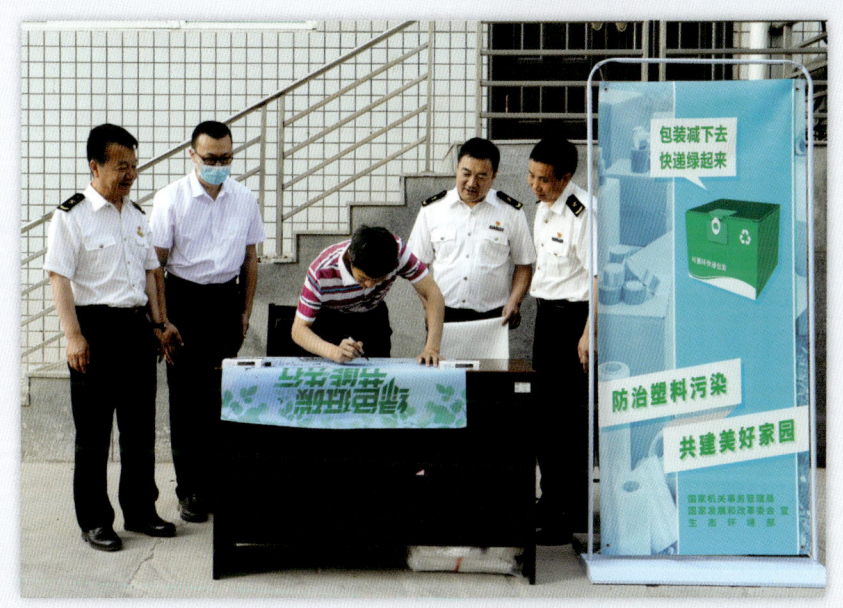

< 2022年6月15日,太原海关开展"落实'双碳'行动 共建美丽家园"全国低碳日主题活动（高瀚林 摄）

> 2022年6月20日,长治海关组织参观长治市图书馆史料馆（马艳芳 摄）

2022年6月25日,太原海关缉私局大同海关缉私分局深入学校一线开展反走私反禁毒宣讲（赵烜 摄）

2022年7月5日,太原海关举办"喜迎二十大 奋进新征程"健步走活动（高瀚林 摄）

2022年7月20日,保健中心开展传染病防控知识健康教育志愿服务（王文娟 摄）

∧ 2022年8月2日，运城海关在某果蔬公司宣讲生物安全法 （高洋 摄）

∧ 2022年8月20日，太原海关工会组织开展"吟诗赏荷塘·亲子展风采"全民阅读主题活动 （朱江涛 摄）

∧ 2022年8月26日,保健中心开展关心关爱一线工作人员活动(王文娟 摄)

∧ 2022年8月30日,长治海关组织参观清廉书画展(马艳芳 摄)

> 2022年9月7日,阳泉海关组织开展交通劝导活动(尹国强 摄)

> 2022年9月15日,朔州海关开展食品安全宣传周集中宣传活动(苏南 摄)

^ 2022年9月28日,太原海关人事教育处派遣新录用公务员(延大海 摄)

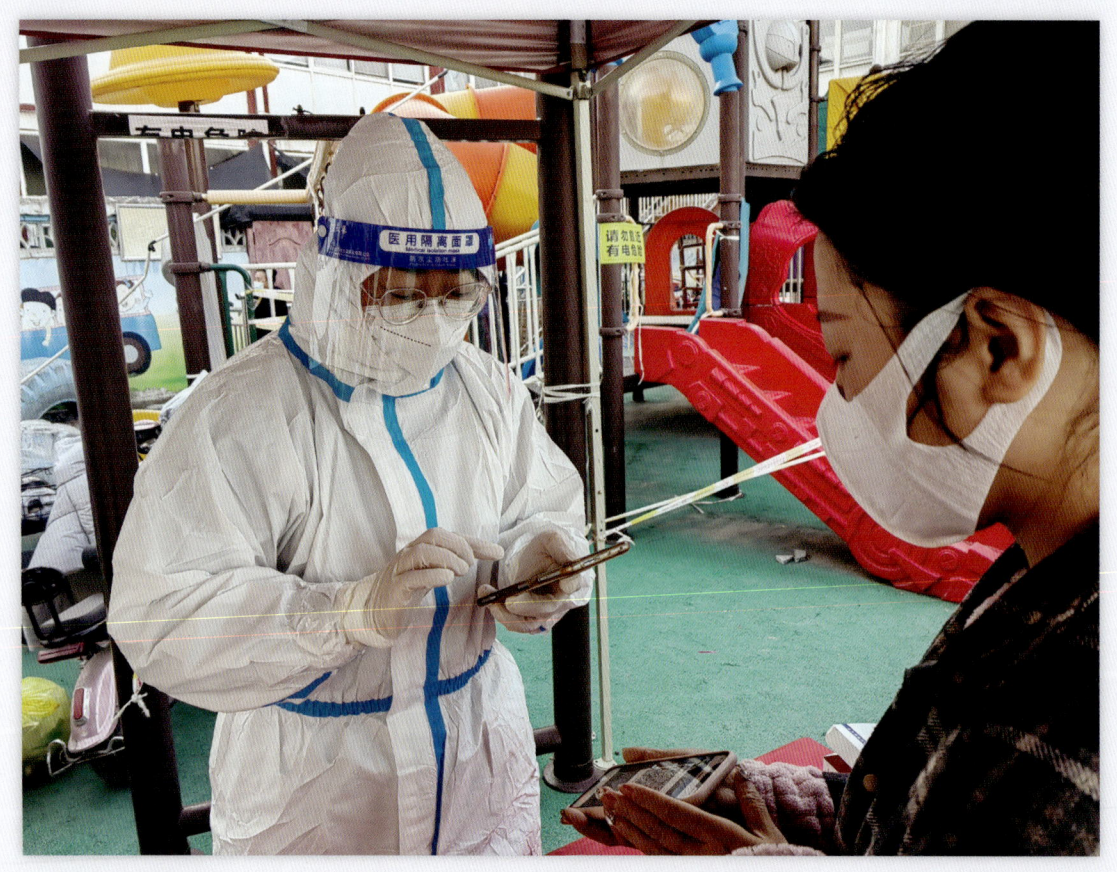

∧ 2022年10月18日,临汾海关在社区协助开展核酸检测信息录入志愿服务工作 (相小曼 摄)

∧ 2022年11月7日,太原海关举办"国门有我 山河无恙"太原海关抗击新冠疫情档案展 (高瀚林 摄)

目　录

第一篇　特　载

太原海关概况、主要职能、组织架构 …… 3
在太原海关党委理论学习中心组（扩大）学习党的二十大精神专题班开班式上的讲话 …………………………………… 5
在2022年太原海关工作会议暨全面从严治党工作会议上的讲话 …………… 12
在2022年太原海关年中工作会议上的讲话 …………………………………… 24
在太原海关党史学习教育总结会议上的讲话 …………………………………… 31
在太原海关"精品海关"建设总结表彰大会上的讲话 …………………………… 37

第二篇　专　记

统筹口岸疫情防控和促进外贸稳增长工作 …… 45
"海关重点项目和财物管理以权谋私"专项整治工作 ……………… 48
打击走私重点专项工作 ………… 53

第三篇　大事记

2022年太原海关大事记 ………… 59

第四篇　党的建设

党建工作 …………………………… 77
　概况 ……………………………… 77
　学习宣传贯彻党的二十大精神 …… 77
　政治机关建设专项教育活动 …… 77
　"学习研讨、查摆问题、改进提高"专项工作 …………………………… 78
　精神文明建设 …………………… 78
　基层组织建设 …………………… 78
　党风廉政建设 …………………… 78
　群团工作 ………………………… 79
　双拥工作 ………………………… 80
　驻村帮扶与乡村振兴工作 ……… 80
巡视巡察 …………………………… 81
　概况 ……………………………… 81
　巡视工作 ………………………… 81
　巡视整改集中清查工作 ………… 81

001

巡视发现共性问题整改工作 …………… 81
巡察工作 …………………………………… 82
巡察整改集中清查工作 …………………… 82
纪检监察 …………………………………………… 83
概况 ………………………………………… 83
政治监督 …………………………………… 83
日常监督 …………………………………… 83
"海关重点项目和财物管理以权谋私"
专项整治工作 …………………………… 84
纪检干部队伍建设 ………………………… 84
执纪问责 …………………………………… 84
派驻监督 …………………………………… 85
干部队伍建设 ……………………………………… 86
概况 ………………………………………… 86
机构编制管理和人力资源配备 …………… 86
干部选拔任用 ……………………………… 87
干部考核 …………………………………… 87
疫情防控人力资源 ………………………… 87
干部管理监督和日常管理 ………………… 87
干部人事档案 ……………………………… 88
工资津贴管理 ……………………………… 88
干部职工待遇 ……………………………… 88
公务员考录 ………………………………… 88
专业技术类公务员队伍建设 ……………… 88
教育培训 …………………………………… 88

第五篇　业务建设

法治建设 …………………………………………… 91
概况 ………………………………………… 91
法规管理 …………………………………… 91
复议应诉 …………………………………… 91
法制协调和法治宣传 ……………………… 92

深化"放管服"改革 ……………………… 92
业务改革与发展 …………………………………… 93
概况 ………………………………………… 93
业务改革协调 ……………………………… 93
通关运行管理 ……………………………… 94
贸易管制与技术规范 ……………………… 94
知识产权海关保护 ………………………… 94
业务大检查 ………………………………… 95
"察实情、鼓实劲、办实事"专题活动 … 95
自贸区和特殊监管区域发展 ……………………… 97
概况 ………………………………………… 97
武宿综保区发展情况 ……………………… 97
保税物流中心（B型）发展情况 ………… 97
自贸试验区改革试点经验复制推广 ……… 97
风险管理 …………………………………………… 98
概况 ………………………………………… 98
新兴业态风险防控 ………………………… 98
疫情防控 …………………………………… 98
口岸风险联合防控 ………………………… 99
大数据应用 ………………………………… 99
风险信息 …………………………………… 99
关税征管 …………………………………………… 100
概况 ………………………………………… 100
税则税政 …………………………………… 100
估价管理 …………………………………… 100
税收征管 …………………………………… 100
原产地管理 ………………………………… 100
卫生检疫 …………………………………………… 102
概况 ………………………………………… 102
检疫管理 …………………………………… 102
生物安全 …………………………………… 103
疾病监测 …………………………………… 103
卫生监督 …………………………………… 104

制定地方性推荐标准服务健康山西 … 104
动植物检疫 ……………………………… 105
　　概况 ………………………………… 105
　　口岸外来入侵物种普查工作 ………… 105
　　"国门绿盾2022"行动 ……………… 105
　　"跨境电商寄递'异宠'综合治理"
　　　专项行动 ……………………………… 105
　　进境原羊毛业务风险分析评估 ……… 106
　　助力"忻州黄牛"走出大山 ………… 106
　　国门生物安全监测和安全风险监控 … 106
　　动物及其产品疫情疫病风险管理 …… 107
　　助力山西省外贸经济高质量发展 …… 107
　　助力山西中药材开拓国际市场 ……… 107
食品检验检疫 …………………………… 108
　　概况 ………………………………… 108
　　进口检验检疫 ……………………… 108
　　出口食品、化妆品检验检疫 ………… 109
　　进出口食品抽样检验和风险监测工作 … 109
　　服务促进地方高质量发展 …………… 109
　　食品安全宣传周活动 ………………… 110
　　进出口食品安全监管领域队伍建设 … 110
商品检验 ………………………………… 111
　　概况 ………………………………… 111
　　进口商品检验 ……………………… 111
　　出口商品检验 ……………………… 112
口岸监管 ………………………………… 115
　　概况 ………………………………… 115
　　进出境运输工具监管 ………………… 116
　　货物口岸检查 ……………………… 116
　　进出境旅客行李物品监管 …………… 116
　　跨境电商及进出境邮件监管 ………… 117
　　场所场地监管 ……………………… 117
　　安全生产 …………………………… 117

　　对外开放平台建设 ………………… 118
统计分析及政策研究 …………………… 119
　　概况 ………………………………… 119
　　贸易统计 …………………………… 119
　　业务统计 …………………………… 120
　　政策研究 …………………………… 121
　　监测分析 …………………………… 121
　　虚假贸易管控 ……………………… 121
企业管理和稽核查 ……………………… 122
　　概况 ………………………………… 122
　　企业管理 …………………………… 122
　　加工贸易 …………………………… 122
　　集中审核改革 ……………………… 122
　　保税仓库及出口监管仓库 …………… 123
　　保税监管 …………………………… 123
　　稽查核查 …………………………… 123
　　稽查改革 …………………………… 123
　　分类核查 …………………………… 124
　　属地查检 …………………………… 124
　　属地查检人力资源 ………………… 124
　　属地查检职责边界和工作制度 ……… 125
　　属地查检领域安全生产 ……………… 125
　　属地查检改革 ……………………… 126
查缉走私 ………………………………… 127
　　概况 ………………………………… 127
　　专项打私 …………………………… 127
　　全员打私 …………………………… 127
　　综合治理 …………………………… 128
　　规范执法 …………………………… 128
科技发展 ………………………………… 129
　　概况 ………………………………… 129
　　信息化建设 ………………………… 129
　　实验室管理 ………………………… 129

科研管理……………………………… 130
　　疫情防控科技保障…………………… 130
　　公共检测平台………………………… 130

第六篇　综合保障

政务管理 ……………………………… 135
　　概况…………………………………… 135
　　政务综合……………………………… 135
　　公文处理……………………………… 135
　　会议管理……………………………… 136
　　机要保密管理………………………… 136
　　档案管理……………………………… 136
　　新冠疫情内部防控…………………… 137
　　应急值班工作………………………… 137
　　12360热线日常管理工作 …………… 138
　　信访工作……………………………… 138
　　人大建议、政协提案办理…………… 138
　　政务信息……………………………… 138
　　新闻宣传……………………………… 139
　　政务公开……………………………… 139
　　"国门有我　山河无恙"太原海关
　　　抗击新冠疫情档案展……………… 139
　　党的二十大保密专项检查…………… 140
　　山西省目标责任考核工作…………… 140
财务管理 ……………………………… 141
　　概况…………………………………… 141
　　预算绩效管理………………………… 141
　　政府采购管理………………………… 142
　　涉案财物管理………………………… 142
　　企事业财务管理……………………… 142
　　基建管理……………………………… 142
　　关务保障管理………………………… 142

　　财务管理大检查……………………… 143
　　首次获得"节约型机关"荣誉称号…… 143
　　落实国企改革重大工作部署………… 144
督察内审 ……………………………… 145
　　概况…………………………………… 145
　　督察监督……………………………… 145
　　内部审计……………………………… 145
　　内控建设……………………………… 146
　　执法评估……………………………… 146
　　迎接总署审计工作…………………… 146
离退休干部工作 ……………………… 148
　　概况…………………………………… 148
　　离退休干部党建工作………………… 148
　　老同志服务管理……………………… 149
　　老年文化教育………………………… 149

第七篇　隶属海关

太原机场海关 ………………………… 153
　　概况…………………………………… 153
　　党的建设……………………………… 153
　　政治机关专项教育活动……………… 155
　　巡视审计整改工作…………………… 155
　　队伍管理……………………………… 155
　　疫情防控……………………………… 156
　　安全生产……………………………… 156
　　知识产权海关保护…………………… 156
　　助企纾困……………………………… 156
　　货运航班监管………………………… 157
　　口岸卫生监督………………………… 157
　　口岸食品监督抽检…………………… 157
　　国际邮件监管………………………… 157
　　三级监控指挥中心建设……………… 157

政务管理	157	新冠疫情防控	170
财务管理	158	口岸营商环境优化	170

晋阳海关 …… 159

- 概况 …… 159
- 党建工作 …… 159
- 党风廉政工作 …… 160
- 群团工作 …… 160
- 干部队伍建设 …… 161
- 法规管理 …… 161
- 法制协调和法治宣传 …… 161
- 业务改革协调 …… 161
- 通关运行管理 …… 162
- 知识产权海关保护 …… 162
- 税收征管 …… 162
- 原产地管理 …… 162
- 动植物检疫 …… 163
- 食品检验检疫 …… 163
- 商品检验 …… 163
- 统计分析及政策研究 …… 164
- 企业管理和稽核查 …… 164
- 加工贸易 …… 164
- 属地查检 …… 164
- 政务管理 …… 165
- 财务管理 …… 165
- 督察内审 …… 165

武宿海关 …… 166

- 概况 …… 166
- 党的建设 …… 167
- 干部队伍建设 …… 168
- 口岸监管 …… 168
- 检验检疫 …… 169
- 风险管理 …… 169
- 财务及后勤保障 …… 169

"口岸危险品综合治理"
　　百日专项行动 …… 171
- 武宿综合保税区 …… 171
- 中欧班列 …… 172
- "5·25"专案 …… 172
- 安全生产 …… 172

大同海关 …… 173

- 概况 …… 173
- 党建工作 …… 173
- 巡察整改工作 …… 174
- 干部队伍建设 …… 175
- 法治建设 …… 175
- 业务改革与发展 …… 176
- 关税征管 …… 176
- 卫生检疫 …… 176
- 动植物检疫 …… 176
- 食品检验检疫 …… 176
- 商品检验 …… 177
- 口岸监管 …… 177
- 企业管理和稽核查 …… 178
- 查缉走私 …… 178
- 对外开放平台建设 …… 178
- 政务管理 …… 179
- 财务管理 …… 179
- 督察内审 …… 179
- "四强"党支部建设 …… 179
- 安全生产 …… 179
- 跨商网购保税进口"1210"模式落地 … 179
- 培育全国毛纺行业首家AEO
　　高级认证企业 …… 179
- 首次进口高风险非食用动物产品 …… 180

知识产权海关保护企业备案 …… 180
　　助力大同农业国际贸易经验
　　　　在全国推广 …… 180
　　农产品新增出口 …… 180
　　大同市首家RCEP项下经核准出口商
　　　　通过认定 …… 180

临汾海关 …… 181
　　概况 …… 181
　　基层组织建设 …… 182
　　党的建设 …… 182
　　意识形态工作 …… 183
　　队伍管理 …… 183
　　法治建设 …… 183
　　业务改革与发展 …… 183
　　特殊监管区域管理 …… 183
　　风险管理 …… 184
　　原产地管理 …… 184
　　动植物检疫 …… 184
　　商品检验 …… 185
　　统计分析及政策研究 …… 185
　　查缉走私 …… 185
　　政务管理 …… 185
　　财务预算管理 …… 186
　　科技发展 …… 186

运城海关 …… 187
　　概况 …… 187
　　党的建设 …… 187
　　疫情防控和外贸稳增长 …… 188
　　"海关重点项目和财物管理以权谋私"
　　　　专项整治 …… 189
　　巡视巡察整改 …… 189
　　安全生产工作 …… 190
　　干部队伍建设 …… 190

　　业务改革与发展 …… 190
　　特殊监管区域管理 …… 191
　　关税征管 …… 191
　　检验检疫 …… 191
　　口岸监管 …… 192
　　企业管理和稽核查 …… 192
　　全员打私 …… 192
　　政务管理 …… 192
　　督察审计自查自纠 …… 192
　　内控建设 …… 193

晋城海关 …… 194
　　概况 …… 194
　　党的建设 …… 194
　　党风廉政建设 …… 195
　　巡视巡察整改 …… 195
　　疫情防控 …… 195
　　安全生产 …… 196
　　通关运行管理 …… 196
　　知识产权海关保护 …… 196
　　助企纾困 …… 196
　　关税征管 …… 196
　　原产地管理 …… 197
　　动植物检疫 …… 197
　　食品监管 …… 197
　　商品检验 …… 197
　　监管查验 …… 197
　　卫生检疫 …… 197
　　企业管理和稽核查 …… 197
　　政务管理 …… 198

长治海关 …… 199
　　概况 …… 199
　　党建工作 …… 199
　　宣传思想文化 …… 200

服务地方经济发展 …………… 200
　　干部队伍建设 ………………… 200
　　进出境植物检疫 ……………… 201
　　食品检验检疫 ………………… 201
　　商品检验 ……………………… 202
　　统计分析及政策研究 ………… 202
　　企业管理和稽核查 …………… 202
　　政务管理 ……………………… 203
　　财务管理 ……………………… 203
　　离退休干部工作 ……………… 203

阳泉海关 …………………………… 204
　　概况 …………………………… 204
　　党的建设 ……………………… 204
　　思想政治工作 ………………… 205
　　政治机关建设专项教育活动和"学查改"
　　　专项工作 …………………… 205
　　专项整治 ……………………… 205
　　干部管理 ……………………… 205
　　法治建设 ……………………… 206
　　政务服务和管理 ……………… 206
　　财务管理 ……………………… 206
　　疫情防控 ……………………… 206
　　安全生产 ……………………… 206
　　进出境动植物及其产品检疫监管 …… 207
　　进出口商品质量安全保障 …… 207
　　进出口食品安全监管 ………… 207
　　助企纾困 ……………………… 208
　　保障RCEP落地生效 …………… 208
　　推进AEO国际互认合作 ……… 208
　　优化营商环境 ………………… 208
　　知识产权海关保护 …………… 209

朔州海关 …………………………… 210
　　概况 …………………………… 210

　　学习宣传贯彻党的二十大精神 …… 210
　　统筹口岸疫情防控和促进外贸稳增长工作 … 211
　　党建工作 ……………………… 211
　　党风廉政建设 ………………… 212
　　"海关重点项目和财物管理以权谋私"
　　　专项整治 …………………… 212
　　政治思想工作 ………………… 212
　　干部队伍建设 ………………… 212
　　服务辖区外贸企业发展 ……… 213
　　助力打造"中国北方日用瓷都"
　　　金字招牌 …………………… 213
　　"放管服"改革 ……………… 213
　　动植物检疫 …………………… 214
　　进出口食品检验监管 ………… 215
　　商品检验 ……………………… 215
　　属地查检 ……………………… 215
　　政务管理 ……………………… 215

忻州海关 …………………………… 216
　　概况 …………………………… 216
　　党的建设 ……………………… 216
　　队伍管理 ……………………… 217
　　巡视巡察 ……………………… 217
　　疫情防控 ……………………… 217
　　口岸监管 ……………………… 217
　　优化服务 ……………………… 218
　　关税征管 ……………………… 219
　　供港澳陆生动物疫病监测 …… 219

第八篇　事业单位

太原海关后勤管理中心 …………… 223
　　概况 …………………………… 223
　　政治建设 ……………………… 223

党建工作 …………………………… 223
　　新冠疫情内部防控 ………………… 223
　　财务管理 …………………………… 223
　　安全生产工作 ……………………… 224
　　资产管理 …………………………… 224
　　节约型机关建设 …………………… 225
　　企业监督管理 ……………………… 225
太原海关技术中心 ……………………… 226
　　概况 ………………………………… 226
　　党的建设 …………………………… 226
　　队伍建设 …………………………… 226
　　履职把关 …………………………… 227
　　体系管理 …………………………… 227
　　疫情防控 …………………………… 228
　　安全生产 …………………………… 228
　　科技发展 …………………………… 228
山西国际旅行卫生保健中心
　（太原海关口岸门诊部）……………… 229
　　概况 ………………………………… 229
　　党的建设 …………………………… 229
　　队伍建设 …………………………… 229
　　口岸疫情防控 ……………………… 229
　　严格质量控制 ……………………… 230
　　国际旅行健康服务 ………………… 230
　　安全生产 …………………………… 231
　　财务管理 …………………………… 231
　　业务拓展 …………………………… 232
　　科研制标 …………………………… 232
中国电子口岸数据中心太原分中心 …… 233
　　概况 ………………………………… 233
　　政治建设 …………………………… 233

　　网络数据安全保障 ………………… 233
　　中国国际贸易单一窗口服务和保障 …… 233
　　"关银一KEY通"业务推广 ………… 234
　　跨境电商企业服务 ………………… 234

第九篇　统计资料

山西省进出口商品年度总值表 ………… 237
山西省2022年进出口商品月度总值表 … 238
山西省2022年进出口商品国别（地区）
　前30位总值表 ……………………… 239
山西省2022年进出口商品贸易方式
　总值表 ……………………………… 241
山西省2022年进出口企业性质总值表 … 242
山西省2022年进出口商品运输方式
　总值表 ……………………………… 243
山西省2022年进出口商品类章总值表 …… 244
山西省2022年进出口商品经营单位
　所在地总值表 ……………………… 249

附　录

2022年太原海关荣获"光荣在党50年"
　纪念章人员名单 …………………… 253
2022年度太原海关授衔名录 …………… 254
2022年太原海关各类荣誉和奖励
　情况表 ……………………………… 260

"中国海关史料丛书"编委会

"中国海关史料丛书"编委会 ………… 269

第一篇

特载

太原海关概况、主要职能、组织架构

一、概况

太原海关于1987年1月15日建关,初期是隶属于北京海关的正处级海关,1989年7月升格为副厅级,1992年8月调整为副厅级直属海关,2004年1月升格为正厅级直属海关。2018年4月,按照机构改革部署,山西出入境检验检疫局管理职责和队伍划入太原海关。

▲太原海关办公楼 (延大海 摄)

太原海关负责本关区征税、监管、缉私、出入境检验检疫、统计等工作,下设11个正处级隶属海关,分别为太原机场海关、晋阳海关、武宿海关、大同海关、临汾海关、运城海关、晋城海关、长治海关、阳泉海关、朔州海关和忻州海关。

2022年,太原海关落实"疫情要防住、经济要稳住、发展要安全"要求,铸忠诚、担使命、守国门、促发展、齐奋斗,统筹推进疫情防控和促进外贸稳增长。全年税收入库21.45亿元,同比下降9.81%;监管出境货运航班32架次、货运量1014吨,监管进出境邮递物品234.45万件;检验检疫出境货物15052批、货值66.3亿元,同比分别增长2.8%、5.5%。

2022年,太原海关继续保持第六届"全国文明单位"称号,11个隶属海关、3个事业单位均获"山西省直文明单位标兵"称号,运城海关获第四批社会主义核心价值观建设示范点称号,朔州海关以及武宿海关综合业务科新获山西省青年文明号荣誉称号。

二、主要职责

太原海关是受海关总署直接领导,负责指定口岸及相关区域范围内海关工作运行管理、监督监控的正厅级直属海关,领导隶属海关。太原海关管辖范围为山西省的各项海关管理工作。其主要职责是:

(一)负责关区贯彻落实党中央、国务院关于海关工作的方针政策和决策部署,在履行职责过程中坚持和加强党对海关工作的集中统一领导,履行全面从严治党责任。

(二)负责贯彻执行与海关管理相关的法律、法规、部门规章、规范性文件和相关技术规范,负责关区征税、监管、缉私、出入境检验检疫、统计等工作。

（三）监控研判关区各类执法风险、管理风险和廉政风险并组织防范和化解，负责关区基层党组织建设、队伍建设和日常管理工作。

（四）完成总署交办的其他工作。

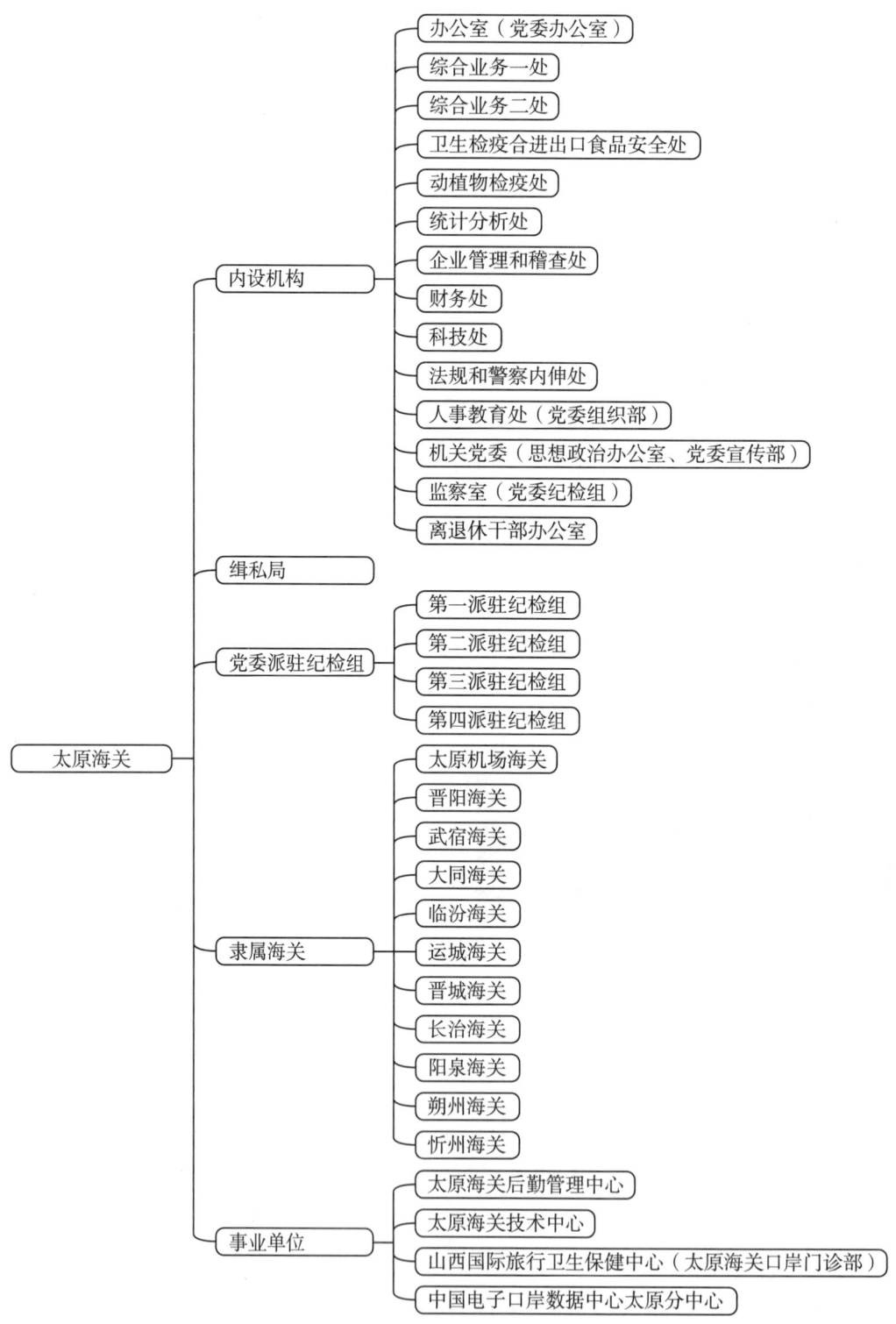

在太原海关党委理论学习中心组（扩大）学习党的二十大精神专题班开班式上的讲话

太原海关党委书记、关长　高继科

（2022 年 11 月 17 日）

学习宣传贯彻党的二十大精神是当前和今后一个时期的首要政治任务。11 月 2 日，总署党委印发了《全国海关学习宣传贯彻党的二十大精神工作方案》，对海关系统学习宣传贯彻工作作出部署、提出要求，全关要迅速行动起来，兴起学习宣传贯彻热潮。

党的二十大召开之后，全关上下结合疫情防控具体实际，组织开展多层级、多形式的学习活动，形成了良好的学习宣传贯彻氛围。关党委连续召开 2 次党委会、1 次党委理论学习中心组（扩大）学习会、1 次专题研讨会、2 次外贸形势分析，认真传达学习贯彻党的二十大精神，带头先学一步、学深一层，对全关学习宣传贯彻工作进行部署。关领导分别到分管和联系单位、所在党支部、基层联系点开展学习宣讲，发挥领学促学作用。各基层党组织通过召开党员大会、支委会等形式组织党的二十大精神专题学习 143 次。

为进一步用党的二十大精神统一思想、统一意志、统一行动，关党委研究决定，在前期学习研讨的基础上，利用 5 天时间，举办党的二十大精神专题学习班，目的就是对全面学习、全面把握、全面落实党的二十大精神进行再巩固、再提升，对扎实推进学习宣传贯彻党的二十大精神进行再部署、再动员，切实把全关上下的思想统一到党的二十大精神上来，把力量凝聚到党的二十大确定的目标任务上来。

一、深入学习领会党的二十大精神

党的二十大是在全党全国各族人民迈上全面建设社会主义现代化国家新征程、向第二个百年奋斗目标进军的关键时刻召开的一次十分重要的大会，是一次高举旗帜、凝聚力量、团结奋进的大会。大会高举中国特色社会主义伟大旗帜，坚持马克思列宁主义、毛泽东思想、邓小平理论、"三个代表"重要思想、科学发展观，全面贯彻习近平新时代中国特色社会主义思想，分析了国际国内形势，提出了党的二十大主题，回顾总结了过去 5 年的工作和新时代 10 年的伟大变革，阐述了开辟马克思主义中国化时代化新境界、中国式现代化的中国特色和本质要求等重大问题，对全面建设社会主义现代化国家、全面推进中华民族伟大复兴进行了战略谋划，对统筹推进"五位一体"总体布局、协调推进"四个全面"战略布局作出了全面部署。

全关要深刻认识学习宣传贯彻党的二十大精神的重大意义，坚持全面准确，做到学深悟透，着重把握以下6个方面。

（一）深刻领会党的二十大的主题，牢牢把握在新征程上举什么旗、走什么路、以什么样的精神状态、朝着什么样的目标继续前进的重大问题

党的二十大的主题中，"高举中国特色社会主义伟大旗帜、全面贯彻新时代中国特色社会主义思想"，这强调的是"旗帜"和"思想"问题。旗帜就是方向，思想就是行动指南。大会主题开宗明义亮明党的政治方向和指导思想，是要郑重宣示，全党必须坚持以马克思主义中国化时代化最新成果为指导，坚定中国特色社会主义道路自信、理论自信、制度自信、文化自信，坚持道不变、志不改，确保党和国家事业始终沿着正确方向胜利前进。"弘扬伟大建党精神"，这强调的是党的基因和血脉问题，是要郑重宣示，全党必须恪守伟大建党精神，保持党同人民群众的血肉联系，保持谦虚谨慎、艰苦奋斗的政治本色和敢于斗争、敢于胜利的意志品质，确保党始终成为中国特色社会主义事业的坚强领导核心。"自信自强、守正创新，踔厉奋发、勇毅前行"，这强调的是精神状态问题，是要郑重宣示，全党必须保持自信果敢、自强不息的精神风貌，保持定力、勇于变革的工作态度，永不懈怠、锐意进取的奋斗姿态，使各项工作更好体现时代性、把握规律性、富于创造性。"全面建设社会主义现代化国家、全面推进中华民族伟大复兴"，这强调的是奋斗目标问题，是要郑重宣示，全党必须紧紧扭住新时代新征程党的中心任务，集中一切力量，排除一切干扰，坚持以中国式现代化全面推进中华民族伟大复兴。"团结奋斗"，是首次在大会主题中强调，具有很强的针对性，是要郑重宣示，我们必须不断巩固全党全国各族人民大团结，加强海内外中华儿女大团结，形成同心共圆中国梦的强大合力。

全关必须牢牢把握党的二十大的主题，高举伟大旗帜，坚定理想信念，牢记初心使命，在党的旗帜下团结成"一块坚硬的钢铁"，心往一处想、劲往一处使，一步一个脚印把党的二十大作出的重大决策部署付诸行动、见之于成效，认真践行总署党委提出的"铸忠诚、担使命、守国门、促发展、齐奋斗"工作要求，在奋力谱写中国式现代化海关篇章中交出优异答卷。

（二）深刻领会过去5年的工作和新时代10年的伟大变革，深刻领悟"两个确立"的决定性意义

过去5年党和国家事业取得举世瞩目的重大成就和新时代10年的伟大变革，在党史、新中国史、改革开放史、社会主义发展史、中华民族发展史上具有里程碑意义。这是在以习近平同志为核心的党中央坚强领导下、在习近平新时代中国特色社会主义思想指引下全党全国各族人民团结奋斗取得的。党确立习近平同志党中央的核心、全党的核心地位，确立习近平新时代中国特色社会主义思想的指导地位，反映了全党全军全国各族人民共同心愿，对新时代党和国家事业发展、对推进中华民族伟大复兴历史进程具有决定性意义。"两个确立"是党在新时代取得的重大政治成果，是

推动党和国家事业取得历史性成就、发生历史性变革的决定性因素，已经写在新时代的伟大征程中、写在全党全军全国人民心坎上，是党应对一切不确定性的最大确定性、最大底气、最大保证。

全关必须深刻领悟"两个确立"的决定性意义，深入理解蕴含的历史逻辑、理论逻辑、实践逻辑，不断提高政治判断力、政治领悟力、政治执行力，切实把"两个确立"的政治共识转化为坚决做到"两个维护"的思想自觉、政治自觉、行动自觉。

（三）深刻领会开辟马克思主义中国化时代化新境界，把握好习近平新时代中国特色社会主义思想的世界观和方法论，坚持好、运用好贯穿其中的立场观点方法

马克思主义是我们立党立国、兴党兴国的根本指导思想。实践告诉我们，中国共产党为什么能，中国特色社会主义为什么好，归根到底是马克思主义行，是中国化时代化的马克思主义行。党的十八大以来，我们党把马克思主义基本原理同中国具体实际相结合、同中华优秀传统文化相结合，取得重大理论创新成果，集中体现为习近平新时代中国特色社会主义思想。党的十九大、十九届六中全会提出的"十个明确""十四个坚持""十三个方面成就"概括了这一思想的主要内容，必须长期坚持并不断丰富发展。党的二十大提出要坚持人民至上、坚持自信自立、坚持守正创新、坚持问题导向、坚持系统观念、坚持胸怀天下，在新时代伟大实践中不断开辟马克思主义中国化时代化新境界。

全关必须全面贯彻习近平新时代中国特色社会主义思想，完整、准确、全面理解把握蕴含其中的世界观和方法论，坚持好、运用好贯穿其中的立场观点方法，深刻领悟道理学理哲理，做到知其言更知其义、知其然更知其所以然，切实把党的创新理论转化为坚定理想、淬炼党性和指导实践、推动工作的强大力量。

（四）深刻领会新时代新征程中国共产党的使命任务，系统把握中国式现代化的中国特色和本质要求

从现在起，中国共产党的中心任务就是团结带领全国各族人民全面建成社会主义现代化强国、实现第二个百年奋斗目标，以中国式现代化全面推进中华民族伟大复兴。

中国式现代化，是人口规模巨大、全体人民共同富裕、物质文明和精神文明相协调、人与自然和谐共生、走和平发展道路的现代化。本质要求是：坚持中国共产党领导，坚持中国特色社会主义，实现高质量发展，发展全过程人民民主，丰富人民精神世界，实现全体人民共同富裕，促进人与自然和谐共生，推动构建人类命运共同体，创造人类文明新形态。这是党深刻总结我国和世界其他国家现代化建设的历史经验而形成的思想理论结晶。

新征程上，全关必须提高政治站位，胸怀"国之大者"，在分"两步走"战略中找准时代方位，把海关工作放到以中国式现代化推进中华民族伟大复兴这个大局中来定位、来谋划、来推动，在中国式现代化道路上展现海关新作为，把党的二十大擘画的宏伟蓝图变为美好现实。

（五）深刻领会党的二十大作出的重大部署，全面准确把握建设社会主义现代化国家的任务要求

深刻领会社会主义经济建设、政治建设、

文化建设、社会建设、生态文明建设等方面的重大部署，加快构建新发展格局，着力推动高质量发展；发展全过程人民民主，保障人民当家做主；推进文化自信自强，铸就社会主义文化新辉煌；增进民生福祉，提高人民生活品质；推动绿色发展，促进人与自然和谐共生。深刻领会教育科技人才、法治建设、国家安全等方面的重大部署，实施科教兴国战略，强化现代化建设人才支撑；坚持全面依法治国，推进法治中国建设；推进国家安全体系和能力现代化，坚决维护国家安全和社会稳定。深刻领会国防和军队建设、港澳台工作、外交工作等方面的重大部署，实现建军一百年奋斗目标，推进祖国统一，推动构建人类命运共同体。全关必须认真落实党的二十大各项部署，砥砺前行、攻坚克难，确保不折不扣落实到位。

（六）深刻领会坚持党的全面领导和全面从严治党的重大部署，牢记全面从严治党永远在路上、党的自我革命永远在路上

全面建设社会主义现代化国家、全面推进中华民族伟大复兴，关键在党。党的十八大以来，我们党解决了党内许多突出问题，但面临的"四大考验""四大危险"将长期存在，必须持之以恒推进全面从严治党，深入推进新时代党的建设新的伟大工程，以党的自我革命引领社会革命。要落实新时代党的建设总要求，健全全面从严治党体系，坚持和加强党中央集中统一领导，坚持不懈用习近平新时代中国特色社会主义思想凝心铸魂，完善党的自我革命制度规范体系，建设堪当民族复兴重任的高素质干部队伍，增强党组织政治功能和组织功能，坚持以严的基调强化正风肃纪，坚决打赢反腐败斗争攻坚战持久战。全关必须保持自我革命永远在路上的清醒和坚定，永远吹冲锋号，把各级党组织建设得更加坚强有力，打造堪当新时代重任的准军事化纪律部队。

二、坚持学以致用，以党的二十大精神为引领推进全关各项工作

全关要把学习宣传贯彻党的二十大精神与深入学习贯彻习近平新时代中国特色社会主义思想结合起来，与深入学习贯彻习近平总书记对海关工作的重要指示批示精神和习近平总书记视察考察山西的重要讲话重要指示精神结合起来，按照总署党委提出的"铸忠诚、担使命、守国门、促发展、齐奋斗"要求，扛起使命担当，推进工作落实，以实际成效检验学习贯彻党的二十大精神成果。

（一）坚定不移铸忠诚，坚持用习近平新时代中国特色社会主义思想凝心铸魂，坚定捍卫"两个确立"，坚决做到"两个维护"

铸忠诚是强关之魂，是海关始终保持正确政治方向的根本保证。全关上下要把学习宣传贯彻党的二十大精神转化为铸忠诚、捍卫"两个确立"、做到"两个维护"的实际行动。

一是强化政治引领，加强理论武装。始终用习近平新时代中国特色社会主义思想武装头脑，坚决落实"第一议题"制度，不断提高政治判断力、政治领悟力、政治执行力，真正做到发自内心拥戴核心、毫不动摇信赖核心、始终不渝忠诚核心、坚定不移维护核心。二是强化政治机关建设，走好"两个维护"第一方阵。始终旗帜鲜明讲政治，在重大原则问题上，认识清楚、立场坚定，工作中坚持政治统领，做到践行"两个维护"有感悟、有表达、有情感、有行动、有成效。三是强化政治责任落实，忠

诚履职尽责。始终牢记"国之大者",强化政治监督,不断加强两级党委班子建设,严格落实党委工作规则,深化政治巡察,切实把捍卫"两个确立"、做到"两个维护"体现在坚决贯彻党中央决策部署的行动上,体现在做好本职工作的实效上,体现在日常言行上。

(二)坚定不移担使命,坚持"人民海关为人民",奋力谱写中国式现代化海关山西篇章

担使命是强关之本,海关是党和国家事业发展的重要组成部分,在推进中国式现代化进程中责任重大、不可替代。全关上下要把学习宣传贯彻党的二十大精神转化为担使命、以中国式现代化全面推进中华民族伟大复兴的实际行动。

一是积极主动助力山西融入"一带一路"大商圈。加强与中欧班列重点进出境口岸海关协作配合,推进太原、大同、侯马等国际陆港枢纽建设;充分发挥海关原产地规则实施和签证管理职能,助力企业抢抓RCEP带来的重大机遇,开拓国际市场;加强对"一带一路"共建国家(地区)技术性贸易措施研究,助力更多"晋"字产品扩大出口。二是积极主动推动产业链供应链稳定通畅。发挥保税政策优势,大力支持综合保税区"五大中心"建设,拓展飞机保税维修等新业务;加强知识产权海关保护措施宣传引导,开展知识产权海关保护"龙腾行动2022"专项执法,严厉打击进出境侵权违法行为;落实减免税政策,支持先进技术、重要设备、关键零部件、优质种质资源等进口,有效应对经贸摩擦。三是积极主动深化海关改革创新。持续用力推进全业务领域一体化,建立健全业务改革统筹协调机制,扩展海关业务改革广度深度。持续加强行政许可规范化建设,提升工作指引、业务操作手册的应用效能,提高行政执法水平。持续完善业务执法协作机制,深化业务整合和人力资源优化工作,加强业务结合部协调联动。持续深化事业单位改革,建立岗位管理制度和开展岗位聘用工作,充分调动事业单位各类人员的积极性和创造性。

(三)坚定不移守国门,坚持统筹发展和安全,坚决贯彻落实总体国家安全观

守国门是强关之基,是海关最基本、最重要的职责,安全是发展的前提和基础,国门安全才能保障开放安全,开放安全才能保障新发展格局安全。全关上下要把学习宣传贯彻党的二十大精神转化为守国门、全面推进国门安全体系和能力现代化的实际行动。

一是切实防范化解重大、系统性风险。以"时时放心不下"的责任感,聚焦我关"8+9+15"项重大、系统性风险点,落实防范措施,坚决避免小问题发展成大问题,小风险演变为大风险。二是切实筑牢口岸检疫防线。坚持"人、物、环境"同防,多病共防,进一步优化新冠疫情防控措施,科学精准做好疫情防控工作,确保疫情零输入、关员零感染、操作零失误、通关零延误。三是切实加强实际监管。严厉打击枪支弹药、"洋垃圾"、濒危物种等走私活动,深入推进反走私源头治理、综合治理。深化综合治税,提升税收征管效能。加大进出口食品、农产品、危化品等敏感商品检验监管力度。维护国门生物安全,严防动植物疫情疫病传入传出。

(四)坚定不移促发展,坚持发展第一要务,以高水平开放促进高质量发展

促发展是强关之要,是海关服务构建新发展格局,推动高质量发展的必然要求。全关上

下要把学习宣传贯彻党的二十大精神转化为促发展、助力山西建设内陆地区对外开放新高地的实际行动。

一是在落实促进外贸保稳提质各项措施上下功夫。持续落实我关促进山西省外贸保稳提质25条措施，立足山西产业特点，量体裁衣开展助企纾困活动。加强部门协调联动，发挥服务山西打造内陆开放新高地促进外贸稳增长3年行动方案、支持山西服务贸易发展4方面16条措施、服务RCEP促进山西外向型经济发展10项措施等政策叠加效应，确保各项支持服务举措取得看得见、摸得着的成效。二是在全面推动对外开放平台能级提升和制度创新上下功夫。助力山西高起点申建自由贸易试验区。积极回应有申建综保区和保税物流中心需求的地市开展指标测评，指导不满足标准的地市精准补足短板，指导符合条件的地市正式提出申报。优先在综合保税区和保税物流中心（B型）内复制推广自贸试验区改革试点创新经验。三是在全面优化营商环境上下功夫。继续巩固压缩货物整体通关时间成效。持续推进"证照分离"改革，落实"多证合一""注销便利化"改革。推广应用国际贸易"单一窗口"，推动完善山西省建设"单一窗口"地方特色功能。实施外贸主体倍增行动计划，加大海关AEO认证企业的培育和认证力度，密切关注重点行业、龙头企业的可持续发展，积极助力"专精特新"中小微企业高质量发展。

（五）坚定不移齐奋斗，坚持团结奋进，凝心聚力开创社会主义现代化海关建设新局面

齐奋斗是强关之志，是海关奋进新征程、建功新时代的集结号、动员令。全关上下要把学习宣传贯彻党的二十大精神转化为齐奋斗，贯彻新时代党的建设总要求，全面从严治党、从严治关的实际行动。

一是建强领导班子。健全完善党委领导制度机制，切实发挥把方向、管大局、保落实领导作用，确保在政治立场、政治方向、政治原则、政治道路上同党中央保持高度一致。二是锻造有力组织。深入践行新时代党的组织路线，着力抓基层、强基础，不断增强基层党组织政治功能和组织功能。着力提升党组织建设标准化规范化水平，全面提高机关党建质量。三是打造过硬队伍。落实新时代好干部标准，选优配强各级领导班子和领导干部，树立重政治、重品行、重基层、重担当、重实绩的鲜明用人导向。四是强化正风肃纪。坚持党性党风党纪一起抓，大力弘扬"求实、扎实、朴实"的海关文化，涵养风清气正的政治生态，不断提升队伍向心力、凝聚力、战斗力。五是大力反腐倡廉。坚决扛起从严治党主体责任，深化打私反腐"一案双查"，一体推进不敢腐、不能腐、不想腐，深入推进新时代海关廉洁文化建设，持之以恒建设清廉海关。

三、迅速掀起学习宣传贯彻党的二十大精神热潮

上周，按照总署党委和山西省委工作安排，关党委研究制订了太原海关的贯彻落实实施方案，对各级党组织的学习宣传贯彻工作做出了明确安排，提出了具体要求，各部门各单位要认真学习贯彻方案部署，抓实抓细抓好落实。这里我再强调4点要求。

（一）坚持领导带头，加强组织推动

两级党委班子成员要带头先学一步、学深一层，积极参加党委学习、中心组学习，自觉

以普通党员的身份参加所在支部的学习，带头深入基层联系点进行宣讲；各部门、各单位要认真贯彻落实上级部署要求，结合工作实际，制订具体学习计划，分阶段、有步骤地抓好学习宣传贯彻，确保人员落实、时间落实、内容落实、质量落实；处科级领导干部要以身作则，率先垂范，组织各级党组织和党员干部利用"三会一课"、主题党日活动等多种形式深入学习领会党的二十大精神；全体党员干部要学好用好统一配发的党的二十大学习资料，完成"三个一"规定动作（即参加1次党的二十大精神应知应会知识测试、撰写1篇高质量心得体会文章、记录1本读书学习笔记），切实把学习成果转化为真抓实干的精气神和忠诚干净担当的实际行动。

（二）严明政治纪律，把牢正确方向

学习好、宣传好、贯彻好党的二十大精神，正确理解、准确把握其精神实质和科学内涵至关重要。各部门、各单位要严明政治纪律、宣传纪律，要严格按照党中央精神全面准确开展宣传，把准方向、把牢导向，牢牢把握宣传引导的主导权、话语权。要坚持团结稳定鼓劲、正面宣传为主，弘扬主旋律、传播正能量，巩固壮大主流思想舆论，着力用党的二十大精神统一思想、凝聚力量。要落实意识形态工作责任制，按照谁主管谁负责原则，切实加强对各类宣传文化阵地的管理，防止错误思想言论和有害信息传播。

（三）抓好轮训培训，做好分类指导

人教部门要按照总署统一部署，结合工作实际和疫情防控形势要求，对全关处级以上领导干部全员轮训和党员干部系统培训作出安排，分阶段、分步骤组织实施，确保全覆盖不留死角。各隶属海关、事业单位要根据所在地域和不同岗位特点，因地制宜、因岗制宜、灵活安排，确保学习时间和学习效果。对离退休党员干部，既要体现从严要求，又要考虑实际情况，以适当方式组织参加学习。

（四）紧密联系实际，提升工作成效

要大力弘扬马克思主义学风，坚决反对形式主义、官僚主义，要把学习党的二十大精神与当前海关事业发展面临的形势任务结合起来，找准贯彻落实党的二十大精神的结合点、切入点、着力点，落实"疫情要防住，经济要稳住，发展要安全"的要求，铸忠诚、担使命、守国门、促发展、齐奋斗，研究新思路，提出新举措，及时转化学习成果，提升工作成效。

同志们，新时代赋予新使命、新征程呼唤新作为。全关要更加紧密地团结在以习近平同志为核心的党中央周围，高举伟大旗帜，坚定理想信念，凝心聚力、真抓实干，在奋力建设社会主义现代化海关新征程中做出更大贡献！

在 2022 年太原海关工作会议暨全面从严治党工作会议上的讲话

太原海关关长、党委书记　高继科

（2022 年 1 月 26 日）

这次会议的主要任务是，以习近平新时代中国特色社会主义思想为指导，深入学习贯彻党的十九大和十九届历次全会精神，认真贯彻中央经济工作会议精神，全面落实全国海关工作会议和全面从严治党工作会议、省委经济工作会议部署，总结工作，分析形势，研究部署 2022 年我关工作。

一、2021 年工作总结回顾

在总署党委的正确领导下，太原海关党委锲而不舍推进"五关"建设，坚持"精品海关"治关理念，带领全体干部职工持续向高效率迈进，向高标准靠拢，向高质量转变。2021 年，全关上下勠力同心、攻坚克难，积极发挥海关职能作用，奋力建设社会主义现代化海关，统筹推进疫情防控和促进外贸稳增长，圆满完成了各项工作任务。

（一）坚定政治信仰，扛起政治责任，学懂弄通做实习近平新时代中国特色社会主义思想

关党委坚决捍卫"两个确立"，不断增强"四个意识"、坚定"四个自信"、做到"两个维护"，走好"第一方阵"。认真学习贯彻习近平新时代中国特色社会主义思想，聚焦学习贯彻党的十九大和十九届历次全会特别是六中全会精神，学深悟透党的创新理论，组织两级党委理论学习中心组专题学习 212 次、专题宣讲 46 次。把党史学习教育作为重大政治任务，扎实开展"我为群众办实事"实践活动，完成 156 项重点民生项目、352 条具体措施，2 个重点民生项目入选全国海关"百佳项目"。

坚决贯彻落实习近平总书记重要指示批示精神。慎终如始做好新冠疫情防控，加强指挥调度，召开 26 次指挥部会议，研究强化防控措施，加强监督检查，做到"打胜仗、零感染"。持续打击"洋垃圾"、象牙等濒危动植物及其制品走私，"蓝天 2021""护卫 2021"等专项行动取得丰硕战果。坚决落实总体国家安全观，开展安全生产专项整治三年行动和平安山西建设，及时消除隐患，确保安全。巩固脱贫攻坚成果，不断拓展产业扶贫规模，助力乡村振兴。

持续做好口岸疫情防控。巩固卫生检疫"三道防线"，加强口岸卫生核心能力建设。坚持"人、物、环境"同防、"多病共防"，加强入境航班检疫监管，严格落实"三查三排一转

运"检疫措施,加强埃博拉等疫情防控,严防疫情叠加。检疫查验进出境航空器241架次、人员1.6万人次,检测入境人员核酸样本10790个。持续加强进口冷链食品的风险监测和检疫工作,规范做好进口高风险非冷链集装箱货物口岸环节新冠病毒检测和预防性消毒工作。

扎实推进巡视整改。建立实行整改周报、台账纪实、销账审核、监督通报等整改工作制度。截至目前,103项巡视整改措施已完成88项,7项"立行立改并长期坚持"措施已完成阶段性任务,3项未到期措施和5项"中长期"措施正积极推进,整改总体完成率92.2%,同步开展的巡视整改"1+5"专题讨论和专项整治也如期完成。注重以制度建设促进"长久立",制(修)订42项制度、73项具体工作方案和指引。

(二)强化政治担当,狠抓工作落实,海关职能作用有效发挥

关党委坚决维护国家安全和利益,主动扛起防范化解重大风险政治责任,加强统筹协调,保证业务平稳运行,从政治和全局高度谋划工作,确保把关职责履行到位。2021年,监管进出口货运量544.15万吨,同比减少44.8%;货值91.51亿美元,同比增长1.59倍。"两税"实际入库23.79亿元,同比减少13.03%。

风险防控有效加强。落实口岸安全风险联合防控机制,加强与国安等部门的协作配合,组织开展联合研判。持续织牢织密非贸风险防控网,针对重点敏感领域开展精准布控,寄递渠道安全准入查发禁止进境精神类药品情事18票,涉反宣、枪爆情事27票,移交缉私线索27条。持续完善业务运行监控体系建设,优化表单化查验指令和现场作业方式,修订完善操作指引、工作规范9项,加强业务运行监控,梳理172条监控重点。

监管作用不断强化。改革大宗资源性商品检验监管模式,强化事后监管评估。持续推动海关监管作业场所(场地)规范化建设。提升知识产权海关保护能力,查扣侵权商品4662批、5974件,分别增长13.3倍、15.2倍。健全完善进出口商品安全风险预警和快速反应监管体系,严格危险化学品等重点敏感商品监管。开展技术性贸易措施应对工作,推进山西法兰锻造技术性贸易措施研究评议基地建设。稳步开展海关稽查改革,稽核查联合工作机制实现全覆盖,稽查有效率61.36%,核查查发率40%。全年总体查验率4.21%,人工分析布控查获率14.29%。

口岸检疫防线进一步筑牢。构建进出口食品安全体系,推进进口食品"国门守护"行动,监管进出口食品化妆品3652批、货值2.95亿美元。保障国门生物安全,有序开展疫病监测、安全风险监控和国门有害生物安全监测,严防外来物种入侵和动植物疫情疫病传入,截获进境有害生物55种。

深化综合治税。坚持依法科学征管,完成全年税收预测数。落实税收征管方式改革任务,推进属地纳税人管理,全面推行"一保多用"政策,建立关区纳税遵从度评估指标体系。优化验估作业,提高估价工作能力,依规稳妥处置晋钢智造价格风险。

保持打击走私高压态势。深入开展"国门利剑2021"专项行动,深化反走私综合治理,构建"打防管控"一体化防线。立案侦办走私犯罪案件9起,案值6916.87万元、增长3.8倍,涉税681.98万元、增长48.26%。立案调查行政违规案件110起,案值6.95亿元、增长20.72倍。

（三）深化改革创新，提升开放能级，服务山西蹚出高质量转型发展新路子

关党委坚决贯彻落实习近平总书记视察山西重要讲话重要指示精神，围绕山西省委省政府全方位推动高质量发展的目标要求和工作矩阵，充分发挥海关职能作用，机关连续5年获评"促进山西经济社会发展突出贡献单位"。2021年，制定服务山西打造内陆开放新高地促进外贸稳增长3年行动方案，与省商务厅等多个部门签署合作备忘录，进一步凝聚发展合力。新增进出口备案企业937家，增长11.5%，新增高级认证企业2家。山西进出口总值2230.3亿元，创历史新高。

海关改革部署有效落实。制订我关贯彻落实"十四五"海关发展规划和专项规划实施方案。落实"多证合一""注销便利化"改革。"两步申报"应用率46.59%，提前申报率48.32%，分别增长385%、27.52%。推动工单核销辅助化信息系统升级改造，支持新增区外保税维修业务落地。积极开展政策研究，参与署级课题2个、完成关级研究课题32个。加强宏观经济研究和外贸形势分析，报送分析报告90期。

营商环境不断优化。制定服务RCEP促进山西外向型经济发展10项措施，RCEP生效当日即顺利签发首单原产地证书。巩固压缩货物整体通关时间成效，2021年进出口货物整体通关时间分别为25.8小时、0.98小时，较上年同期分别减少11.66小时、1.32小时。优化行政审批服务，网上办理率达99.72%。进一步加大"证照分离"改革力度，持续落实精简监管证件、简化随附单据等通关便利化措施。落实减税降费政策，减免税款5453.49万元。企业享受进口原产地税率优惠4742万元、增长5.66倍。促进跨境电商新业态发展，倡议发起并建立跨境电商联席会议工作机制。

提升对外开放平台能级。助力太原武宿综合保税区完成二期整改并验收运行，积极推进飞机保税维修业务成功开展，进境水果、冰鲜水产品指定监管场地通过验收，2021年区内进出口总值从2019年排名垫底升至全国145个综合保税区中第32位。支持新建太原阳曲综合保税区。大同国际陆港保税物流中心（B型）通过验收并封关运行。服务侯马方略保税物流中心（B型）拓展业务。山西兰花保税物流中心（B型）变更面积项目通过总署验收。保障太原至旧金山、布鲁塞尔、马德里国际货运航班开通运行。大同航空口岸对外开放通过省级预验收。支持太原国际邮件互换局（交换站）扩容升级。保障中欧（亚）班列常态化运行。服务"南果中粮北肉东药材西干果"五大平台建设，新增注册果园48家、4.78万亩，冬枣、羊毛脂、发酵饼干等多种特色产品实现出口"零"的突破，供港活猪3640头、增长20倍。

科技保障作用有效发挥。优化实验室管理运行模式，保健中心核酸检测能力大幅提升至每日400人份，技术中心形成"一核三中心"加四个综合实验室的格局。加强疫情防控科技保障，部署完成远程电子流调系统。做好科研项目管理和成果转化，8项署级科研项目和1项省级科研项目通过验收。强化以风险管理为核心的网络安全保障体系，高效完成网络安全事件应急演练。

（四）推进法治建设，提高政务效能，综合保障能力水平不断提升

关党委把加强党的领导贯彻到海关法治建

设全过程和各方面，依法行政水平持续提高，审计督察全面覆盖。2021年，我们持续做好规范性文件和规章制度的"立改废"，提升政务运转效能，财务、关务保障和后勤服务能力持续增强。

法治海关建设稳步推进。制度体系持续完善，修订了规章制度的管理办法，制定制度24项、修订17项、废止27项。开展精准普法，组织专题法治讲座等普法活动16次，普法效果持续扩大。加强法治队伍建设，公职律师能力得到加强。

政务水平不断提高。召开形势分析及工作督查例会12次，确定并督办重点工作187项。持续巩固精简文件成果，正式发文313份、下降0.63%，便函474份、下降28.07%。信息宣传工作稳步推进，宣传稿件被省部级以上媒体采用292篇。应急值守、保密档案、政务公开等工作进一步提升。

财务保障管理得到加强。狠抓预算执行，全年预算执行率94.79%。进一步落细落实"过紧日子"要求，开源节流、增收节支，压减一般性支出，事业单位创收能力大幅提高。规范政府采购和涉案财物管理。盘活闲置设备201台（套），价值1787.8万元；盘活闲置房产8350.16平方米，节约经费130万元。

督察审计作用进一步发挥。审计监督实现全覆盖，组织开展署级审计自查2次、关级审计6次，查发整改问题71个；开展署级督察自查2次、关级督察5次，查发整改问题23个。深化内控机制建设，风险防控水平持续提升。

（五）坚持从严治关，强化准军建设，锻造忠诚干净担当的干部队伍

关党委坚决扛起全面从严治党主体责任，坚持思想建党和制度治党同向发力，推动各级党组织有效运转、党员干部自律过硬，基层党组织政治功能得到强化。2021年，持续深化准军事化纪律部队建设，干部队伍梯次结构实现新优化，荣誉体系建设取得新突破，各级党组织凝聚力战斗力显著增强。

党的建设持续加强。热烈庆祝中国共产党成立100周年，开展"党旗在基层一线高高飘扬""两优一先"评选表彰等活动。进一步规范两级党委建设，开展"隶属海关党委规范建设"专项整治。深化"强基提质工程"，新设立科级党支部32个，"支部建在科上"实现基层一线全覆盖，并逐步走向"强在科上"。推进党建品牌创建工作，形成"3个总署示范＋2个总署培育＋63个关区品牌"的格局。

队伍建设迈上新台阶。坚持正确选人用人导向，进一步突出政治标准，完成干部选拔任用23批次63人次、职级晋升162人次，核定专业技术类公务员职数40个。充分发挥考核"指挥棒"作用，组织实施年度考核、平时考核和专项考核；发挥考核激励导向作用，对疫情防控一线人员等进行专项奖励。从严规范领导干部配偶、子女及其配偶从业行为。开展干部监督管理和纪律作风专项整治，领导干部报告个人有关事项不如实报告率连续3年下降。严格准军事化纪律部队建设各项要求，定期开展视频检查和内务督察，严防发生酒驾醉驾。加强业务整合和人力资源优化，设立5个业务执法协作区，共开展执法协作17次。探索多元化培训方式，提升全员履职能力，组织培训1800余人次。

清廉海关建设深入推进。"四责协同"机制更加明确，梳理细化两级党委及个人履责清单。

紧盯"关键少数"，细化37项加强对"一把手"和领导班子监督具体举措。落实中央八项规定精神，研究制定为基层减负6方面21条措施，开展"指尖上的形式主义"整治工作，清理微信工作群116个。深入推进"现场监管与外勤执法权力寻租"专项整治，32个重点关注岗位的52项廉政风险得到有效防范。高质量推进巡察监督，对28个部门单位开展巡察，发现并解决问题89个。坚持惩治防一体推进，从快从实处置问题线索16件，立案3件，给予2人党纪处分、1人政纪处分，形成严的震慑；积极开展纪法教育、警示教育，关党委班子成员开展提醒谈话55人次，约谈16人次，抓早抓小，防微杜渐。

"精品海关"建设取得实效。以"五关"建设为指引、以"四精"为目标、打造"严、实、优、新"的内陆精品海关，是关党委一以贯之的治关理念。从2018年起，逐年开展了"起步年""提升年""成效年""巩固年"建设，创建了一批"精品科室"和"精品示范岗位"，涌现出一批先进集体和个人。经过4年的努力，把关和服务能力稳步提升、队伍作风不断改善、部门协同持续向好、监督和保障更加有力。

2021年，我关有5个"全国海关基层党建示范（培育）品牌"，1个山西省直机关先进基层党组织、1个"党建品牌"十佳优秀案例、1个山西省社会主义核心价值观建设示范点。太原海关机关被评为第六届"全国文明单位"，机关和11个隶属海关、3个事业单位均获"山西省直文明单位标兵"荣誉称号。此外，我关离退休干部、工会、群团、数据分中心和海关学会等方面工作也取得了积极进展。多名同志在评选表彰、比武练兵中取得了可喜成绩。在此，我代表关党委向全体干部职工、离退休老同志表示衷心的感谢！向所有奋战在口岸疫情防控一线的同志们致以亲切的慰问和崇高的敬意！

成绩来之不易，要倍加珍惜，同时也要看到问题不足，保持头脑清醒。去年，我们接受了总署党委的巡视、选人用人监督检查、"现场监管与外勤执法权力寻租"专项整治实地检查等，检视出我们工作中存在的不少问题、风险和隐患，反映出我们的工作成效与总署党委的要求、与省委省政府的期望、与全关同志们的期盼还有差距。需要我们高度重视，想方设法加以解决。

二、科学分析、统一认识，准确把握形势要求

当前，新冠疫情依然严峻复杂，百年变局加速演进，统筹做好新冠疫情防控和促进外贸稳增长工作任务艰巨。总署党委对做好当前海关工作提出了更高的要求，省委省政府对我们寄予厚望，需要我们准确把握新形势、新要求，不断增强履行好新时代海关职责的使命担当，坚定信心、勇往直前，高质量做好海关各项工作。

（一）准确把握新形势、新挑战对海关政治机关建设提出的新要求

党的十九届六中全会明确提出的"两个确立"，是时代呼唤、历史选择、民心所向。党的十八大以来，以习近平同志为核心的党中央统揽伟大斗争、伟大工程、伟大事业、伟大梦想，团结带领全党全军全国各族人民创造了新时代中国特色社会主义的伟大成就。我们要深刻认识"两个确立"的决定性意义，坚定远大之志、激发进取之心、砥砺担当之勇，不断增强战胜各种风险挑战的勇气、智慧和能力，不断破解

发展难题、增强发展动力、厚植发展优势，准确识变、科学应变、主动求变。

新形势、新挑战对海关政治机关建设提出了新的要求。倪岳峰署长指出，海关是政治机关，必须将"两个维护"作为政治建设的首要任务，全面加强党的领导、持续深化政治建关，做到维护意识更牢、维护能力更强、维护效果更实。这就要求我们要把捍卫"两个确立"真正转化为坚决做到"两个维护"的政治自觉、思想自觉、行动自觉。坚决把学习领会、贯彻落实习近平总书记重要指示批示精神作为首要政治任务，坚持不懈用党的最新理论成果武装头脑、指导实践、推动工作，持续提高政治判断力、政治领悟力、政治执行力，牢记"国之大者"，始终从政治上观察和处理问题、谋划工作，确保海关工作正确的政治方向。

（二）准确把握新形势、新挑战对海关守护国门提出的新标准

习近平总书记在中央经济工作会议上指出，我国经济韧性强，长期向好的基本面不会改变。无论国际风云如何变幻，我们都要坚定不移做好自己的事情，不断做强经济基础，增强科技创新能力，坚持多边主义，主动对标高标准国际经贸规则，以高水平开放促进深层次改革、推动高质量发展。

2022年海关事业发展进入关键期，维护国家政治、经济、文化、社会、生态等安全的形势更趋严峻、任务更加繁重。我们面对新冠疫情防控的压力依然很大，打击反宣品、毒品、武器弹药等走私任务艰巨，"水客"走私向内陆口岸"漂移"的风险持续加大，保障2022年北京冬奥会和冬残奥会航班备降任务责任重大，守卫国门安全重任在肩。这就要求我们坚持底线思维，始终牢记严格监管的本职，准确把握国家安全形势变化新特点新趋势，加强对外开放领域面临风险挑战的前瞻性研判，全面提升应对传统安全和非传统安全风险的能力，坚决守住系统性区域性风险底线。要加强海关全链条监管，建立健全系统完备、科学规范、运行有效的海关安全监管体系，提升监管整体效能。要提升开放监管能力，深化监管理念、模式、手段的改革创新，加强与兄弟海关和省市相关部门的信息共享、执法互助。把为国把关的职责使命扛在肩上，守好国门，当好国门卫士。

（三）准确把握新形势、新挑战对海关服务高水平对外开放提出的新任务

习近平总书记指出："中国对外开放是全方位、全领域的，正在加快推动形成全面开放新格局"。中央经济工作会议强调，要扩大高水平对外开放，推动制度型开放。

海关处于开放的最前沿，必须主动融入和服务国家对外开放大局，在更大范围、更宽领域、更深层次上发挥好作用，切实履行好党和人民赋予的职责使命。2022年是山西省加快融通开放步伐，拓展高质量发展新空间的重要一年。省委提出要抢抓新发展格局带来的重塑性机遇，全方位推动高质量发展，打造内陆地区对外开放新高地，提升开放型经济水平。山西要全面开展"市场主体建设年"，实现2022年外贸进出口总额增长10%的目标。这些需要我们百尺竿头更进一步，强化监管优化服务，统筹做好疫情防控和促进外贸稳增长，持续优化口岸营商环境，支持对外开放平台建设，培育外贸新主体，促进山西对外开放内外联通能级提升，助力山西转型发展蹚新路。

2022年是党的二十大召开之年，是实施

"十四五"规划、开启全面建设社会主义现代化国家新征程的重要一年,也是贯彻山西省第十二次党代会精神、全方位推动高质量发展的关键一年。关党委研究确定,做好今年工作的总体思路是:以习近平新时代中国特色社会主义思想为指导,全面贯彻党的十九大和十九届历次全会精神,深入学习贯彻习近平总书记视察山西重要讲话重要指示精神,认真贯彻中央经济工作会议精神,贯彻落实全国海关工作会议和全面从严治党工作会议、省委经济工作会议部署,坚持稳中求进工作总基调,立足新发展阶段,完整准确全面贯彻新发展理念,加快构建新发展格局,推动高质量发展。统筹疫情防控和经济社会发展,统筹发展和安全,强化监管优化服务。弘扬伟大建党精神,全面加强党的领导,坚决捍卫"两个确立"、做到"两个维护",深化政治机关建设。扎实推进"五关"建设,坚持问题导向、目标导向、结果导向,切实筑牢"精品"意识。坚定不移推进全面从严治党,坚持严的主基调不动摇,持续深化不敢腐、不能腐、不想腐一体推进,强化清廉海关建设,锻造准军事化纪律部队,为建设社会主义现代化海关、服务山西蹚出高质量转型发展新路子贡献力量,以优异成绩迎接党的二十大胜利召开。

三、振奋精神、笃行不怠,认真做好2022年各项工作

(一)坚决贯彻落实习近平总书记重要讲话和重要指示批示精神

坚定不移加强党的政治建设。以习近平新时代中国特色社会主义思想为指导,坚持"第一时间"传达学习、"第一议题"研究部署、"第一责任"推进落实,落实好习近平总书记视察山西重要讲话重要指示精神,持续跟踪问效。开展捍卫"两个确立"、做到"两个维护"、强化政治机关建设专项教育活动,深刻把握讲政治与干业务的辩证关系,从政治高度分析业务风险,从业务问题查找政治短板,及时校准偏差,做到全员覆盖、全域查摆问题、全面整改落实,不断提升政治判断力、政治领悟力、政治执行力。强化政治意识和系统思维,落实《"十四五"海关发展规划》及我关实施方案,及时跟进总署步伐、补充完善我关实施意见。

慎终如始做好常态化疫情防控,强化口岸卫生检疫。坚持"外防输入、内防反弹"总策略,"人、物、环境同防""多病共防"。加强与省联防联控机制的联系配合,落实常态化疫情防控要求。把"确保规定动作100%落实到位,99%就是不及格"的要求运用到各项工作中。严格入境人员、进境交通工具检疫,同步做好其他重大传染病口岸防控工作,保障2022年北京冬奥会和冬残奥会备降航班。监督落实口岸环节进口冷链食品和高风险非冷链集装箱货物预防性消毒措施。动态调整内部疫情防控措施,加强个人防护和封闭管理。加强口岸检疫查验、卫生监督和卫生处理工作。推进口岸公共卫生核心能力建设,提升传染病实验室检测能力,规范终末消毒监督。持续加强特殊物品监督管理。

坚持不懈认真抓好安全生产专项整治。落实总体国家安全观,做好2022年安全生产专项整治巩固提升工作。检视海关监管作业现场、办公场所及后勤设施设备等方面的安全隐患和重点难点问题整改情况,深入分析共性问题和突出隐患,建立健全安全隐患排查和安全预防

控制体系，确保专项整治取得明显成效。

（二）毫不放松履行把关监管职责

筑牢风险防控"防火墙"。增强风险意识，加强风险预警，研究排查区域重大风险。推进风险一体分析、一体研判、一体防控，优化布控规则。强化数据收集和挖掘利用，提升精准布控能力，探索推进现场即决式布控，稳步提高查获率。加大不实贸易综合管控力度，确保统计数据准确性。全面贯彻落实《中华人民共和国数据安全法》，切实提高业务系统数据安全管理水平。

守好严密监管"责任田"。坚决履行好强化监管这一基本职责，不断健全监管制度，加强正面监管，严格业务运行监控，规范监管作业场所（场地）管理，促进现场监管检查更加规范有效。深化稽查改革，优化稽查工作机制，提升精准查发打击能力。深化分类核查改革，推动后续监管"多查合一"改革落地见效。积极推广"互联网+稽核查"工作模式。加强后续防控，落实重大查发现场快速响应机制，做好稽核查绩效评估和目的地指令监控。落实加工贸易和保税监管改革措施。实施新一轮保护外商投资企业知识产权专项行动。严格进出口贸易禁限管控，做好口岸监管环节反恐维稳工作。深化综合治税，持续推进税收征管方式改革，提升税收征管效能，完成全年税收预算目标。

织密检验检疫"安全网"。落实"四个最严"要求，开展进口食品化妆品监督抽检和风险监测。持续开展进口食品"国门守护"行动。保障供港澳活猪、活牛等鲜活农产品安全稳定供应。维护国门生物安全，严防动植物疫情疫病传入传出。落实《中华人民共和国生物安全法》，开展"国门绿盾2022"行动，做好外来入侵物种普查。推动口岸初筛鉴定室建设，推广运行"智慧动植检"集成平台。深化进出口商品检验模式改革，参与进出口商品质量安全风险监测点建设，严格危险化学品等重点敏感商品监管。

保持打击走私高压态势。加强海关全员打私，推进"智慧缉私"。开展"国门利剑2022"联合专项行动，聚焦重点区域重点领域，保持打击象牙等濒危物种及其制品、"洋垃圾"、农产品及成品油等走私高压态势，严厉打击"水客"、涉枪涉毒、重点涉税商品等走私。充分发挥省市政府打击走私基础作用，深入推进反走私源头治理、综合治理。

（三）多措并举促进山西高水平对外开放

服务对外开放平台增量提质。积极支持中国（山西）自贸试验区申建。落实《太原海关支持山西省服务贸易发展的措施》，推动货物贸易和服务贸易协调发展。服务航空口岸高水平开放，保障太原机场直航航线，支持大同、运城机场正式开放。做好增开中欧班列监管工作。研究开放平台发展规划，支持符合条件的地市新设综保区或保税物流中心（B型）。服务新建太原阳曲综保区，促进太原武宿综保区健康发展。实施新一轮跨境贸易便利化专项行动，支持太原、大同跨境电商综试区发展。服务"南果中粮北肉"出口平台和"东药材西干果"商贸平台。助推太原国际邮件互换局（交换站）扩容升级。

持续优化口岸营商环境。落实"放管服"改革要求，巩固压缩货物整体通关时间成效。继续支持自贸试验区海关监管制度集成创新和复制推广。加强国际贸易"单一窗口"建设，全面提升其他业务应用率。开展行政审批制度改革，继续推进网上行政审批。做好行政许可事项取消、下放承接工作。"减证便民"，精简进出口环节监管证件。做好RCEP区域贸易协定实施工作，落实减税措施，指导企业申请适用"经核准出口商"制度，用好RCEP原产地累积规则，促进区域内生产要素低成本流动。

加大政策服务力度，培育外贸新主体。服务山西精准对接"一带一路"，支持融入中部地区高质量发展、黄河流域生态保护和高质量发展等重大战略。提升政策研究深度，充分运用海关数据优势，加强宏观经济研究和外贸形势分析，为政府决策提供有力参考。大力培育新的业务增长点和外贸新主体，对重点进出口企业、中小微企业开展信用培育和实地认证，推进AEO企业数量有序增长。建立国外技术壁垒交涉应对重点企业数据库和通报评议工作机制。支持先进技术装备、关键零部件等进口。继续加强出口食品农产品质量安全示范区建设，支持山西优势农产品走出去。

（四）持续用力深化改革创新

推进全业务领域一体化。扩展全国通关一体化改革广度深度，建立健全业务改革统筹协调机制，有序推动"两步申报""提前申报""预约通关"等通关便利化措施。全面推进属地查检工作，争取属地查检业务系统试点。完善业务执法协作机制，深化业务整合和人力资源优化工作，加强业务结合部协调联动。

加强法治体系建设。落实"谁执法、谁普法"责任制，压实各环节普法责任。持续加强行政许可规范化建设，提升行政执法水平。加强制度建设，持续提升工作指引、业务操作手册的应用效能。深化内控机制建设，用好"内控与监督子系统"科技控权主平台。加强执法能力建设，扩大公职律师队伍，提高执法水平。

提升科技创新应用水平。完善科研项目立项程序，强化过程管理，加强绩效评估。巩固"一核三中心"加四个综合实验室规划布局，推动"进出口肉类产品区域中心实验室"筹建工作。积极拓展社会委托检测业务。提升口岸疫情防控技术保障能力，加强新冠病毒检测实验室管理，强化室内质量控制和室间质量评价，优化国际旅行健康服务。加大设备投入力度，优化现有资源配置，持续提升实验室仪器设备使用绩效。强化信息化应用项目管理，推进业务网国产设备替换工作，争取HB2020首批试点。强化以风险管理为核心的网络安全保障体系，做好党的二十大、2022年北京冬奥会和冬残奥会等重大敏感时期网络安全保障工作。

（五）精益求精强化综合保障

加强政务运行的统筹协调。把"精品"理念作为工作的基本标准和要求长期坚持下去，把"素质精良、执法精准、服务精心、管理精细"的目标落实到各项工作中。夯实政务管理基础，加强部门之间的协作配合，提升整体工作效能。落实精文简会部署，统筹督促检查，改进调查研究，切实为基层减负。

加强财务后勤管理。实施预算绩效管理，落实"过紧日子"要求，压减一般性支出。严格进出口环节涉企收费管理，规范政府采购、涉案财物管理。提高事业单位创收能力，争取省市政府财政支持。抓好节约型机关创建工作，持续改进后勤保障，提高服务水平。

强化督察审计。开展重大决策部署落实情况跟踪督察，加强监督资源和成果的共享共用。贯彻执行新修订的《中华人民共和国审计法》，提升审计工作质量，压紧压实审计整改主体责任。开展业务和财务管理专项大检查复查复核，一体推进整改落实工作。

四、坚持严的主基调不动摇，扎实推进全面从严治党各项工作

（一）全面加强政治机关建设，坚决做到"两个维护"

学懂弄通做实党的创新理论。把学习贯彻习近平新时代中国特色社会主义思想作为长期重大政治任务，党委理论学习中心组带头创新学习方式方法，推动学习成果转化。巩固拓展党史学习教育成果，持之以恒推进党史学习、教育、宣传。开展党的十九届六中全会精神处级以上领导干部全员轮训和党员干部系统培训，扎实做好党的二十大精神的学习宣传贯彻。推进海关史学习研究，深入开展对党忠诚教育、党性教育和海关职业操守教育。

旗帜鲜明讲政治、抓政治。立足"两个大局"，心怀"国之大者"，不断提高政治判断力、政治领悟力、政治执行力，深入践行"两个维护"，切实贯彻落实党中央重大决策部署，做到政治立场不移、政治方向不偏。不断增强政治机关意识，各级领导干部特别是"一把手"要以上率下，在讲政治、强党建、保廉洁方面发挥示范带动作用，当好"三个表率"。

严守政治纪律和政治规矩。严格对标对表，坚决做到"四个服从""五个必须"，防止"七个有之"。严肃党内政治生活，落实意识形态工作责任制、重大事项请示报告、个人有关事项报告等制度。抓好民主生活会和组织生活会整改工作，达到解决一批问题、实现一次提高的目的。

建设高素质专业化干部队伍。坚持党管干部原则，突出政治标准，树立正确选人用人导向。落实《太原海关"十四五"干部队伍建设实施意见》，从严开展干部选拔任用和职级晋升工作，稳步推进专业技术类公务员分类管理制度改革。优化关区人力资源配置，加大优秀年轻干部培养选拔力度，加强执法一线科长队伍建设。丰富教育培训形式，提高干部职工政治能力、业务能力和执法能力。深化事业单位改革，科学设置岗位。充分发挥群团组织作用，切实关心干部职工工作生活。做好离退休干部工作。

（二）一贯到底压实责任，提升管党治党实效

知责明责守好"主阵地"。落实各级主体责任清单，强化调查研究、分析研判和跟踪问效，切实加强对全面从严治党各项工作的领导、管理和监督。"四责"同向发力，督促关区各级领导干部在其位、尽其责、敢担当、有作为。

协同履责打好"整体战"。聚焦"一把手"和领导班子监督，把党委全面监督、纪检机构专责监督、党的工作部门职能监督、党的基层组织日常监督、党员民主监督等结合起来、融为一体，加强上级监督、做好同级监督、强化下级监督。

严考促责用好"指挥棒"。综合运用"一把手"述责述廉述党建、问题直报、信息化平台等方式全面强化考核检查。强化履责监督，通过信访举报核查、案件查办、巡察监督等方式，定期分析研判政治生态，查找突出问题。坚持失责必问、问责必严，以强有力问责倒逼责任落实。坚持"三个区分开来"，严格执行党员权利保障条例，落实容错纠错机制，鼓励党员干

部担当作为。

（三）惩治防并举综合施策，坚定不移深化反腐

加大惩的力度。持续保持高压态势，全面从严执纪反腐，拓宽信访举报和问题线索来源渠道，紧盯一线执法领域和重点岗位，紧盯"关键少数"特别是"一把手"和领导班子，对利用影响力或职权谋私贪腐等问题"零容忍"。拓展打私反腐"一案双查"，提升惩治内部执法腐败的有效性和精确度。紧盯投资密集、资源集中、问题反映多的非执法领域重要环节，扎实开展"海关重点项目和财物管理以权谋私"专项整治，严肃查处违纪违法问题，推动形成靠制度管权、管人、管事的长效机制。

深化治的举措。推进以案促改制度化、规范化，将严惩腐败和严密制度、严格要求、严肃教育相结合，压缩腐败现象生存空间和滋生土壤，做到查处一案、警示一片、治理一域。将以案促改作为巡察监督、派驻监督等的重要内容，加强对受处分人员的跟踪回访，以严管厚爱激发担当作为。

提升防的效果。坚持正面引导与反面警示相结合，提升廉政教育日、警示教育月、典型案例通报等教育警醒功效。常态化抓好思想道德和党纪国法教育，加强廉洁文化建设，打造特色廉洁文化品牌。弘扬优良家风家教，深化家庭助廉，构筑"单位+家庭"反腐双防线。

（四）拓展正风肃纪成效，转作风正行风树新风

锲而不舍落实中央八项规定精神。严格执行落实中央八项规定精神持续为基层减负、进一步推进清廉海关建设的细化措施，抓好"关键少数"，以上率下做到"五个一律不准"，聚焦"关键领域"，执法一线科长及关员做到"四个一律不准"。常态化为基层减负，落实海关总署发文管理和基层上报事项清单管理要求，巩固深化业务问题收集反馈和机关直接服务基层长效机制，加强和改进调查研究。加强监督检查，紧盯违规收受礼品礼金、接受吃请、公车私用、私车公养等，从严从重查处、及时通报曝光。

驰而不息深化政风行风建设。紧盯顽疾治理，持续纠治不担当不作为、简单化乱作为、推诿扯皮等问题。持续推动精神文明建设，强化窗口作风建设，进一步畅通"12360"海关热线、特约监督员、政务服务"好差评"系统等意见建议反馈渠道，全面增强企业和群众获得感。

持之以恒强化干部监督管理。坚持抓在日常、管在经常，精准规范运用"第一种形态"，开展准军事化集训、内务规范强化月活动，健全内务督察、视频检查机制，持续纠治工作时间、工作日中午饮酒以及酒驾醉驾问题。从严从实加强年轻干部教育管理监督，加大领导干部个人有关事项申报核实和干部配偶、子女及其配偶从业行为核查力度，完善事业单位管理监督机制，落实协管员队伍管理制度。拓展监督渠道，强化"八小时以外"监督。

（五）巩固巡视整改成果，强化巡察监督效能

持续深化巡视整改。坚持目标不变、标准不降、力度不减，推动5项中长期任务、7项立行立改并长期坚持任务以及3项今年上半年到期任务按时保质完成。常态化落实整改措施，经常性督促检查，定期梳理整改进展，动态分析整改成效。适时开展巡视整改"回头看"，主

动接受监督检查，建立健全长效机制，推动关区各项工作全面进步、全面过硬。

突出巡察政治定位。全面贯彻中央关于巡视巡察工作要求，紧扣"两个维护"根本任务，坚持问题导向，上半年实现巡察"全覆盖"。全面梳理近年来巡视巡察整改事项，认真总结巡察工作经验做法，健全完善工作制度机制。

创新监督方式方法。贯彻落实巡视巡察上下联动措施，坚持向"上"对标看齐，把准方向原则、健全规章制度、统筹监督力量。继续完善职能、业务相近部门单位巡察工作协同模式，加强与纪律、干部、派驻、审计、统计等各类监督统筹衔接，增强监督治理效能。完善整改监督机制和成效评估机制，坚决防止和及时纠正反馈问题衍生复发。

（六）深化"制度+科技"运用，严密权力运行管控

提高权力运行法治化水平。开展规范性文件"立改废"，做好重大改革方案的法律论证，完善合法性审查机制，确保各项工作在法治轨道上运行。推动行政执法"三项制度"实施见效，完善权责清单，从制度层面规范一线执法。

强化权力运行监督制约。推动"制度+科技"理念向全领域拓展延伸，持续推进现场执法"选、查、处"分离。加强权力管控，对高风险岗位人员开展风险研判和常态化监督，强化对工程建设、信息化建设、实验室建设、装备购建、疫情防控保障项目等非执法领域的监督。

提高科技精准控权效能。拓展大数据、云计算、人工智能等信息技术应用场景，继续优化升级旅检、境外预检、固定资产管理、信息化应用项目管理、实验室管理、政府采购等领域信息系统，深化加贸及保税监管、属地查检等领域风险防控，不断提升使用科技手段发现问题和解决问题的能力。

志不求易者成，事不避难者进。让我们更加紧密地团结在以习近平同志为核心的党中央周围，全面贯彻习近平新时代中国特色社会主义思想，在总署党委的正确领导下，弘扬伟大建党精神，始终鼓起"闯"的勇气、激发"拼"的劲头、保持"实"的干劲，踔厉奋发，行稳致远，走好赶考路，奋进新征程，为建设社会主义现代化海关、服务山西省转型发展蹚新路做出新的贡献，以优异成绩迎接党的二十大胜利召开！

在 2022 年太原海关年中工作会议上的讲话

太原海关关长、党委书记　高继科

（2022 年 7 月 6 日）

为全面贯彻 2022 年全国海关年中工作会议精神，落实俞署长和各位署领导的指示要求，回顾总结我关上半年工作，分析研判当前的形势，安排部署下半年重点工作，今天，我们召开太原海关年中工作会议。

一、上半年主要工作情况

（一）立场坚定、态度坚决，加强政治机关建设

关党委认真学习贯彻习近平新时代中国特色社会主义思想，聚焦学习贯彻党的十九大和十九届历次全会精神，认真学习贯彻落实习近平总书记三次视察山西重要讲话重要指示精神。始终坚持把习近平总书记的重要指示批示作为行动号令，严格落实总署党委各项工作部署，坚持第一时间传达、第一时间制订工作方案和落实举措，确保各项工作要求全面落实落地。慎终如始做好新冠疫情防控，新冠疫情发生以来至 2022 年 7 月 5 日，共检疫查验出入境航班 618 架次（其中北京入境分流航班 77 架次、上海入境分流航班 19 架次），检疫监管出入境人员 6.14 万人次。我和三寅同志走进口岸封管区跟班作业，将总署党委的关心关爱传递到基层一线，坚决有力守牢山西阵地。坚决落实总体国家安全观，开展安全生产专项整治三年行动和平安山西建设，修订完善《太原海关安全生产工作会议制度》，建立安全生产风险隐患信息"吹哨人"预警机制，推进安全生产大检查工作，排查问题隐患 77 个，目前已整改完成 61 个。巩固脱贫攻坚成果，不断拓展产业扶贫规模，助力乡村振兴。

（二）强化政治担当，狠抓工作落实，发挥海关职能作用

风险防控有效加强。落实口岸安全风险联合防控机制，加强与国安等部门的协作配合，组织开展联合研判。贸易渠道人工分析布控查获率 33.33%，非贸渠道高质量查获率 22.12%，均高于总署相关考核指标要求。今年 1~5 月（下同）邮递渠道查获涉嫌濒危物种及其制品 4 件共计 3.55 千克，进口精神药品 8 件共 1060 粒、5 支，查获出口香烟 435 条。加强业务运行监控，二级监控指挥中心对旅检、货检、邮检现场累计开展视频巡查 278 次，发现并整改问题 30 个。

监管作用不断强化。持续推动海关监管作业场所（场地）规范化建设。健全完善进出口

商品安全风险预警和快速反应监管体系，严格危险化学品等重点敏感商品监管。稳步开展海关稽查改革，稽核查联合工作机制实现全覆盖，核查查发率稳步提高，稽查有效率100%。监管进出口货运量69.21万吨、货值21.81亿美元，同比（下同）分别下降74%、27.6%，监管标准集装箱1.14万箱次，下降38.8%。现场监管严密有效，视频监控平台在线率始终保持优秀，原始舱单按期核注（处置）率100%。

口岸检疫防线进一步筑牢。构建进出口食品安全体系，推进进口食品"国门守护"行动，监管进出口食品化妆品1637批、1.5亿美元。保障国门生物安全，完成口岸疫情、检疫性实蝇、杂草监测布点620个；完成外来入侵物种普查布点382个；开展动物疫病监测180项次，出口饲料安全风险监控3项次，全部合格。

深化综合治税。坚持依法科学征管，努力完成税收预测数，"两税"实际入库13.63亿元（1~6月），完成全年目标的54.52%。改革税收征管方式，全面推行"一保多用"政策，建立纳税遵从度评估指标体系。

保持打击走私高压态势。深入开展"国门利剑"专项行动，深化反走私综合治理，构建"打防管控"一体化防线。移送起诉刑事案件1起，案值133.87万元，涉税73.17万元。立案调查行政案件30起，案值3442.96万元，涉税124.44万元；结案13起，罚款5.38万元。

（三）优化营商环境，提升开放能级，服务山西蹚出高质量转型发展新路子

营商环境不断优化。落实《海关总署关于印发促进外贸保稳提质十条措施》，制定实施促进山西省外贸保稳提质25条措施。落实服务RCEP促进山西外向型经济发展10项措施，签发RCEP原产地证书550份，签证金额3727.8万美元。优化行政审批服务，网上办理率99.5%。进一步加大"证照分离"改革力度，持续落实精简监管证件、简化随附单据等通关便利化措施。落实减税降费政策，减免税款6810万元，企业享受进口原产地税率优惠2512.33万元。促进跨境电商新业态发展，倡议发起并建立跨境电商联席会议工作机制。落实服务山西打造内陆开放新高地促进外贸稳增长3年行动方案，与多个省级部门签署合作备忘录，进一步凝聚发展合力。新增进出口备案企业840家，新增高级认证企业2家。

支持对外开放平台扩容升级。助力太原武宿综保区持续发展，支持申建太原阳曲综保区。助力大同、运城航空口岸正式开放。支持国际邮件互换局（交换站）扩容升级，监管进出境邮递物品76.8万件。保障40列中欧（亚）班列常态化运行，货值7.11亿元。服务山西"南果中粮北肉东药材西干果"五大平台建设。

（四）扛牢政治责任，加强党的建设，扎实推进全面从严治党、从严治关

带头旗帜鲜明讲政治。关党委始终同以习近平同志为核心的党中央保持高度一致。带头牢固树立垂直领导意识，不折不扣地贯彻总署党委部署。始终坚持把党建工作摆在突出位置，持续深化"强基提质工程"，推进党建品牌创建工作，形成"5个署级品牌+63个关级品牌"的格局。狠抓党风廉政建设和反腐败工作，深化内控机制建设，用足用好"第一种形态"，对违纪、违规行为严肃执纪问责。

高质高效推进巡视整改和巡察工作。研究制定的103项巡视整改措施，截至目前已完成95%，每季度评估推进巡视整改中长期工作。

加强巡察工作，与巡视整改上下联动，组织对4个部门单位开展巡察，实现巡视巡察高质量全覆盖。从严从实开展强化政治机关建设专项教育活动和"学查改"专项工作，针对39个问题制定整改措施126条。全力以赴开展迎接国家审计自查自纠工作，梳理出21类81个要点384项风险项目，查发104个问题并立行立改，目前已整改完毕89个，占比85.58%。

扎实开展"海关重点项目和财物管理以权谋私"专项整治。梳理出430个重点项目，排查发现问题及风险76个（重点项目方面64个、财物管理方面12个），起底问题线索100件，开展谈话358人，接受了总署专项整治视频督导检查。目前正在全面推进整改评估阶段各项工作。

加强督查审计。组织开展了督审自查自纠、大金额差错报关单专项审计、海关事业单位所属企业脱钩和转让产权专项审计、3个隶属海关经济责任审计、口岸检查作业规范情况专项督察等工作，查发问题142项，督促整改95项。

二、当前工作面临的形势和存在的问题

海关承担着口岸疫情防控和促进外贸稳增长的重任。总署党委对做好下半年工作做出了部署、明确了任务，省委省政府要求全力推动山西外贸保稳提质，这都需要我们进一步坚定信心、统一思想、上下协同、真抓实干，高质量做好下半年各项工作。

（一）充分认识疫情防控的复杂严峻形势

从近期通报的情况看，全球疫情流行仍在继续，国内疫情防控形势仍然复杂，"外防输入"、多病同防和内部防控依然面临严峻挑战。

海关是"外防输入"的第一道防线，必须坚决贯彻"外防输入、内防反弹"总策略和"动态清零"总方针，坚决守住"不发生规模性反弹"的底线，从讲政治的高度，把做好口岸疫情防控和内部防控工作，作为当前工作的重中之重，坚决做到有令必行、有禁必止。

（二）充分认识海关推动外贸保稳提质的重要作用

今年1~5月，全国货物贸易进出口总值16.04万亿元，增长8.3%，山西省货物贸易进出口737.7亿元，下降18.8%。我省进出口值不增反降，形势不容乐观。省里先后召开稳经济工作会议和促进外贸外资平稳发展会议，对下一步工作提出了明确的要求。从目前情况来看，我省外贸企业普遍受国内外疫情、原材料价格上涨、交通物流不畅等因素影响，发展遇到了困难，对海关助企纾困提出了更高的要求。我们要深刻认识稳定外资外贸基本盘的重要性，在严把国门的同时，坚定信心、迎难而上，积极主动作为，促进山西外贸保稳提质。

（三）充分认识海关维护国门安全的重要职责

海关工作关系到人民生命财产安全、国门安全、国家经济安全等方方面面，保安全促稳定责任重大、任务艰巨。当前，各国经济互相依存，利益交融深度前所未有，打击反宣品、毒品、武器弹药等走私任务艰巨，"水客"走私向内陆口岸"漂移"的风险持续加大。形势越复杂、越要绷紧维护国门安全这根弦，我们必须清醒认识安全生产形势的严峻性和复杂性，深刻认识海关安全生产工作的政治责任，牢固树立总体国家安全观，统筹发展和安全，强化正面监管，筑牢国门安全防线，时刻保持危机

意识和忧患意识，为稳定发展大局创造良好环境。

同时，我们也要正视当前工作存在的困难和问题。一是我关承担着北京、上海入境分流航班检疫监管任务，全关四分之一人员在一线封闭工作，"外防输入"检疫监管压力较大。二是山西进出口贸易体量小，开放型经济基础薄弱，虽然我们根据山西省情制定实施了一系列措施，但海关作用发挥还不充分。三是改革创新不够深入，面对山西省对海关工作的期望，采取的有效举措还不够多，特别是搭建对外开放平台方面，比如太原阳曲综保区申建、方略保税物流中心迁址、运城保税物流中心申建、机场正式开放等，还需要加快推动。四是干部队伍能力素质还不能完全适应新任务的要求，既缺专业化人才，更缺复合型人才。五是干部管理"宽松软"、基层党建薄弱等问题还没有彻底解决。这些问题需要我们在今后的工作中认真加以解决。

今年时间已经过半，我们要清醒认识、正确评估上半年各项工作的成绩，查找不足，准确把握当前面临的复杂形势，坚持正确政治方向统领海关工作，坚持底线思维防范化解重大风险，坚持真抓实干持续转变作风，坚持严管厚爱加强干部队伍建设，把总署年中工作会议精神和俞署长的指示要求落到实处。

一是坚持正确政治方向统领海关工作。全体干部职工要坚决捍卫"两个确立"、做到"两个维护"，始终同以习近平同志为核心的党中央保持高度一致。要充分认识海关作为政治机关的根本属性，在各项工作中首先贯彻落实政治要求，善于从一般事务中发现政治问题，从苗头性、倾向性问题中发现政治风险。要坚持服务大局，既要充分履职，拓展守牢国门和促进经济社会发展的成果，也要及时应对形势变化，不断审视谋划、完善改进工作。要继续践行人民海关为人民，在助企纾困、落实关心关爱措施等工作中，坚持深入企业、深入群众、深入一线，察实情、出实招、求实效，以企业和群众的满意为评价标准，切实解决与企业和群众关系最直接、企业和群众最关心的最现实的困难和问题。

二是坚持底线思维防范化解重大风险。以"时时放心不下"的责任感，以"时刻瞪大眼睛"的战备姿态，抓实抓细安全生产。要聚焦重点领域和部位，常态化开展安全生产大检查，坚决克服侥幸心理和经验主义，不怕麻烦，一茬一茬认真检查，宁可十防九空、不可失防万一。防范化解重大风险，既要克服预见性不足、排查不到位、疏于防范的问题，也要避免对查明的问题整改不到位的现象，切实做到防患于未然。

三是坚持真抓实干持续转变作风。要崇尚求实、扎实、朴实，不尚虚谈，多务实功。工作中注重抓落实、见成效，坚持讲真话、报实情、求实效，不人为渲染，不搞"花架子"、哗众取宠，不做表面文章。要拧紧重点工作的责任链条，把主体责任压实到"神经末梢"，确保各项工作取得预期效果。要进一步校准党建与业务融合的切入点，做到在业务工作的全过程始终贯彻党的路线、方针、政策，在疫情防控、助企纾困等攻坚克难的关键时刻，充分发挥党组织的战斗堡垒作用和党员的先锋模范作用。

四是坚持严管厚爱加强干部队伍建设。要坚持严的主基调不动摇，严格干部管理制度刚性约束，强化干部队伍日常监督。统筹教育培训，不断提高教育培训工作的针对性、协同性和系统性。深入开展人力资源调研，进一步推进人力资源集约化管理，优化机关与基层分布结构。加强关心关爱，特别是加大对抗疫一线人员的关爱力度，切实落实好关心关爱干部职工的各项措施。

三、下半年重点工作

全关上下要深入学习贯彻习近平总书记重要指示批示精神，坚决落实总署党委决策部署，按照全国海关年中工作会议要求，坚持稳中求进工作总基调，统筹疫情防控和经济社会发展，统筹发展和安全，强化监管优化服务，全面有序推进下半年各项工作。

（一）坚持不懈，加强政治建设

把迎接党的二十大和学习宣传贯彻党的二十大精神作为头等大事，第一时间制订学习宣传贯彻方案，迅速掀起学习热潮，切实把思想和行动统一到党的二十大精神上来，奋力推进社会主义现代化海关建设。

深刻把握讲政治与干业务的辩证关系，持续推进政治机关建设专项教育活动，做好"学查改"专项工作成果转化。

持续深入开展安全生产大检查，全面排查整治重点领域风险隐患，切实抓好安全生产三年行动成效巩固和提升工作，进一步健全完善安全生产长效机制。

认真领会全国海关年中工作会议精神，落实俞署长指示要求，特别是俞署长提出的6个课题，要明确责任部门，组织开展调查研究，形成专题研究报告。

（二）科学精准，严格疫情防控

加强与省联防联控机制的联系配合，持续做好入境分流航班检疫监管，做好口岸复开、国际航班调增应对准备工作。防范疫情通过进口冷链食品、农产品和高风险进口非冷链集装箱货物输入风险。

持续做好"多病共防"，密切关注猴痘等国际传染病疫情动态，结合实际细化制订防控方案和措施，开展一线人员相关专业知识和防护技能培训，严防疫情叠加输入。

动态调整并认真落实内部疫情防控措施，加强个人防护，严格执行封闭管理，关心关爱一线人员，确保"打胜仗，零感染"。

（三）瞪大眼睛，牢守国门安全

切实强化监管，努力营造良好的进出口环境。

进一步增强风险意识，全面提升风控能力和水平。既要防范政治风险、业务风险，也要防范管理风险。建立健全海关风险情报信息制度规范，探索建立重点企业和重点行业"风险联络员"制度，不断丰富风险情报来源。及时排查、消除风险隐患，避免小风险转化为大风险，业务风险转化为政治风险。

夯实数据管理，坚决打击不实贸易，建立常态化联合管控机制，切实防范和惩治数据造假。

强化进出口食品、商品检验监管。推动口岸初筛鉴定室建设，推进动植检查验设施应用，推广应用智能查验、抽采样、检疫处理以及有害生物远程鉴定等先进技术和装备，提升检疫查验水平。

综合治理严打走私。持续开展"国门利剑2022"联合行动。发挥好省打私办成员单位协同作用。不断提升打私能力，取得新的战果。

（四）主动作为，促进外贸保稳提质

加大已经出台的促进外贸保稳提质、助企

纾困降成本等各项措施的宣传和落实力度，持续开展革命老区助企纾困等专项行动，加强基层调研，提供针对性服务。

加强政策研究，建立外贸形势分析会议机制，完善课题研究工作机制，加快推动建立具有我关特色的智库体系。

做好 RCEP 实施工作，落实减税措施。进一步扩大属地纳税人管理范围，持续推动构建新型关企征纳关系，完善属地纳税企业底账报送机制，科学开展纳税遵从度评估，引导企业合规申报。依法科学征管，确保完成全年税收任务。

继续支持申报中国（山西）自贸区、申建太原阳曲综保区，支持太原武宿综保区和3个保税物流中心（B型）稳定健康发展。持续助推山西"五大平台"、雁门关农牧交错带、山西农谷等出口平台和商贸平台建设，促进山西"特""优"产品走出国门。

巩固"一核三中心"加四个综合实验室规划布局，持续推动大同"进出口肉类产品区域中心实验室"筹建工作，为海关监管、扩大开放提供技术支撑。

（五）统筹协调，做好政务综合保障工作

加强协作配合，制定职能部门对隶属海关单位反映请示问题推诿扯皮情况记录报告制度。

多方争取资金，持续做好常态化疫情防控后勤保障。继续落实"过紧日子"要求，从严控制"三公"经费，大力压缩一般性支出。

推进业务网国产设备替换工作，推动政务信息网改版。

（六）持之以恒，加强队伍建设

落实新时代好干部标准，坚持"一盘棋""一张单""一把尺"，选优配强各级领导班子，稳妥有序开展干部选拔任用和职级晋升工作，加大优秀年轻干部培养选拔力度，深入开展优化人力资源配备专题调研，进一步优化干部梯次。

落实海关总署"关长走进口岸封管区"部署，将总署党委关心关爱传递到基层一线，继续推进"心灵驿站"、"智慧书吧"、健身互动等服务项目。

强化奖励激励效果，对口岸疫情防控、促进外贸保稳提质、维护国门安全等方面表现突出的干部职工，在选拔任用、职级晋升、考核评优、职称评审等方面予以倾斜。

精心精细精准做好离退休老干部工作。

（七）一以贯之，全面从严治党

严格落实两级党委全面从严治党主体责任清单，加强对"一把手"和领导班子监督，开展述责述廉述党建，通过会前印证、现场点评、民主评议等方式，检查和督促责任落实。

突出政治监督，持续加强对疫情防控、推动外贸保稳提质、安全生产等工作的监督，确保党中央重大决策部署落实落地。推进"海关重点项目和财物管理以权谋私"专项整治工作，对海关总署第二督导检查组指出的问题按要求立即整改，推动专项整治取得实效。

持续深化巡视巡察整改，开展"回头看"，建立健全长效机制，推动各项工作全面进步、全面过硬。

一体推进"三不腐"，严格执纪监督问责，强化不敢腐的震慑。健全完善制度规定，扎紧不能腐的笼子。开展常态化教育管理，增强不想腐的自觉。确保不发生重大廉政问题。严格落实中央八项规定，驰而不息纠治"四风"，努力营造风清气正的政治生态。

系统梳理太原海关权责事项，做好权责清

理、确定、规范、公开工作。

做好海关总署经济责任审计迎审、海关重大政策措施落实情况专项督察、督审自查和审计整改等工作。认真配合海关总署缉私局第一政治督察组开展政治督察。

同志们，今年的时间已经过半，上半年的绝大部分任务已按期完成，但仍有一些工作未达到预期目标，没有达到计划进度。各部门各单位一定要在回顾总结的基础上，加大工作力度，确保全年各项既定目标全部完成。党的二十大即将召开，我们一定要在保证安全的前提下，以更坚定的信心、更扎实的举措、更务实的作风、更优异的成绩，迎接党的二十大胜利召开！

在太原海关党史学习教育总结会议上的讲话

太原海关党委书记、关长　高继科

（2022 年 1 月 17 日）

12月24日，中央召开党史学习教育总结会议，习近平总书记作出重要指示，充分肯定党史学习教育显著成效和重大成果，强调要认真总结这次党史学习教育的成功经验，建立常态化、长效化制度机制，不断巩固拓展党史学习教育的成果，为总结好、巩固好、拓展好党史学习教育提供了重要遵循。12月31日，总署召开全国海关党史学习教育总结会议，全面总结海关党史学习教育工作，系统梳理成效经验，并就认真贯彻落实习近平总书记重要指示批示精神，巩固拓展党史学习教育成果，奋力建设社会主义现代化海关提出明确要求。

今天，我们召开太原海关党史学习教育总结会议。会议的主要任务是，学习贯彻习近平总书记关于做好党史学习教育总结巩固拓展工作的重要指示精神和党史学习教育总结会议精神，贯彻落实总署党委党史学习教育总结会议精神，全面总结太原海关党史学习教育经验成果，推进党史学习教育常态化长效化。下面，我代表关党委讲三点意见。

一、站在践行"两个维护"的政治高度，扎实推进党史学习教育走深走实

一年来，关党委坚持把党史学习教育作为重大政治任务，结合庆祝中国共产党成立100周年，深入学习贯彻习近平总书记关于党史学习教育重要讲话和重要指示批示精神，认真落实党中央决策部署，坚决扛起主体责任，切实加强组织领导，按照"学史明理、学史增信、学史崇德、学史力行"的要求，围绕"六个进一步"的工作重点，高标准高质量抓好任务落实，有力推进学党史、悟思想、办实事、开新局。

（一）主动对标对表，认真学习贯彻习近平总书记关于党史学习教育重要讲话精神

坚持"第一议题"制度，关党委带头开展学习研讨、带头讲授专题党课、带头宣讲习近平总书记"七一"重要讲话精神和党的十九届六中全会精神，通过党委会、理论学习中心组、专题读书班等跟进学习习近平总书记参观"不忘初心、牢记使命"中国共产党历史展览、北大红楼，在广西、福建、西藏、陕西等地考察期间重要讲话和重要指示精神，党委委员轮流作

重点发言，结合工作实际畅谈学习体会。全年组织关区两级党委理论学习中心组专题学习212次、专题宣讲46次，开展2期学习贯彻党的十九届五中全会精神暨党史学习教育专题培训班，组织参加总署学习贯彻习近平总书记"七一"重要讲话精神读书班暨宣讲交流会，组建关区宣讲团全方位多角度开展宣讲，确保从更深层面、更广维度学深悟透习近平总书记"七一"重要讲话精神。召开党委会、党委中心组扩大学习会专题学习宣传贯彻党的十九届六中全会精神，认真学习领会全会的重大意义、科学内涵、精神实质、实践要求。各级领导干部特别是处科级党支部书记坚持领学促学，示范带动党员干部认真开展学习研讨，准确把握党史学习教育根本遵循，深刻感悟习近平新时代中国特色社会主义思想的真理力量和实践伟力，切实提高政治判断力、政治领悟力、政治执行力。

（二）坚持以上率下，切实营造党史学习教育浓厚氛围

关党委带头先学一步、深学一层，逐章逐篇、原原本本学习习近平《论中国共产党历史》，示范抓好4本规定书目和4本重要参考材料学习，分专题开展研讨。各基层党组织抓实"三会一课"、主题党日等方式，利用"班车课堂""微课堂"等形式迅速跟进学习，营造一级带一级、层层抓学习的浓厚氛围。以山西丰富的红色文化遗址为课堂，用足用好身边红色资源开展体验式教育，广泛开展"追寻红色足迹"主题党日活动，切实引导广大党员干部接受洗礼、汲取力量。设立"学史·铸魂"红色讲坛，长治海关"太行讲坛"在《金钥匙》杂志专栏刊发。组织开展党史知识竞赛、演讲比赛、征文评选、红色电影展播等"党在我心中"系列主题活动，激励广大党员牢记初心使命、赓续红色血脉，2个微视频入选总署"青年心向党——我在抗疫第一线"抗疫故事线上接力展示。组织开展关区优秀党课材料评选，大同海关"微党课"视频被总署采用集中展播，保健中心党支部创建支部工作法相关经验做法入选总署相关栏目。

（三）突出知行合一，深入开展"我为群众办实事"实践活动

坚持"三个走进""三个找准"，主动走进地方政府、走进服务对象、走进基层一线，各级党组织开展调查研究200余次，聚焦海关需要跟进提升的问题、企业群众最急迫的问题、基层干部职工最关心的问题，打造"党员帮您办"服务品牌，统筹推动国门安全、便民利企、暖心聚力"三大工程"齐头并进。扎实开展"我为群众办实事"实践活动，通过建立"月度总结、定期销账"机制、关领导带队走进"我为群众办实事"专题直播间等创新举措，圆满完成两级党委确定的156项重点民生项目、352条具体措施，切实做到民呼我应"见速度"。坚持品牌导向、实绩导向，我关"脱贫不松劲 攻坚再发力""连续7年组织万余人次'走进剧场'一起分享幸福"2个项目入选全国海关"我为群众办实事"百佳项目。

（四）加强组织推动，确保党史学习教育高质高效

认真研究制订关区党史学习教育工作方案，成立党史学习教育领导小组及工作机构，明确46项具体任务，制定推进表并在每月形势分析及工作督查例会上推动督办落实。关党委委员通过支部党员大会、基层联系点等方式，加强实地调研和具体指导。建立6个督导组，通过线上+线下、指定+随机等方式从严从实开展巡回指导。坚持严标准、实作风，高质量开好专题组织生活会，认真准备专题民主生活会，对照"5个带头"深刻检视存在的问题，扎实推动整改落实。加强典型经验做法宣传推广，编发"并关政工"党史学习教育专栏文章407篇，5篇被署内信息快报刊登，48篇宣传稿被"金钥匙杂志"微信公众号、"中国海关"强国号等采用，全方位展现我关党史学习教育成效。

二、突出力学笃行，推进党史学习教育取得扎实成效

在党史学习教育中，我们深刻学习铭记党百年奋斗的光辉历程，深刻学习认识党始终不渝为人民的初心宗旨，深刻学习领会马克思主义中国化形成的重大理论成果，深刻学习传承党在长期奋斗中铸就的伟大精神。关区各级党员干部经受了全面深刻的政治教育、思想淬炼、精神洗礼，历史自信、理论自觉、政治意识、性质宗旨、革命精神和时代责任进一步增强，达到了"学党史、悟思想、办实事、开新局"的目标。

一是捍卫"两个确立"、践行"两个维护"的政治自觉更加坚定。通过党史学习教育，广大党员干部深刻认识到党的十八大以来，我们之所以能够战胜一系列重大风险挑战，最根本的原因在于有习近平总书记作为党中央的核心、全党的核心掌舵领航，在于有习近平新时代中国特色社会主义思想科学指引。党史学习教育中，我们坚持并完善"第一议题"制度，以坚决的态度、迅速的行动、有力的举措，学习贯彻落实好习近平总书记重要指示批示精神。慎终如始做好口岸疫情防控，坚持"人、物、环境"同防、"多病共防"，着力加强国际航班检疫监管。构建进出口食品安全体系，实施进口食品安全放心工程"国门守护"行动，开展供港澳食品专项整治。保障国门生物安全，有序开展疫病监测、安全风险监控和有害生物监测。优化商品质量安全监管模式，严格落实危化品100%检验监管要求。接续推进乡村振兴，我关驻村工作队获评"山西省脱贫攻坚先进集体"，1名同志获评"山西省脱贫攻坚先进个人"。

二是牢记"国之大者"、建设社会主义现代化海关的信心更加坚定。海关与国家、民族的命运息息相关，党领导下的海关奋斗史也是海关人为中华民族伟大复兴不懈奋斗的历史。我们必须胸怀"两个大局"、牢记"国之大者"，全面贯彻新发展理念，踔厉奋发建设社会主义现代化海关。党史学习教育中，全关上下牢记为国把关的职责使命，准确把握国家安全形势变化新特点新趋势，强化监管优化服务，落实总体国家安全观，有效应对和化解各种风险挑战。持续巩固压缩通关时效成果，深化"放管服"改革，从提效率、减单证、优流程、降成本、强监管、提高企业获得感6方面持续优化口岸营商环境。高水平促进对外开放平台建设，开展太原武宿综合保税区进境水果、冰鲜水产品指定监管场地远程验收工作，积极支持山西申建自由贸易试验区。推动老区振兴，助力"吕梁山猪"、小杂粮、温带水果等产业走向国际市场。

三是坚守初心使命、全心全意为人民服务的宗旨意识更加牢固。通过党史学习教育，广大党员干部深刻认识到党的百年奋斗史，就是一部践行党的初心使命的历史，就是一部党与人民心连心、同呼吸、共命运的历史。在党史

学习教育中，我们始终践行"人民海关为人民"，加强政策服务力度，提供知识产权保护、跨境电商监管、RCEP、企业信用管理等方面政策信息，助力企业用足用好政策红利，积极参与国内国际"双循环"。精准帮扶企业，快速响应企业申报进口不作价设备被"退单"、二手设备查验率过高等问题。深入社区广泛宣传进出口食品安全常识，提供时令节日食品安全检测服务，精准回应群众需求。关心关爱干部职工，总关机关、各隶属海关通过积极推进"亮化"工程和"幸福食堂"工程等多项举措，大力改善干部职工办公、生活环境。

四是雷厉风行、令行禁止的准军事化海关纪律部队作风更加优良。通过党史学习教育，广大党员干部深刻认识到必须继承发扬伟大建党精神，传承发扬跨越时空的太行精神、八路军精神、吕梁精神、右玉精神、刘胡兰精神，传承红色基因、赓续红色血脉。在党史学习教育中，我们发扬准军事化纪律部队优良作风，强化垂直管理意识，党员干部在战疫情、保安全、稳外贸中主动当先锋、站前排，党旗高高飘扬在国门守护一线、急难险重一线、为民服务一线。注重培树先进典型，总关机关及11个隶属海关、3个事业单位荣获2020年度"山西省直文明单位标兵"荣誉称号，实现文明单位"全覆盖"，机关及运城海关被评为"山西省社会主义核心价值观建设示范点"，全国海关党建示范品牌增至3个。持续推进清廉海关建设，大力开展"现场监管与外勤执法权力寻租"专项整治工作，深入开展警示教育月活动，建立关区典型案例通报制度，引导党员干部不断增强拒腐防变自觉，关区干部队伍始终保持强大战斗力。

回顾一年来的党史学习教育，我们深刻感到，必须把握根本遵循，切实把学懂弄通做实习近平新时代中国特色社会主义思想作为纲和魂，始终把牢方向导向；必须创新方式方法，用好用活红色资源，精准施策、分类指导，融入日常、抓在经常，始终注重实绩实效；必须抓住"关键少数"，示范带动一级抓一级、层层抓落实，始终坚持以上率下；必须突出以知促行，坚持把学习党史同总结经验、观照现实、推动海关工作结合起来，始终做到贯通融合。

总结成绩的同时，也应清醒地看到，对标中央和总署党委要求，我们的工作仍存在一定差距：一是在持续激发学习动力方面仍需提高，学习教育的针对性、有效性还不够，党员干部学习进展不平衡，学习成效参差不齐；二是在学用结合方面的能力仍需增强，总结学习研讨成果还不够深入，破解关区工作难题的实招、硬招还不够多；三是在精准为民办实事方面仍需探索，问题收集反馈渠道还需进一步拓展畅通，及时回应企业群众诉求方面仍有提升空间。

三、巩固拓展成果，推进党史学习教育常态化、长效化

下一步，我们要坚决贯彻落实习近平总书记重要指示批示精神，深入学习贯彻党的十九届六中全会精神，认真落实党史学习教育总结会议要求，巩固拓展党史学习教育成效，建立常态化、长效化制度机制，坚持党的百年奋斗历史经验，弘扬伟大建党精神，不忘初心使命、勇于担当作为，奋力推进社会主义现代化海关建设。

一是强化理论武装，持之以恒学习贯彻习近平新时代中国特色社会主义思想。关区各

级党组织、全体党员要把学习贯彻习近平新时代中国特色社会主义思想作为长期重大政治任务，作为党委理论学习中心组、支部"三会一课"核心内容和干部教育培训的"第一课程"，用好"学习强国""钉钉"等线上平台，不断丰富学习形式，持之以恒学懂弄通做实。要抓好党的十九届六中全会精神处级以上领导干部全员轮训和党员干部系统培训，切实用党的十九届六中全会精神统一思想、统一意志、统一行动。要继续把党史总结、学习、教育、宣传引向深入，更好把握和运用党的百年奋斗历史经验，进一步总结提炼党史学习教育工作经验做法，举一反三、固化于制，建立常态化长效化制度机制，持续巩固拓展党史学习教育成果。要深入开展海关史学习研究，将党领导下海关事业发展的成功经验转化为进一步推动关区事业发展的思路举措和实际成效。

二是深化政治建关，坚定坚决做到"两个维护"。全体党员干部、特别是党员领导干部要深刻认识、深刻理解"两个确立"的决定性意义，强化历史认知、把握历史规律，增强"四个意识"、坚定"四个自信"、做到"两个维护"，当好"三个表率"。要坚持"第一议题"制度，对习近平总书记重要指示批示精神和党中央重大决策部署第一时间学习、第一时间部署、第一时间落实，统筹推进口岸疫情防控和促外贸稳增长，严厉打击"洋垃圾"、象牙等濒危物种及其制品、涉枪涉爆等走私，走好"第一方阵"。要牢牢记住海关的政治机关属性，锲而不舍推进政治建关，按照总署党委部署，扎实深入开展捍卫"两个确立"、做到"两个维护"、强化政治机关建设专项教育活动，并将专项教育活动作为巩固深化党史学习教育成果的有力举措，正确认识讲政治和干业务的关系，对照"四个是否"要求严肃认真进行查摆，着力解决政治意识不强、政治敏感性不高、不善于从政治上观察和处理问题的现象，切实把讲政治的要求落实到关区工作各领域、全过程。

三是牢记使命担当，毫不松懈履行海关职责使命。党的二十大将在今年召开，这是党和国家政治生活中的一件大事。近期还要举办北京冬奥会和冬残奥会，召开全国"两会"。关键时期，必须始终牢记为国把关的职责使命，始终牢记严格监管是本职，深入落实总体国家安全观，坚决守护国门安全，坚决维护社会稳定和人民安康。要深刻认识我国社会主要矛盾变化和错综复杂的国际环境带来的新矛盾新挑战，保持斗争精神，增强斗争本领，落实落细重大风险防控清单。要坚持"人、物、环境"同防、"多病共防"，坚决筑牢口岸检疫防线。要严把安全生产关、生物安全关、进出口商品安全关，坚决打击各类走私违法犯罪活动，牢牢守住安全底线。

四是强化宗旨意识，一以贯之践行"人民海关为人民"。要认真总结"我为群众办实事"实践活动中行之有效的做法，学习借鉴全国海关百佳项目的先进经验，推动我为群众办实事、为民服务解难题常态化长效化。要深入落实基层联系点制度，通过参加联系点组织生活、蹲点调研等方式，积极查找并推动解决基层工作中的实际问题。要聚焦群众最关心最直接最现实的问题，持续深化改革创新，推进简政放权，出台更多支持企业发展的有力举措。要充分发挥基层党组织战斗堡垒作用和党员先锋模范作用，通过结对共建、主题党日、志愿服务等方式解难题、办实事，持续提升人民群众的获得感、幸福感、安全感。

五是坚持全面从严，坚定不移深化全面从严治党。要进一步巩固拓展"强基提质工程"成效，深化"四强"党支部建设和党建品牌创建，争创更多全国海关党建示范（培育）品牌，引领各级党组织在履行监管服务职责、深化改革创新中提升组织力。要落实总署党委关于加强对"一把手"和领导班子监督的实施意见和关区细化措施，构建责任落实链条，层层压紧压实责任。要持续开展"警示教育月"活动，严格落实每月廉政教育日和典型案例通报分析制度，增强以案促改实效。要扎实推动巡视"后半篇文章"，高质量推进巡察"全覆盖"。要进一步加强清廉海关建设，坚持"三不腐"一体推进，用好监督执纪"四种形态"，深化打私反腐"一案双查"，营造风清气正政治生态。

同志们，让我们更加紧密地团结在以习近平同志为核心的党中央周围，深入学习贯彻习近平新时代中国特色社会主义思想，大力弘扬伟大建党精神，踔厉奋发、笃行不怠，以更加优异的成绩迎接党的二十大胜利召开！

在太原海关"精品海关"建设总结表彰大会上的讲话

太原海关关长、党委书记 高继科

（2022年1月17日）

在全关开展"精品海关"建设，以"四精"为目标，打造"严、实、优、新"的内陆精品海关，是近几年来关党委一以贯之的治关理念。打造内陆"精品海关"的治关理念，是关党委贯彻中央精神，落实总署党委"五关"建设要求，紧跟形势任务，着眼长远发展，结合太原海关实际提出的。4年来，关党委高度重视，逐年推进，一步一个脚印、一年一个台阶，稳步推进"精品海关"建设。各部门单位积极组织推动，广大党员干部积极投入，基层群众热情支持，"精品"理念深入人心，得到广泛认同。经过全关上下的共同努力，各项工作持续向高效率迈进，向高标准靠拢，向高质量转变。实践证明，"精品海关"治关理念符合太原海关实际，得到了普遍认可。

关党委精心安排、周密组织，成立了"精品海关"建设领导小组，从2018年起，逐年开展了"起步年""提升年""成效年""巩固年"建设，全关以"素质精良，执法精准，服务精心，管理精细"为目标，创建了一批"精品科室"和"精品示范岗位"，组织推动"精品海关"建设中也涌现出了一批先进集体和先进个人。刚才，张军纪检组长对"精品海关"建设情况作了总结回顾；丁三寅副关长宣读了《中共太原海关委员会关于表彰"精品海关"建设先进集体和个人的决定》；5名同志分别作为先进集体、先进个人、"精品科室"和"精品示范岗位"代表作了交流发言，介绍了好的做法，畅谈了经验和体会。总的来看，经过4年的努力，全关基本形成了谋划工作有精品意识、推动工作有精品态度、落实工作有精品能力、检验工作有精品标准的工作格局，"精品海关"建设取得了明显实效。在这里，我代表关党委，对在"精品海关"建设中做出优异成绩的集体和个人，对4年来被命名为"精品科室"和"精品示范岗位"的单位和同志表示祝贺！对为"精品海关"建设付出不懈努力、目前仍在坚持推进的全关同志表示感谢！

我们的工作成绩，主要体现在以下几个方面：

一是坚守正确的政治方向，把讲政治落到实处。关党委深刻认识到，旗帜鲜明讲政治、保证党的团结和集中统一是党的生命，也是我们党能成为百年大党、创造世纪伟业的关键所在。在推进"精品海关"建设过程中，关党委全面贯彻党的十九大和十九届历次全会精神，坚持以习近平新时代中国特色社会主义思想为指导，深入学习贯彻习近平总书记系列重要讲话精神，全面落实社会主义现代化海关建设要求，以"小关也能有大作为"的勇气和"小关也要有大作为"的锐气，全面从严治党、从严治关，脚踏实地、真抓实干、强化业务、锻造队伍、锐意进取、开拓创新，从讲政治的高度推进"精品海关"建设。全体干部职工持续深刻领会"两个确立"的决定性意义，增强"四个意识"、坚定"四个自信"、做到"两个维护"，对"政治机关"及"第一方阵"的理解更加深入，捍卫"两个确立"、走好"两个维护"第一方阵的政治自觉、思想自觉和行动自觉更加坚定。

二是坚持党的领导，组织推动成效明显。关党委发挥把方向、管大局、保落实作用，全关干部职工的创造力、凝聚力、战斗力持续提升。4年来，关党委坚持党建引领，以新时代党的建设新的伟大工程为引领，坚持和加强党的领导，全面推进党的政治建设、思想建设、组织建设、作风建设、纪律建设，把制度建设贯穿其中，始终发挥党建对业务工作和队伍建设的引领作用。坚持全面从严，坚定不移推进全面从严治党，不断增强"四个意识"。深入推进全面从严治关，坚持严管队伍、严抓基础、严格监督、严肃执纪，保平安、促和谐、推动发展。坚持问题导向，正视党建、业务、队伍工作中存在的实际问题，以近年来巡视、巡察、审计发现的问题为切入点，主动深入分析和解决问题，努力做到自我革命、自我完善、不断提高。坚持真抓实干，统一思想和行动，从现在做起、从自身做起、从点滴做起，马上就办，真抓实干，锲而不舍，积小胜为大胜，积跬步至千里，一以贯之，久久为功，确保各项工作落到实处。坚持与日俱新，以深化海关改革为契机，切实担当起党和人民赋予新海关的使命和责任，保持蓬勃朝气和创新活力，准确把握时代脉搏，始终紧跟发展步伐，主动适应新要求，实现新作为，建设新海关。

三是厚植精品理念，精品意识深入人心。关党委提出的"精品海关"治关理念，直面太原海关发展的短板，针对工作基础不扎实、节奏不快、要求不严、标准不高，工作做得完但做不精、过得去但过不硬等问题，坚持抓重点、补短板、强弱项、防风险，大力弘扬"工匠精神"，努力做到精益求精。对照"素质精良、执法精准、服务精心、管理精细"的目标，从基层抓起，从基础做起，引导关区全体干部职工树牢"精品海关、从我做起"的坚定信念，把"精品意识"融入每一项工作中，从做好每一件"精品工作"入手，从培育"精品示范岗位"发力，统筹推进"精品科室"创建工作，努力实现"精"在科上、"精"在岗上。在组织方式上，按年度分解"精品海关"建设重点工作任务，分关、处两级开展"精品科室"和"精品示范岗位"培树工作，实现了上下联动、全员参与。全体干部职工扑下身子、真抓实干、创先争优，形成了"比学赶帮超"的浓厚氛围，推动各项工作持续向好。4年来，全关共培树"精品科室"39个，"精品示范岗位"122个，涌现出先进集体12个，先进个人30名。

四是突出率先垂范，担当作为显著增强。关党委树立带头实干，倡导实干，鼓励实干的导向，全关上下坚持把"精品海关"建设同贯彻落实上级决策部署结合起来，较好落实了"五关"建设要求。"政治建关"方面，坚决捍卫"两个确立"，增强"两个维护"的自觉性，始终牢记海关是政治机关的属性，严明政治纪律和政治规矩，把讲政治的要求贯彻到各项工作中。"改革强关"方面，高质量落实各项海关改革任务，积极探索内陆地区海关改革路径，深入落实《海关全面深化业务改革2020框架方案》，"两步申报"适用范围已覆盖全省企业，总体应用率57.65%；提前申报比例49.81%，应用率稳步提升。国际贸易"单一窗口"主要业务覆盖率100%。"依法把关"方面，做好规范性文件和规章制度的"立改废"，提升工作指引、业务操作手册的应用效果，严格规范公正文明执法，促进一线执法规范统一。"科技兴关"方面，充分发挥科技在海关工作中的先导和支撑作用，优化实验室管理运行模式，保健中心在疫情防控中发挥了重要作用，技术中心形成"一核三中心"加四个综合实验室的格局，科技应用水平得到大幅提升。"从严治关"方面，不断强化两级党委的政治建设，重点提升基层党组织的政治功能，深化"强基提质工程"。着力加强党的建设、准军事化纪律部队建设、党风廉政建设和反腐败斗争工作，4年来诫勉谈话13人次，提醒谈话147人次，约谈113人次，给予党纪政纪处分12人次，追责问责39人次，切实把全面从严治党的各项要求融入日常工作中。4年来，我关干事创业、担当作为的精气神得到提振，锲而不舍、一以贯之的责任感不断增强，马上就办、真抓实干的紧迫感进一步强化。

五是注重实干实绩，工作成效充分展现。关党委推进"精品海关"建设，始终坚持问题导向和结果导向，各部门单位察实情、出实招、办实事、求实效，努力把"精品海关"建设的成果体现在我关事业发展的实绩和各项工作取得的实效上。4年来，各项重点工作和"精品工作"取得了良好成果：我们坚决落实疫情防控各项部署，坚持"人、物、环境"同防、"多病共防"，加强入境航班检疫监管和高风险货物风险监测，守好"首都护城河"，严格内部防控，做到了"打胜仗、零感染"，助力山西夺取疫情防控和经济社会发展双胜利。严厉打击"洋垃圾"、濒危物种及其制品走私，开展"国门利剑""蓝天"等联合专项行动，严厉打击枪爆物品走私和毒品走私，维护国家安全和社会大局稳定。落实脱贫攻坚决策部署，帮扶的6个村全部按期脱贫。服务山西打造对外开放新高地，2021年，山西省进出口总值2330.3亿元，首次突破2000亿元，同比增长48.3%。围绕打造"六最"营商环境，巩固压缩货物整体通关时间成效。支持太原阳曲综合保税区申建工作。助力太原武宿综合保税区完成二期整改并验收运行，进出口总值从2019年132个综合保税区中排名垫底到2021年在全国145个综合保税区中居32位。服务"南果中粮北肉东药材西干果"五大平台建设，多种特色产品实现了出口"零"的突破。我关机关连续多年获评"促进山西经济社会发展突出贡献单位"。2021年，我关荣获3个"全国海关基层党建示范品牌"和2个"全国海关基层党建培育品牌"，1个山西省直机关先进基层党组织、1个"党建品牌"十佳优秀案例。我关机关被评为第六届"全国文明单位"，机关和全部11个隶属海关、3个事业单位均获"山西省直文明单位标兵"荣誉称号。

志不求易者成，事不避难者进。回顾成绩

的同时，我们也要清醒地看到，对照执着专注、精益求精、一丝不苟、追求卓越的"工匠精神"，我们做得还很不够，建设"精品海关"任重道远。主要有以下四个方面：一是"精品"意识方面，一些干部职工"精品"意识不强，精益求精的"工匠精神"还有差距，部分干部职工特别是有些领导干部责任心不强，对关党委重点工作部署的重视程度不够，落实上级工作要求的态度不够坚决，责任和压力传导没有到岗到人，低层次问题屡屡发生。二是能力水平方面，一些领导干部抓管理、带队伍的能力水平还不高，特别是有的隶属海关党委班子形成合力方面还不够，在抓党的建设方面能力还有欠缺，一些干部职工能力素质比较单一，缺少同时精通海关业务和检验检疫业务的复合型人才，具备专业资质的人员数量还不够，还不能完全满足工作需求。能力不足也是低层次问题屡屡发生、基础性工作出现错误的另一个原因。三是组织推动方面，"精品海关"建设的监督检查力度不够，结果应用不够明显，缺乏有效的奖惩机制。各部门单位分层级推进的力度不一，有的部门单位和处科级领导干部推动落实力度不够，工作措施不细，积极主动性不高。四是"精品"成效方面，总关层面培树的"精品科室"和"精品示范岗位"示范带动作用发挥得还不充分，各部门单位层面"精品科室"和"精品示范岗位"的数量还不够多。近期在巡视整改，捍卫"两个确立"、做到"两个维护"、强化政治机关建设专项教育活动，以及业务领域重大风险隐患梳理排查工作中，我们从讲政治的高度再次审视业务工作，发现了一大批问题和隐患，真正的"精品"还很稀缺，打造内陆"精品海关"任重道远。

总之，4年来我们大家付出了不少努力，但"精品海关"不是一朝一夕、轻轻松松就能实现的，只有进行时，没有完成时，"精品海关"建设永远在路上。工作的推动有阶段性，但"精品"理念和建设"精品海关"的努力还需要坚持不懈、久久为功。巩固发展"精品海关"建设成效并力求取得新的成绩，需要在以下四个方面继续努力。

一要讲政治，进一步落实"五关"建设要求。要始终牢记海关是政治机关的属性，坚决捍卫"两个确立"、做到"两个维护"，持续巩固"精品海关"建设成果。要进一步提高政治站位，把"精品海关"建设作为政治建关、解放思想、开拓创新的载体，与学习贯彻党的十九届六中全会精神和党史学习教育结合起来，与建设社会主义现代化海关实践联系起来，把"精品"理念融入贯彻习近平新时代中国特色社会主义思想的具体实践，融入政治建关、改革强关、依法把关、科技兴关、从严治关的实际工作中，努力做到决策有新思维，工作有新思路，破题有新举措，成绩有新进步。

二要有恒心，进一步树牢"精品"理念。"精品"意识是不会随着时间推移而自然保持下去的，也不是随着工作经验的积累而自然提高的。我们务必要凝聚共识，保持常态，用"精品"理念培育人、影响人、塑造人，特别是在年轻干部职工身上，既注重春风化雨，更注重实践养成，引导和推动全体干部职工自觉践行"精品"理念，彰显"精品海关"形象，防止半途而废。每个同志都要经常提醒自己，养成严肃严格严谨对待工作的习惯，从自身做起、从小处着手，从手中的每一件工作开始，高标准、严要求，精益求精、追求卓越，绝不忽视任何一个细节,绝不放过任何一个细小的错漏,把每一件工作、每一项任务都做到个人能力的极致,切实做到"文经我手无差错、事交我办请放心"。要把坚持高标准、严要求的"精品"理念作为工作的基本标准和要求长期坚持下去,把"精益求精"的精品意识转化成锐意进取、开拓创新的精气神和埋头苦干、真抓实干的动力。要用正确的理念、科学的方法、积极的态度和不懈的追求,把"精品海关"建设的成果转化为踏踏实实、干事创业的实绩,切实推动太原海关事业高质量发展。

三要求实效,进一步明确"三个导向"。全体干部职工要进一步增强责任意识,坚持问题导向、目标导向和结果导向,积极投身"精品海关"建设,以更加进取的精神、更加务实的作风、更加过硬的本领,推动各项工作落实落细落到位,不断提升工作质效,积极营造重实干、重实绩、重实效的浓厚氛围。坚持问题导向,各部门单位要敢于直面问题、勇于修正错误,努力做到不遮丑、不护短,不怕得罪人,发扬我党自我革命、斗争精神,在推进巡视巡察整改,业务和财物管理专项大检查,捍卫"两个确立"、做到"两个维护"、强化政治机关建设专题教育活动中,从讲政治的高度审视业务等各项工作,清醒地认识问题、查找风险,积极地整改问题,全面提升工作质量。坚持目标导向,各级领导干部要牢固树立"有为才有位,有位必有责"的意识,找差距、抓落实、比成绩,始终做到守土有责、守土负责、守土尽责。严格对"一把手"和领导班子监督,加强班子建设,提升能力水平,一级抓一级、层层抓落实。岁末年初,要明确新任务、制定新目标,善始善终、善作善成,持续推动、久久为功,推动"精品海关"建设向深层次迈进,谋划2022年工作要有创新、有突破、有亮点。坚持结果导向,进一步加强结果应用,使"精品海关"建设成效成为关党委在领导班子考核、评优评先、职务职级晋升等工作中的重要参考,切实发挥好"精品海关"建设导向作用。培树的先进集体、先进个人、"精品科室"和"精品示范岗位"要大力弘扬"工匠精神",树牢没有最好、只有更好的理念,自加压力、不断打磨、持续提升、多出精品,要无愧于精品称号,真正起到示范引领作用,让精品之花在关区处处开放,结出累累硕果。

四要谋发展,进一步全力推进太原海关事业再上新台阶。"精品"理念带来的不仅仅是工作质量的提高,更是干事创业环境的优化,对太原海关长远发展有着积极的促进作用。我们要深刻认识"两个确立"的决定性意义,胸怀"国之大者",结合"十四五"海关发展规划和我关工作实际,进一步强化监管优化服务,认真谋划新阶段的新任务,在"精品"理念上下功夫,在知行合一上下功夫,在常抓不懈上出真招,在推动发展上见实效,形成思想同心、目标同向、工作同力、落实同步的整体合力。要用发展的眼光,聚焦新实践提出的新课题,充分发挥好"精品海关"建设的成效,进一步凝聚人心、鼓舞士气,进一步塑造和展示太原海关的新业绩、新形象,推动太原海关建设发展持续向好,为建设社会主义现代化海关注入源源不断的动力。

初心不改,虽远不怠。同志们,2022年是党的二十大召开之年,也是实施"十四五"规划的关键之年,让我们更加紧密地团结在以习近平同志为核心的党中央周围,全面贯彻习近平新时代中国特色社会主义思想，在总署党委的正确领导下，树牢"精品"意识，锲而不舍，久久为功，踔厉奋发，勇毅前行，走好奋进新征程、建功新时代的"赶考"之路，为建设社会主义现代化海关、服务山西省转型发展蹚新路做出新的贡献，以优异成绩迎接党的二十大胜利召开！

第二篇

专记

统筹口岸疫情防控和促进外贸稳增长工作

一、坚决贯彻中央疫情防控和促进外贸稳增长的重要指示精神

（一）强化政治意识，提升政治执行力

太原海关在总署党委的领导下，坚决贯彻习近平总书记关于新冠疫情防控的重要指示精神，从严从实从细落实海关总署和山西省新型冠状病毒疫情防控工作领导小组的各项工作部署，深入贯彻落实党中央"六稳""六保"部署，积极发挥海关职能作用，口岸疫情防控取得阶段性成果，我关多个单位和个人荣获总署、山西省政府表彰。太原海关积极帮扶山西进出口企业克服疫情不利影响，在国际贸易摩擦增加、物流运行遇堵不畅的严峻复杂形势下，积极出台实施一系列保稳提质政策措施，培育新兴业态，畅通物流渠道，进一步提高贸易便利化水平，精准帮扶出口企业逆势发展。

（二）提高政治站位，提供坚强组织保障

太原海关党委始终把疫情防控工作作为当前工作的头等大事、重中之重，保持疫情防控工作指挥部常态化运转，第一时间学习贯彻落实习近平总书记重要指示批示精神和党中央、国务院决策部署，迅速落实总署和山西联防联控机制疫情防控工作要求，统筹部署疫情防控和促进外贸稳增长工作。强化联防联控指挥"司令部"，主要负责同志全程参与建立入境分流航班联合行动机制，常驻省联防联控现场指挥部任轮值总指挥和现场值班，组织处理国际航班经停太原入境疫情防控工作，加强协调指导，强化闭环管理。用好海关现场指挥"作战室"，关党委委员轮流到现场带班工作，深入一线，靠前指挥，扎实推进各项工作落实。专家咨询组随时做好辅助决策作用，第一时间研判现场情况，"即决式"解决现场问题，下达工作指令。落实总署"关长走进口岸封管区"工作要求，高继科关长、丁三寅副关长分批进入太原机场海关一线开展跟班作业。

二、科学精准防控，措施实施有力

（一）持续完善制度建设，做好风险研判

依据海关总署和山西省联防联控工作要求，紧跟疫情防控形势变化，持续完善更新太原海关疫情防控各类工作方案、应急预案，优化检疫流程。制修订《卫生检疫工作人员职业暴露感染或其他可能导致安全防护事故的突发事件应急处置预案》《新冠疫情防控一线工作人员封闭管理工作方案和封闭管理指南》《进口非冷链物品口岸环节新冠疫情防控措施优化方案》等，落实好口岸卫生检疫"三查三排一转运"工作措施。定期分析研判疫情经我省口岸跨境传播

风险，积极做好分流航班、澳门往来航班的卫生检疫工作，紧盯重点国家、重点人群，做到精准施策、精准拦截、精准管控，强化风险研判工作。

（二）严格入境卫生检疫措施，从严从细做好新冠疫情防控

按照布控指令，在指定机位开展入境航班登临检疫，做好申报资料核查、情况问询等工作，科学精准实施终末消毒监督。严格按照总署最新版口岸防控技术方案要求对入境人员实施健康申报核验、两道体温监测、医学巡查和采样检测；对检疫发现的有症状人员、申报有接触史暴露史、相关服药史人员进一步实施流行病学调查和医学排查等卫生检疫措施；按照有关规定分类实施转运移交，做好转运移交记录，"四类人员"转运至定点医院进一步诊治，其他入境人员移交地方联防联控部门转运至集中隔离酒店，并及时将信息通报联防联控机制。严格开展环境监测。充分考虑可能存在的污染风险，合理设置监测位点，严格开展新冠病毒环境监测。严格做好消毒监督。严格审核航空公司提交的入境客运航空器终末消毒方案，规范开展终末消毒监督，严格做好固液体废弃物处理监督。

（三）坚持"多病共防"，筑牢口岸检疫防线

密切关注猴痘、埃博拉病毒病等其他传染病疫情，详细排查入境人员旅居史、接触史和相关症状，根据排查情况针对性采集样本，分类做好处置，严格做好"多病共防"，严防传染病疫情叠加输入。

（四）严格做好进口冷链食品新冠病毒监测检测和预防性消毒监督

建立科学有效的监测和预防性消毒体系，制订太原海关进口商品新冠病毒检测采样和预防性消毒监督等工作方案及应急处置预案，明确分工要求和基本流程。加强技能培训，组织开展新冠病毒风险监测采样、送样、检测、预防性消毒业务知识和个人防护技能培训，开展实操演练，规范操作程序，提高一线执法人员的业务能力，提升疫情防控能力。实施进口冷冻肉品实施总仓管理，要求进口冷冻肉品需先进入各市总仓，经过全面核酸检测和预防性消毒并取得追溯码后，方可进入市场销售或综合保税区储存、加工。

（五）严格落实进口非冷链物品疫情防控要求

严格按照布控指令和有关要求实施进口非冷链物品新冠病毒核酸监测，落实进口非冷链物品口岸环节疫情防控措施。会同山西省卫健委制订《山西省进口高风险非冷链集装箱货物检测和预防性消毒及从业人员健康管理工作方案》，建立进口高风险非冷链集装箱货物口岸新冠病毒风险监测和预防性消毒体系，做好口岸环节进口高风险非冷链集装箱货物核酸检测和预防性消毒工作。牵头成立山西省非冷链工作专班，定期检查汇总工作进展情况，及早发现问题及时整改，保证各项措施落实。

（六）强化一线人员管理，杜绝职业感染风险

持续提升一线人员应急处置能力，组织开展7期口岸一线疫情防控工作人员岗前实操培训，8次职业暴露、标本溢洒、高温中暑等突发事件应急处置"实地、实战"演练，强化落实"岗前检查、工作巡查、全程督查"和"双人作业、互相监督"安全防护监督制度。严格开展安全防护"每月一自查、每季一督查"，深入排查安全防护风险隐患，着力推进整改落实落地。

始终动态保持口岸一线工作人员新冠病毒疫苗100%加强免疫接种，并严格做到接种后个人防护标准不降、措施不减。紧跟总署工作部署，组织专家组2次优化修订封闭管理工作方案，落实入境人员卫生检疫岗位工作人员封闭管理要求，持续加强高风险岗位人员管理。

（七）持续推进新冠病毒疫苗加强免疫接种

实施动态台账管理，每周及时准确统计关区干部职工接种信息，准确摸排未接种原因，有针对性地督促及时接种，做到应接尽接、应快尽快，持续提高加强免疫接种率。截至2022年年底，关区干部职工加强免疫接种率达93.9%。

三、促进外贸稳增长工作

（一）统筹全业务领域，形成一揽子稳外贸政策

出台《太原海关促进山西省外贸保稳提质25条措施》《太原海关服务革命老区外贸高质量发展16条措施》。成立太原海关促进外贸保稳提质工作专班，下设"5+2+2"工作组，支持干坚果、冶金矿产品、跨境电商、电子制造业、果品出口等重点产业、行业、平台等发展，撰写6篇调研报告报送政府，切实提出解决问题的海关建议，获得省领导批示肯定2次。系统开展政策宣贯、问题清零等助企纾困工作，联合地方商务、银行、信保、协会等多部门入企调研，"一站式"高效解决企业进出口难题。先后与中国工商银行山西省分行、山西农业大学等建立合作机制。注重政策追踪问效，组织支持外贸促稳提质措施落实情况专项调查，调查显示，71.9%的企业享受到了所需要的促进外贸保稳提质措施，90%以上的企业对海关窗口服务情况、向海关提出的困难响应速度和解决情况表示满意。

（二）支持新业态发展壮大，带动形成新的贸易增长点

积极发挥跨境电商联席会议工作机制和跨境电商及邮快件海关联动监管中部协作区长效工作机制的积极作用，形成政、关、企合力，促进跨境电商业务良好运行，共同推进山西外贸高质量发展，年内召开会议2次，解决问题13个。支持太原、大同、运城跨境电商综试区建设，指导企业开展跨境电商B2B出口业务，累计为26家企业办理跨境电商出口海外仓业务模式备案。成立支持跨境电商新业态发展工作专班，开展政策宣讲36次，印发宣传册300余份，覆盖企业114家。年内，接受"9710"模式报关单申报43份，接受"9810"模式报关单申报2份。

（三）畅通物流渠道，稳定产业链和供应链

指导大同、运城航空口岸通过正式开放省级预验收。完成武宿国际机场2条国际货运航线通关保障工作，助推太原国际邮件互换局（交换站）扩容升级。对接山西省物流保通保畅工作机制，为我省重点产业链供应链"白名单"企业通关提供保障。参与山西省疫情防控物资保障组保障支撑专班工作，疫情期间有序组织人员返岗保运转，推行全程网办，零接触受理业务，为重点物资设立"绿色通道"，实施优先审批、优先查验、优先通关、优先出证等，切实保障货物及时通关。

撰稿人

裴晗言　路志昊

"海关重点项目和财物管理以权谋私"专项整治工作

为推动全面从严治党向纵深发展，防范海关非执法领域廉政风险，根据海关总署党委和驻署纪检监察组工作部署，太原海关于2022年2月至9月组织开展了"海关重点项目和财物管理以权谋私"专项整治工作（以下简称"专项整治"），分动员部署、全面自查、督导检查、整改评估4个阶段，重点整治工程建设、信息化建设、实验室建设、装备购建、疫情防控保障等问题易发多发高发的重点项目和财物管理方面以权谋私问题。

一、加强组织领导

（一）工作机制

专项整治工作由关党委统一领导部署，关党委书记履行"第一责任人"责任；党委班子成员履行"一岗双责"，对分管领域整治工作负责；党委纪检组履行日常工作职责，负责专项整治的牵头、组织、协调、推动工作；领导小组成员单位履行本业务领域自查自纠职责，同时为隶属海关专项整治提供业务指导，实地督导；各隶属海关党委和事业单位领导班子履行本单位专项整治主体责任，全面开展自查和风险排查，抓实问题整改；党委各派驻纪检组在各自派驻监督单位履行检查和监督职责，推进各隶属海关和事业单位落实主体责任。

（二）组织机构

1. 太原海关专项整治工作领导小组

组　长：高继科　党委书记、关长

副组长：张　军　党委纪检组组长、党委委员

　　　　丁三寅　党委委员、副关长

　　　　单　烜　党委委员、缉私局局长

　　　　丁传民　党委委员、副关长

　　　　张　彦　党委委员、政治部主任

成　员：财务处、科技处、综合业务一处、法规和督察内审处、机关党委（思想政治工作办公室）、监察室、基建办、缉私局，党委各派驻纪检组，技术中心、保健中心、后勤管理中心、数据分中心等部门单位主要负责人。

2. 太原海关专项整治工作领导小组办公室

专项整治工作领导小组办公室设在党委纪检组，主任由党委纪检组组长兼任。承担太原海关专项整治工作领导小组的日常工作，落实领导小组的工作决定，按照领导小组工作要求向海关总署专项整治工作领导小组报告和请示工作，统筹协调各项工作任务的落实。

领导小组办公室下设5个工作组。

（1）综合组。承担领导小组办公室日常工作。在综合组设立由纪检、巡察、督审、财务、

科技、监管、采购等相关领域专家组成的工作专班，在综合组直接领导下开展工作。

（2）学习教育工作组。机关党委（思想政治工作办公室）牵头负责。组织开展学习教育，结合日常工作、专项教育活动，统筹开展政治教育、纪法教育和警示教育。

（3）监督检查及问题线索起底工作组。党委纪检组牵头负责。履行"监督的再监督"专责，强力协调推进，严格监督检查，及时跟踪问效。起底2012年以来监督执纪、信访举报、巡视巡察、督察审计中掌握的问题线索，梳理出完整的问题线索清单。

（4）工程建设、装备购建、疫情防控保障和财物管理整治工作组。财务处牵头负责。对工程建设、装备购建、疫情防控保障3个重点项目和财物管理方面的风险、问题开展自查排查，形成廉政风险清单、问题清单。

（5）信息化建设和实验室建设项目整治工作组。科技处牵头负责。对信息化建设和实验室建设项目的风险、问题开展自查排查，形成廉政风险清单、问题清单。

二、全面开展自查

（一）坚持以上率下，压实主体责任

太原海关党委高度重视专项整治工作，加强组织领导，将专项整治工作纳入每月形势分析及工作督查例会、每周关长碰头会重要议题，及时掌握工作动态、跟进做好部署安排。党委班子成员坚持把自身摆进去、把职责摆进去，带头申报、带头谈话、带头查找风险、带头整改问题；先后13次带队深入隶属海关、事业单位和职能部门开展督导检查，通过听取汇报、专题约谈等方式，强化压力传导。

（二）广泛宣传动员，营造浓厚氛围

在太原海关机关、4个事业单位、11个隶属海关办公场所、业务现场张贴专项整治工作海报126份，设置专项整治举报箱31个。在门户网站、管理网站设置飘窗，在"并关政工"微信公众号发布专刊，宣传专项整治工作重点，公示信访举报电子邮箱、举报电话、收信地址、二维码等举报方式，畅通信访举报渠道。协调财务、科技、基建等部门梳理形成关区涉及重点项目和财物管理企业名录清单，确定重点企业113家，走访调研20家，通过微信群推送、面对面征求意见、电话联络等途径宣传专项整治工作，引导企业积极参与。自查阶段收到信访举报1件，转问题线索进行初核。

（三）梳理重点项目，夯实整治基础

由财务、科技等部门牵头组成工作专班，按照方案确定的重点项目金额标准，先后调阅3000余份资料档案，共梳理出重点项目430个，形成重点项目清单，其中，工程建设类项目99个，信息化建设类项目18个，实验室建设类项目248个，装备构建类项目21个，疫情防控保障类项目44个。党委纪检组组织对首次填报的446个重点项目数据进行抽查，抽查129项，抽查率达到29%，同时，会同财务处对重点项目进行梳理核对，针对发现的问题，第一时间向相关部门单位提出整改要求，督促举一反三，确保重点项目排查全面、完整、准确。在重点项目梳理过程中，注重强化信息技术支撑，科技部门利用虚拟平台迁移重建，模拟搭建原系统网络环境、地址转换，完成机构改革前原财务管理系统、综合行政办公系统、公文档案一体化管理平台等系统的上线还原及登录访问，确保历史数据快速查询，该项工作得到总署充

分肯定，并在全国海关推广。

（四）紧盯重点领域，排查问题风险

充分发挥部门单位自查掌握情况全、专家骨干把关审核业务精的作用和优势，实行"部门自查+专班排查+专家复核"的"三级"排查把关机制，先后召开15次专题会议、碰头39次，制发18份工作协调单，围绕430个重点项目同步开展问题风险全覆盖自查和排查。充分运用好总署下发的分析指引、模型，通过横向比对、纵向分析、交叉挖掘等方式，对重点项目关键环节进行逐一筛查分析，全面查找可能存在的以权谋私、利益输送等问题。对专项整治重点项目涉及的相关企业、关联情况进行"拉网式"起底分析、研判评估，确保问题风险查深查细查透。将巡视巡察整改、审计自查、财务大检查等工作与专项整治统筹开展，对发现的问题风险进行整合，梳理形成太原海关财务问题清单、整改台账，实现一查多果、一果多用。全面自查阶段，共梳理出问题及风险76个，其中，重点项目方面64个，财物管理方面12个。结合问题风险排查情况，协调人事、政工等部门调阅调取排查相关领导干部个人事项报告、领导干部亲属从业、离岗离职人员就业等情况604人次，对背后的风险进行深入摸排。

（五）拓宽线索来源，主动查发问题

在对财物管理方面问题整治中，督促清退货币化住房补贴193.49万元，解决历史遗留问题。党委纪检组对2012年以来全部问题线索开展大起底，共起底问题线索100件，梳理出"海关重点项目和财物管理以权谋私"领域问题线索30件，重新处置4件。督促政工、法督、办公室对2012年以来通过巡视巡察、督查审计、廉政举报信箱、12360热线等渠道发现的问题及收到的线索开展分析研判，梳理出相关问题41条，经集体研判发现3个问题存疑，已转为2条问题线索进一步开展核实。组织开展个人违规事项申报，违规事项申报人员330名，在政策感召和思想引导下，11人申报违规事项，其中2人主动申报组织未掌握的违规事项，已将相关问题及时转化为1条问题线索进一步开展核实。组建由纪检、督审、政工等部门人员组成的11个谈话组，开展逐一谈话358人次，召开座谈会22次，发放纸质和电子调查问卷757份，发放"致全关离退休干部公开信"，98名老干部参与网上问卷调查，共征集意见建议68条。综合信访举报、逐一谈话、个人违规事项申报及问题风险梳理情况，梳理出廉政高风险岗位13个，高风险人员12人。

（六）抓好学习教育，筑牢初心使命

集中组织观看警示教育片《国门卫士岂容违纪破法》《加固堤坝》，通报2012年以来太原海关查处的2件非执法领域违纪典型案例，以"身边事"教育警醒"身边人"，做到警钟长鸣。开设《漫说"专项整治"》专栏，采用"漫画+案例+点评+党纪提醒+法规链接"的形式，形象直观地展示重点项目和财物管理以权谋私的表现形式和具体规定。通过每月廉政教育日分批次下发相关学习资料和学习教育测试题库，依托"海关全员培训网络学习课堂"平台及"问卷星"平台组织开展署关两级专项整治学习教育测试4次，近2000人次参加测试。聚焦"三对照四查找一分析"要求，组织撰写个人剖析材料，政工部门对收到的剖析材料按照50%的比例抽查审核，对72份未严格按照规定要求撰写的材料退回修改或重写，严把质量关。

三、扎实推动整改

2022年6月21日至6月30日,总署专项整治工作第一批第二督导检查组对太原海关专项整治工作情况进行督导检查,7月27日反馈了督导检查意见,指出检查发现的4个方面14项23个具体问题,提出整改建议。8月12日太原海关印发并上报整改方案,扎实推进集中整改并取得成效。

(一)强化政治站位,迅速安排部署

关党委高度重视,党委书记、关长高继科第一时间作出批示:"请张军组长负责,组织监察等相关部门单位尽快拿出整改方案,用巡视整改的方法,逐项、全面整改,确保整改到位。各位关领导都要扛起分管责任,齐抓共管,形成整改合力。"党委纪检组组长张军第一时间组织召开整改专题会议,研究部署整改工作,强调全盘认领督导组反馈的问题,坚持问题导向、结果导向,深入检视问题,高质量完成问题整改。

(二)强化组织领导,制订整改方案

成立由关党委书记、关长担任组长,其他党委委员为成员的太原海关党委"海关重点项目和财物管理以权谋私"专项整治整改工作领导小组,明确职责任务。对照总署督导检查组的反馈意见提出的23个具体问题,结合太原海关自查发现的10个问题,研究制订《太原海关"海关重点项目和财物管理以权谋私"专项整治整改方案》(以下简称"整改方案")和《太原海关"海关重点项目和财物管理以权谋私"专项整治工作发现问题整改清单》(以下简称"整改清单"),明确整改目标、工作步骤,细化71项具体整改措施,确定落到细处、改到实处。

(三)压茬持续推动,整改成效明显

针对反馈意见指出的问题,立即组织各部门单位进行全面梳理,再次开展问题风险分析排查,建立整改台账,及时对账销号,做到责任不落实不放过、问题不解决不放过,确保整改工作真改实改。通过关党委会、关长办公会、月度形势分析例会、党委成员分管领域专题会议等,扎实推动各责任部门开展整改,自觉接受督导组整改督导,能立即整改的立行立改,规定时限要求的争取提前完成,列入长期整改的持续关注执行。注重将"当下改"与"长久立"结合起来,及时完善制度规范,补齐制度短板,促进源头治理。截至12月底,整改清单所列33个问题,已完成整改问题31个,长期坚持2个。通过整改,建立完善制度4项。

(四)聚焦问题线索,从严从快处置

党委纪检组高度重视问题线索处置工作,始终保持惩治腐败高压态势,坚持将严查快处贯穿整改全程,以专项整治成效一体推进"三不腐"治理效能。截至12月底,专项整治中发现的10件问题线索,已完成处置9件,移交并协助驻署纪监察组立案审查1件,对2名处科级领导干部启动了问责。

四、专项整治工作成效

(一)增强依规依纪依法履职的自觉性

通过"海关重点项目和财物管理以权谋私"专项整治,通报曝光非执法领域典型案例,开展警示教育、纪法教育,以案说纪、以案为鉴、以案促改、以案促治,彰显纪律规范刚性约束力,强化了制度执行力,进一步增强了广大干部职工纪法观念和规矩意识,提高了廉洁从政、依法行政、规范管理以及防范廉政风险的思想自觉和行动自觉。

（二）切实有效堵塞管理漏洞、防控廉政风险

通过开展海关重点项目和财物管理以权谋私专项整治，全面排查关区重点项目和财物管理等非执法领域各环节突出问题、风险隐患，梳理出重点项目、重点关注人员，形成《"重点项目和财物管理以权谋私"专项整治问题及廉政风险清单》《重点项目清单分析研判汇总表》，制定防控整改措施，扎实推动全面整改，进一步提升了重点项目管理执行、财物管理水平和质效。相关部门单位深入分析海关重点项目和财物管理薄弱环节、非执法领域廉政风险，认真检视存在问题，找准了"病灶症结"，及时有效堵塞管理、执行漏洞，防控廉政风险。

（三）坚持标本兼治、完善制度机制

通过扎实开展专项整治问题整改工作，坚持将学习教育、问题线索处置、成果转化贯穿始终，突出以治促学、以学促改、以改促建，一体推进不敢腐、不能腐、不想腐。针对问题风险、管理漏洞，及时建立健全和完善机制制度规范，将整治整改成果转化为治理效能，进一步提升了关区制度机制和治理能力建设，推动清廉海关建设高质量发展。

撰稿人

杜　伟

打击走私重点专项工作

2022年,太原海关坚持以习近平新时代中国特色社会主义思想为指导,全面学习宣传贯彻党的二十大精神,深入贯彻习近平法治思想,认真学习领会习近平总书记对政法工作的重要指示和对公安工作的重要论述和重要训词精神,以深化打击走私和综合治理为基点,以深化改革创新为动力,踔厉奋发、笃行不怠,抓好防风险、保安全、护稳定、促发展各项工作,为全面建设社会主义现代化国家开好局起好步创造安全稳定的政治社会环境。

一、以捍卫国门安全为着力点,扎实开展"国门利剑2022"联合行动

坚持总体国家安全观,全年共立案侦办刑事案件7起,其中涉税案件4起、非涉税案件3起,案值207.34万元,涉税41.95万元。立案调查行政案件49起,其中一般案件35起、简快案件14起,案值704.29万元,涉税141.8万元。

(一)严厉打击治理粤港澳海上跨境走私

密切关注粤港澳海上跨境走私出现的新动态,加强与广东省内海关的协作交流,强化与公安食药环境部门的联合执法,严打海上走私私货进入流通、消费领域的关联犯罪,形成联合监管、多元治理的工作机制。

(二)严厉打击"水客"、离岛免税"套代购"走私

开展"断链刨根"打击电商走私专项行动,密切与海口、湛江、拱北海关交流,强化与保税监管部门业务配合,巩固跨境电商综合整治成果,分别立案侦办跨境电商渠道走私运动营养品案和通过水客伪报贸易方式走私珍珠制品案,抓获犯罪嫌疑人3名。

(三)严厉打击象牙等濒危野生动植物及其制品走私

开展"护卫2022"专项行动,密切关注全国濒危物种走私新动态、夹藏走私新手法及查缉要点,与行邮部门共同研判、开展联合查缉,立案调查1起涉嫌进口濒危植物制品花旗参案。

(四)持续高压严打"洋垃圾"走私

出台"蓝天2022"行动方案,加强与第一战区、口岸海关信息共享,有效提升防控打击的针对性,保持常态化高压打击,切实拒"洋垃圾"于国门之外。

二、以党的二十大安保维稳为总目标,深入开展打击整治走私犯罪"百日行动"

成立"百日行动"领导小组,围绕4方面13项措施,联合多警种共同对枪爆、毒品、反宣品走私实施全链条打击。

（一）开展"国门勇士2022"专项行动

积极开展打击武器弹药走私专项研判，侦办涉枪案件3起，在太原、汾阳、四川德阳等地抓获犯罪嫌疑人3名，扣押气动力枪支4支、铅弹600余发，捣毁加工窝点1个，扣押制弹车床、铅条等设备、原料若干。

（二）全力开展"使命2022"行动

立足寄递主渠道，强化对精麻药品走私的查证打击，侦办走私一类精神药品刑事案件1起，现场查获涉案羟基丁酸1瓶及其他成分不明药物若干。

（三）严厉打击反宣品走私

全力以赴维护国门安全和政治、意识形态安全，调查反宣违禁品非法入境案件1起，查获印章、照片等违禁品50余件。会同国家安全部门建立山西打击反宣品入境走私合成作战机制，对旅检渠道查获的200余件反宣品进行联合处置。

三、以构筑立体防线为切入点，全面提升反走私工作整体合力

（一）坚持全员打私"一盘棋"

以打击枪爆、毒品等违禁品走私为抓手，监管、风险、统计缉私等部门定期开展联合研判。依托海关职能部门专业优势，关税部门提供归类、税款核定的专业认定，卫生检疫、缉私部门建立打击粮食等食品安全走私协同配合机制，动植检部门在动植物制品属性判别、法律适用方面给予专业支持，法规部门在行政案件案审会中积极提出法律意见。畅通涉案财物移交保管机制，依规做好涉案财物接收处置、"三金"账户管理工作。稽查部门承接稽核查发现简快案件的办理，办理简快案件8起。各隶属海关积极强化正面监管，全年移交行政案件成案线索35起。

（二）强化合成作战"一条线"

巩固完善与公安刑侦、经侦、禁毒、治安、食药侦部门联合办案模式，对走私犯罪案件关联的洗钱、涉枪、涉毒、涉食药环等上下游犯罪，开展多警种合成作战。参与制订山西省打击枪爆物品违法犯罪"1+3"方案中的《国门查缉方案暨"国门勇士2022"专项行动工作方案》，将打击枪爆物品走私融入全省打击枪爆违法犯罪整体格局。会同山西省公安厅禁毒总队出台《公安禁毒部门与海关缉私部门合作机制实施办法》，推动对全省毒品走私购销储运违法犯罪的联合研判、案件经营、共同打击。以打击枪爆、毒品、反宣品为抓手，加强信息共享与执法联动，先后与太原、吕梁、长治等6市公安禁毒部门对新型毒品犯罪开展联合研判。

（三）筑牢打私合力"一张网"

推进更高水平"平安山西"建设，充分发挥地方政府打击走私的基础作用，临汾、运城市相继成立打私办，省内市级打私办增至5个，打私触角进一步向基层延伸。积极推动加强打私办成员单位间协作配合、情报交流、联合执法。食药领域刑事立案1起，对查发涉及太原、大同等9个市的涉嫌非法经营药品线索全部移交省公安厅食药侦总队办理。依托四部门打击骗取出口退税联合机制，对涉骗取出口退税线索开展联合研判，向税务部门移交虚假贸易骗取出口退税线索和申报不实骗取出口退税线索。联合烟草部门，对11起寄递渠道非法邮寄烟草出境案开展联合打击。建立山西省监委、省高院、省检察院等六部门联合打击洗钱犯罪工作机制，对办理走私犯罪案件过程中发现的涉嫌

洗钱犯罪线索开展联合分析研判。深入进口冻品监管仓库、销售市场开展调研，宣讲海关打击冻品走私的法律法规，助推净化冻品市场秩序。

四、全面夯实业务基础，执法规范化建设再出新成果

（一）以提升"三导"作用为主线，提升分析研判水平

综合利用公安网信息平台、大数据分析手段，围绕专项行动重点商品、重点渠道走私开展研判，加强与战区、口岸缉私部门的交流合作，提升分析研判质量。

（二）以统一执法标准为重点，有效提升案件质量

加强情、侦、法部门间协作配合，完善重大案件集体审议机制，强化法制部门对刑事案件的审核把关。坚持问题导向，统筹组织执法检查和执法质量考评工作。加强与检法机关的协作配合，向检察机关移送审查起诉刑事案件3起，移送审查起诉犯罪嫌疑人4人。积极推动积案清理，主动联系山西省发展改革委、临汾市政府，加快推动临汾扶贫办积案办结。组织山西某公司违规案听证会，提出听证复核意见，取得良好的政治效果、社会效果、法律效果。

（三）以专项整治为手段，提升执法规范化水平

深入开展打击整治走私犯罪"百日行动"专项督察和公安机关错误录入公民违法犯罪信息问题专项清查整治，完善重大案件集体审议机制，强化法制部门对刑事案件的审核把关，提升执法规范化水平。持续提升履职能力，加大全警实战大练兵与缉私业务深度融合，邀请省公安厅教官团成员实地授课，贴近实战组织开展最小作战单元专项训练。举办"百日行动"法制讲堂，邀请山西省人民检察院检察官讲授走私犯罪关联"自洗钱"行为的认定及法律适用问题，进一步提升办案民警业务素质和综合能力。

2023年是全面贯彻落实党的二十大精神的开局之年，太原海关将坚持以习近平新时代中国特色社会主义思想为指导，全面学习、全面把握、全面落实党的二十大精神，在海关总署党委的坚强领导下，持续增强践行"两个维护"的高度政治自觉，始终保持打击走私高压态势，纵深推进社会治安防控体系建设，切实提升工作法治化水平和执法公信力，为全面建设社会主义现代化国家、全面推进中华民族伟大复兴贡献海关力量。

撰稿人

魏晓君

第三篇 大事记

2022年太原海关大事记

1月

1日 关长高继科参加山西省政府节日值班值守视频连线。

关长高继科到太原机场国际货运监管库检查并慰问一线在岗干部职工。

4日 太原海关举行升旗仪式。

关长高继科、缉私局局长单烜向山西省政府党组成员汤志平汇报工作。

关长高继科参加山西省委第58次疫情防控专题会暨省疫情防控工作领导小组会议。

副关长丁传民组织召开业务和财务管理大检查推进会，研究部署业务和财务管理大检查复查复核阶段各项工作。

5日 太原海关召开党委理论学习中心组专题学习会。

关长高继科列席山西省政府第128次常务会议。

副关长丁传民走访山西省口岸办研究解决太原机场国际货运监管仓库安全隐患整改问题。

"太原海关总关业务技术综合楼整体维修改造项目"获"2021—2022年度中国建筑工程装饰奖"。

6日 太原海关组织参加全国海关专题会议。

副关长丁传民组织召开海关服务黄河流域生态保护和高质量发展工作推进会。

9日 关长高继科参加山西省委第59次疫情防控专题会暨省疫情防控工作领导小组会议。

10日 缉私局举行庆祝中国人民警察节活动仪式。

11日 副关长丁三寅到太原机场海关开展业务和财务管理大检查复查复核工作。

副关长丁传民到晋阳海关开展业务和财务管理大检查复查复核工作。

12日 副关长丁传民组织召开太原海关事业单位监督管理委员会会议。

13日 太原海关召开山西省口岸卫生检疫标准化技术委员会年会。

14日 政治部主任张彦组织召开太原海关稽查改革推动情况专题工作会议。

17日 太原海关召开党史学习教育总结会议。

太原海关召开"精品海关"建设总结表彰大会。

缉私局局长单烜、政委郝鞞在山西省公安厅参加全国公安厅局长会议。

18日 关党委召开党史学习教育专题民主生活会。

缉私局局长单烜参加全国公安队伍教育整

顿总结会议。

21日 缉私局局长单烜参加全国缉私队伍教育整顿总结会议。

副关长丁传民与大同市副市长赵学斌进行工作会谈。

23日 关长高继科参加山西省委第61次疫情防控专题会暨省疫情防控工作领导小组会议。

25日 太原海关召开关区不实贸易管控专题会议。

缉私局局长单烜参加山西省委政法工作会议。

副关长丁传民参加海关总署进一步做好寄递渠道新冠疫情个人防护工作专题视频会议。

副关长丁传民组织业务一处、卫食处召开加强寄递渠道新冠疫情个人防护专题会。

26日 太原海关召开2022年工作会议暨全面从严治党工作会议。

太原海关召开领导班子和署管干部年度考核、选人用人"一报告两评议"、署管干部任职试用期满考核工作会议。

关领导开展春节前走访慰问活动。

副关长丁三寅参加总署卫生司召开的北京冬奥会和冬残奥会口岸卫生检疫工作视频会议。

27日 太原海关召开2022年纪检监察工作会议。

政治部主任张彦慰问疫情防控一线工作人员。

28日 关长高继科到太原机场海关检查冬奥会和冬残奥会航班备降应急保障等相关工作。

副关长丁传民参加全国海关安全生产电视电话会议。

29日 副关长丁传民组织开展春节前安全大检查。

30日 关长高继科参加山西省委第62次疫情防控专题会暨省疫情防控工作领导小组会议。

31日 关长高继科参加山西省政府应急值班工作视频会。

2月

1日 关长高继科参加海关总署应急值班视频连线并检查太原海关春节期间应急值守情况。

7日 关长高继科参加山西省委财经委第28次会议。

8日 太原海关参加2022年全国海关缉私工作会议暨全国打私办主任会议。

副关长丁传民出席2022年条线业务春训开班仪式。

9日 关长高继科参加山西省委十二届三次全会。

10日 副关长丁三寅视频参加2022年全国海关动植物检疫工作会议。

副关长丁传民主持召开关长办公会专题研究关爱疫情防控一线党员干部职工事宜。

11日 副关长丁传民召开加强企业党建专题会议。

14日 太原海关召开关区安全生产会议。

缉私局局长单烜在山西省公安厅参加全省公安局长会。

15日 关长高继科主持召开关长办公会专题研究保健分中心建设有关事宜。

缉私局局长单烜、政委郝犨在山西省公安厅参加党建工作述职会议和全省公安机关党风廉政建设会议。

16日 副省长汤志平一行到太原海关调研指导。

太原海关参加全国海关"海关重点项目和

财物管理以权谋私"专项整治工作动员部署视频会议。

党委纪检组组长张军主持召开"海关重点项目和财物管理以权谋私"专项整治工作部署会。

18 日 党委纪检组组长张军现场督导晋城海关业务管理大检查复查复核工作。

副关长丁传民出席太原海关 2022 年财务条线春训开班仪式。

20 日 副关长丁三寅参加山西省委第 63 次疫情防控专题会暨省疫情防控工作会议。

21 日 太原海关保密办组织开展 2022 年保密工作培训暨微信泄密专项整治工作培训。

22 日 党委纪检组组长张军参加山西省委第 64 次疫情防控专题会暨省疫情防控工作会议。

23 日 关长高继科参加山西省委第 65 次疫情防控专题会暨山西省疫情防控工作会议。

关长高继科参加山西省委国安办会议。

关长高继科出席太原海关处级干部学习贯彻党的十九届六中全会精神集中轮训开班仪式。

副关长丁三寅参加 2022 年全国海关政策研究和统计工作视频会议。

副关长丁三寅参加 2022 年全国海关商品检验工作会议。

政治部主任张彦参加人事教育处党支部专项教育活动专题研讨。

24 日 关长高继科到临汾海关调研,同临汾市委书记闫晨曦进行工作座谈,与侯马市市长尹明星就推进临汾(侯马)综保区申建工作交流座谈。

25 日 山西省打击走私综合治理工作会议在太原海关召开。

太原海关召开 2022 年关区缉私工作会议。

关长高继科与基层联系点临汾海关查检科党支部就强化政治意识、推进政治机关建设工作进行座谈。

副关长丁三寅参加山西省委第 66 次疫情防控专题会暨省疫情防控工作领导小组会议。

政治部主任张彦以视频形式参加 2022 年全国海关政治部主任会议。

27 日 副关长丁三寅在山西省卫健委参加健康码赋码管控工作视频调度会议。

28 日 关长高继科参加山西省委第 67 次疫情防控专题会暨省疫情防控工作领导小组会议。

太原海关召开审计工作培训会。

3 月

1 日 副关长丁三寅、政治部主任张彦参加推进综合保税区发展领导小组集体会商会议。

2 日 副关长丁三寅视频参加 2022 年全国海关进出口食品安全工作会议暨总署进出口食品安全工作领导小组全体会议。

政治部主任张彦调研综合业务一处专项教育活动开展情况。

3 日 太原海关召开"海关重点项目和财物管理以权谋私"专项整治工作动员部署视频会议。

2021 年太原海关"扫黄打非"工作受到山西省"扫黄打非"工作领导小组通报表扬。

4 日 政治部主任张彦参加太原海关稽查改革工作联合研判组第一次联合研判会议。

8 日 太原海关召开 2022 年动植检工作会议。

副关长丁传民视频参加跨境电商联动监管中部协作区首次联席会议。

副关长丁传民会见山西省口岸办一行。

10日 缉私局局长单烜在山西省公安厅参加全省公安机关维护国家政治安全工作会议。

11日 太原海关参加全国海关疫情防控工作专题视频会议。

12日 太原海关召开疫情防控工作专题会议。

关长高继科在山西省政府参加全国新冠疫情防控工作电视电话会议。

关长高继科参加山西省委第70次疫情防控专题会暨省疫情防控工作领导小组会议。

14日 缉私局局长单烜参加全国缉私部门专项工作推进会。

15日 缉私局局长单烜在山西省公安厅参加全国公安机关视频会议。

山西省出口企业开具首票RCEP原产地声明。

太原海关在2021年度省直机关党建述职评议考核中获评"好"等次。

16日 关长高继科参加山西省委第71次疫情防控专题会暨省疫情防控工作领导小组会议。

关长高继科参加山西省政府国际航班经停太原入境工作指挥部会议。

副关长丁传民参加山西省跨境电商2022年第一次联席会议。

17日 太原海关召开统筹口岸疫情防控和促进外贸稳增长工作指挥部会议。

关长高继科、副关长丁三寅参加2022年全国海关卫生检疫工作会议。

18日 关长高继科、副关长丁三寅参加2022年国际航班经停太原入境防控实战演练活动。

关长高继科参加山西省委第72次疫情防控专题会暨省疫情防控工作领导小组会议。

山西食醋首次出口蒙古国。

19日 关长高继科在山西省政府参加全国新冠疫情防控工作电视电话会议暨山西省委第73次疫情防控专题会议。

21日 关长高继科、副关长丁三寅在太原武宿国际机场现场指挥MU570/B7881（巴黎—太原）入境国际航班检疫监管工作。

机关工会召开工会会员代表大会。

22日 关长高继科参加山西省政协经济委员会第一季度学习座谈会。

太原海关与山西省农业农村厅召开"促进外向型农业发展2022年度联席会议"。

23日 关长高继科参加山西省委第74次疫情防控专题会暨省疫情防控工作领导小组会议。

副关长丁传民召开专题会议推进企事业单位财务管理大检查问题整改工作。

24日 关长高继科、政治部主任张彦以视频形式参加全国海关持续推进审计问题整改工作视频会议。

关长高继科在太原武宿国际机场现场指挥CA930/B6549（东京—太原）入境国际航班检疫监管工作。

副关长丁三寅在山西省政府参加省长专题会议。

政治部主任张彦以视频形式参加2022年全国海关企业管理和稽查工作会议。

25日 副关长丁三寅调研保健中心口岸疫情防控工作开展情况。

28日 党委纪检组组长张军参加2022年太原海关党委派驻纪检组工作推进会。

副关长丁三寅参加山西省委第75次疫情防控专题会暨省疫情防控工作领导小组会议。

副关长丁三寅在太原武宿国际机场现场指挥 MU570（巴黎—太原）入境国际航班检疫监管工作。

副关长丁传民主持召开业务大检查问题整改工作推进会。

29 日 缉私局局长单烜参加全国缉私部门警示教育动员部署会议。

30 日 关长高继科参加山西省委第 76 次疫情防控专题会暨省疫情防控工作领导小组会议。

副关长丁传民会见山西农业大学副校长李卫祥一行。

政治部主任张彦赴中煤平朔集团调研。

31 日 关长高继科在山西省政府参加全国安全生产电视电话会议和全省安全生产工作会议。

关长高继科会见来访的中国工商银行山西省分行党委书记、行长杨志忠一行。

党委纪检组组长张军在太原武宿国际机场现场指挥 CA930（东京—太原）入境国际航班检疫监管工作。

副关长丁三寅参加山西省政府第 136 次常务会议、第 10 次省长办公会议。

山西 1 家 AEO 企业成功入选全国海关首批 AEO 互认观摩企业名录库。

4 月

1 日 党委纪检组组长张军开展节前安全检查。

政治部主任张彦组织召开 2022 年太原海关督察审计自查工作领导小组办公室会议。

2 日 关长高继科参加山西省委第 77 次疫情防控专题会暨省疫情防控工作领导小组会议。

副关长丁传民到太原机场海关开展节前安全检查及涉案财物仓库调研检查。

4 日 副关长丁三寅参加山西省委第 78 次疫情防控专题会暨省疫情防控工作领导小组会议。

6 日 副关长丁三寅参加山西省委第 79 次疫情防控专题会暨省疫情防控工作领导小组会议。

7 日 副关长丁传民在山西省委参加疫情防控工作落实会。

9 日 副关长丁传民参加山西省委第 80 次疫情防控专题会暨省疫情防控工作领导小组会议。

13 日 副关长丁传民参加山西省委第 81 次疫情防控专题会暨省疫情防控工作领导小组会议。

14 日 副关长丁传民参加山西省委第 82 次疫情防控专题会暨省疫情防控工作领导小组会议。

副关长丁三寅参加 2022 年全国海关口岸监管工作会议。

缉私局局长单烜在太原武宿国际机场现场指挥 CA930/B6536（东京—太原）入境国际航班检疫监管工作。

15 日 关长高继科、党委纪检组组长张军、副关长丁三寅参加全国海关安全生产电视电话会议。

太原海关召开安全生产专题会。

副关长丁传民在山西省政府参加全省邮政快递业疫情防控电视电话会议。

16 日 副关长丁传民在山西省交通厅参加邮政快递总仓建设方案会议。

18 日 缉私局局长单烜参加全国保障物流畅通促进产业链供应链稳定电视电话会议。

太原海关召开"百名科长百日督查"工作见面会。

副关长丁传民参加山西省委第83次疫情防控专题会暨省疫情防控工作领导小组会议。

副关长丁传民在山西省政府参加省长办公会议。

副关长丁传民组织召开加强寄递渠道新冠疫情防控专题会。

20日 太原海关邮递渠道查获侵权物品案入选海关总署2021年中国海关知识产权保护典型案例。

21日 关长高继科参加山西省委第84次疫情防控专题会暨省疫情防控工作领导小组会议。

缉私局局长单烜参加全国海关缉私部门2022年第二次工作例会。

政治部主任张彦在太原武宿国际机场现场指挥CA930/B6536（东京—太原）入境国际航班检疫监管工作。

22日 关党委纪检组组长张军到第一派驻纪检组调研督导"海关重点项目和财物管理以权谋私"专项整治工作。

24日 关党委纪检组组长张军参加总署"海关重点项目和财物管理以权谋私"专项整治重点项目清单分析指引应用视频培训会。

25日 太原海关党委班子成员参加全国海关学习贯彻党的十九届六中全会精神培训。

关长高继科参加山西省委第85次疫情防控专题会暨省疫情防控工作领导小组会议。

缉私局局长单烜在山西省公安厅参加全国公安机关视频会议。

26日 太原海关召开安全生产工作领导小组会议。

关党委纪检组组长张军参加专项整治综合组第6次周例会。

副关长丁三寅组织召开山西省口岸卫生检疫标准化技术委员会全体委员会议。

27日 党委纪检组组长张军、副关长丁三寅、缉私局局长单烜、副关长丁传民和缉私局政委郝鞾参加海关总署举办的署管干部学习贯彻党的十九届六中全会精神轮训班（第一期）学习。

太原海关召开"RCEP其他成员国技贸措施研究及对策建议"署级课题启动视频会。

28日 关长高继科参加山西省委第86次疫情防控专题会暨省疫情防控工作领导小组会议。

党委纪检组组长张军带队开展内部疫情防控和节前安全生产检查。

党委纪检组组长张军在太原武宿国际机场现场指挥CA930/B5918（东京—太原）入境国际航班检疫监管工作。

缉私局局长单烜在山西省政府参加全省加强安全稳定重点工作部署会议。

29日 副关长丁传民组织开展节前安全生产检查。

政治部主任张彦参加海关总署青年政治理论学习交流视频会议。

5月

5日 太原海关召开统筹口岸疫情防控和促进外贸稳增长工作指挥部会议。

关长高继科参加山西省委第87次疫情防控专题会暨省疫情防控工作领导小组会议。

副关长丁三寅在太原武宿国际机场现场指挥CA930（东京—太原）入境国际航班检疫监管工作。

6日 缉私局局长单烜在山西省公安厅参加

全省党的二十大维稳安保工作部署会议暨更高水平的平安山西建设工作会议，以及全省公安机关维护政治安全和社会稳定暨党的二十大安保工作再部署会议。

副关长丁三寅参加山西省政府货物贸易进出口工作专题会议。

7 日 关长高继科在山西省政府参加全国自建房安全专项整治电视电话会议、全省自建房安全专项整治会议。

副关长丁三寅参加山西省政协专题情况通报会、山西省政府专题会议、凯赛项目建设协调专题会议及山西省政协农业和农村委员会组织的"大力推进'五大平台'建设，打造山西特色农业高质量发展新引擎"专题调研情况通报会。

政治部主任张彦参加青年干部职工座谈会。

9 日 关党委巡察组在大同海关召开巡察大同海关党委工作动员会。

关长高继科在山西省政府参加全国新冠疫情防控工作电视电话会议和专题会议。

10 日 关长高继科参加山西省委第 88 次疫情防控专题会暨省疫情防控工作领导小组会议。

党委纪检组组长张军带队在大同海关开展安全检查，赴大同海关辖区重点进出口企业调研。

副关长丁三寅出席太原海关进境粮食安全工作会议暨进境粮食检疫监管培训会。

副关长丁传民到晋城海关调研，开展安全生产大检查和财务业务大检查整改工作专项督查，召开重点企业座谈会。

政治部主任张彦出席关区老干部工作例会。

11 日 党委纪检组组长张军与大同市委常委、市纪委书记梁晓旭进行座谈。

副关长丁三寅参加山西省政府第 140 次常务会议。

缉私局召开警示教育动员部署会。

12 日 关长高继科主持召开关务会议。

缉私局局长单烜在太原武宿国际机场现场指挥 CA930（东京—太原）入境国际航班检疫监管工作。

12 日—6 月 8 日 关长高继科参加入境国际航班一线检疫监管。

13 日 党委纪检组组长张军参加山西省委十二届四次全体会议。

16 日 副关长丁传民主持召开深化通关便利化改革暨促进外贸保稳提质工作推进会。

技术中心生物安全二级实验室顺利通过"CNAS 监督＋变更远程"评审。

19 日 山西省直文明办复核验收太原海关 2021 年度精神文明创建工作。

副关长丁三寅在山西省委参加全省第四次疫情防控工作落实会议。

副关长丁传民与临汾市副市长胡晓刚举行工作会谈，在临汾海关召开促进外贸保稳提质座谈会。

政治部主任张彦参加"捍卫'两个确立'、做到'两个维护'、强化政治机关建设"学习实践交流会。

政治部主任张彦在太原武宿国际机场现场指挥 CA930（东京—太原）入境国际航班检疫监管工作。

20 日 太原海关召开综合保税区高质量发展领导小组会议。

政治部主任张彦参加全国海关 2022 年度考试录用公务员面试体检考察工作部署视频会议。

太原海关首票"财关库银"模式行邮税支付成功。

技术中心顺利通过农产品质量安全检测机构考核评审。

太原海关加工贸易集中审核试运行以来首本电子化手册通过审核。

23日 太原海关与山西农业大学签署战略合作框架协议。

党委纪检组组长张军、副关长丁传民出席太原海关与山西农业大学"教学科研实习实训基地"揭牌仪式。

副关长丁三寅陪同山西省政协副主席王立伟一行到运城海关调研。

副关长丁传民参加山西省促进外贸外资平稳发展电视电话会议。

24日 太原海关技术中心与山西省检验检测中心签订加强检验技术交流促进共同发展合作协议。

政治部主任张彦组织召开2022年考试录用公务员面试工作考务会议。

太原海关派员参加山西省第五次疫情防控工作落实会议。

25日 副关长丁三寅在运城参加山西省政协"运城（临汾）果业出口平台建设"座谈会。

太原海关组织开展加工贸易和新业态专题学习研讨。

副关长丁三寅与侯马市市长尹明星举行工作会谈，到曲沃现代农业示范园区调研出口蔬菜基地建设情况。

26日 党委纪检组组长张军在太原武宿国际机场现场指挥CA930（东京—太原）入境国际航班检疫监管工作。

副关长丁传民在长治海关主持召开太原海关安全生产现场会。

26日—6月22日 副关长丁三寅参加入境国际航班一线检疫监管。

27日 政治部主任张彦到2022年考试录用公务员面试考场指导实战演练。

政治部主任张彦调研加工贸易集中审核及区外保税维修工作。

太原海关李彦缇同志获山西省直工委"喜迎二十大 青春心向党 建功新时代"主题演讲比赛一等奖。

28日 太原海关派员随同山西副省长刘旸到太原武宿国际机场调研指导。

29日 副关长丁传民应邀出席太原武宿国际机场三期改扩建工程开工仪式。

30日 党委纪检组组长张军参加山西省稳经济工作部署会。

副关长丁传民主持召开解决基层单位热点难点问题关长办公会。

31日 副关长丁传民在太原海关会见中国氮肥工业协会硝基钙镁肥分会一行。

政治部主任张彦听取离退休干部党总支党建工作汇报。

6月

1日 党委纪检组组长张军带队开展节前安全生产检查。

政治部主任张彦巡考2022年考试录用公务员面试评分工作。

政治部主任张彦参加离退休干部办公室党支部学习会，传达学习《俞建华署长关于老干部工作的批示》。

2日 党委纪检组组长张军参加山西省考核工作总结部署会议。

党委纪检组组长张军参加山西省政府端午节值班工作专题视频会议。

党委纪检组组长张军在太原武宿国际机场现场指挥CA930（东京—太原）入境国际航班检疫监管工作。

副关长丁传民会见中国信保山西分公司党委副书记郦皓、党委委员陈刚一行。

9日 党委纪检组组长张军带队走访山西省纪委监委。

副关长丁传民在太原武宿国际机场现场指挥CA930（东京—太原）入境国际航班检疫监管工作。

太原海关组织开展"6·9国际档案日"学习宣传活动。

10日 关长高继科参加山西省委稳经济促发展项目谋划工作会议。

14日 太原海关召开2022年网络安全和信息化领导小组会议。

15日 副关长丁传民主持召开促进外贸保稳提质工作专班推进会。

16日 缉私局局长单烜在太原武宿国际机场现场指挥CA930（东京—太原）入境国际航班检疫监管工作。

17日 太原海关与中国工商银行山西省分行签署战略合作协议。

缉私局局长单烜在山西省公安厅参加全省公安机关打击整治枪爆违法犯罪专项行动暨打击养老诈骗专项行动部署会。

副关长丁传民参加山西省委第91次疫情防控专题会暨省疫情防控工作领导小组会议。

20日 缉私局局长单烜带队开展关区安全检查。

20日 缉私局召开打击枪爆物品专项行动工作会议。

副关长丁传民带队到吕梁市离石区开展助企纾困调研。

21日 太原海关参加总署"海关重点项目和财物管理以权谋私"专项整治第二督导检查组督导检查太原海关视频见面沟通会。

22日 关长高继科参加山西省政府常务会议、省长办公会。

23日 党委理论学习中心组赴黎城县黄崖洞红色教育基地开展体验式党史学习教育。

党委纪检组组长张军在太原武宿国际机场现场指挥CA930（东京—太原）入境国际航班检疫监管工作。

25日 缉私局局长单烜在山西省公安厅参加全国公安机关视频会议。

27日 副关长丁传民召开巩固压缩进出口货物整体通关时间工作成效关长办公会。

28日 中国工商银行山西省分行一行人员来太原海关调研。

太原海关派员参加2022年山西省"诚信兴商宣传月"启动仪式。

28—30日 海关总署副署长王令浚在山西省调研。

关长高继科会见大同市委常委、常务副市长任希杰，到大同海关调研。

29日 副关长丁传民在山西省政府参加第17次省长办公会议。

30日 副关长丁三寅在山西省委参加全省第六次疫情防控工作落实会议。

副关长丁三寅在太原武宿国际机场现场指挥CA930（东京—太原）入境国际航班检疫监管工作。

7月

1日 太原海关召开统筹口岸疫情防控和促进外贸稳增长工作指挥部会议。

副关长丁三寅在山西省卫健委参加新冠疫情防控工作督导对接会。

4日 关长高继科参加山西省委第92次疫情防控专题会暨省疫情防控工作领导小组会议。

政治部主任张彦到太原机场海关调研慰问。

5日 副关长丁传民到长治市高新区、长子县企业调研。

6日 太原海关召开2022年年中工作会议。

海关总署缉私局第一政治督察组对太原海关缉私局开展政治督察。

政治部主任张彦在大同为AEO高级认证企业大同市中银纺织科技有限公司颁发证书。

7日 关长高继科参加山西省外贸外资工作专题会并作专题发言。

太原海关参加全国海关政策研究工作专题会议。

政治部主任张彦参加海关总署举办的2022年司局级领导干部党的理论和党性教育网上脱产研修班学习。

7—8日 保密委员会办公室组织太原海关涉密人员到山西省保密教育实训平台开展保密实训。

8日 关长高继科参加大同黄花产业发展论坛。

党委纪检组组长张军参加山西省委第93次疫情防控专题会暨省疫情防控工作领导小组会议。

政治部主任张彦调研大同海关跨境电商业务开展情况。

11日 关长高继科赴山西省政府向省政府党组成员、副省长汤志平汇报工作。

关长高继科在山西省政府参加全国安全生产电视电话会议暨省政府安委会第三次全体（扩大）会议。

副关长丁三寅在山西省委参加全省第七次疫情防控工作落实会议。

副关长丁传民主持召开第四次解决基层热点难点问题专题会。

12日 缉私局局长单烜在山西省政府参加全国禁毒工作电视电话会议。

副关长丁传民到技术中心调研指导工作。

14日 副关长丁三寅参加山西省委第94次疫情防控专题会暨省疫情防控工作领导小组会议。

副关长丁传民在太原武宿国际机场现场指挥CA930（东京—太原）入境国际航班检疫监管工作。

15日 副关长丁传民主持召开优化属地查检工作课题、业务和财务大检查、安全生产大检查问题整改、业务工作专题会。

18—21日 太原海关组织参加山西省直机关第六届职工运动会。

20日 关长高继科、副关长丁传民参加总署"口岸危险品综合治理"百日专项行动部署动员会。

太原海关召开"口岸危险品综合治理"百日专项行动部署动员会。

太原海关召开《太原海关年鉴（2022）》编审工作推进会。

21日 政治部主任张彦在太原武宿国际机场现场指挥CA930（东京—太原）入境国际航班检疫监管工作。

22日 关长高继科参加山西省委第95次疫情防控专题会暨省疫情防控工作领导小组会议。

太原海关参加全国海关疫情防控工作会议。

党委纪检组组长张军参加关区纪检干部核

查核实实战培训。

太原海关召开迎审工作动员会。

26日 太原海关召开总署审计见面会。

太原海关参加2022年全国海关离退休干部工作视频会议。

政治部主任张彦参加人事教育处党支部"喜迎二十大 奋进新征程"主题党日活动。

27日 政治部主任张彦参加机关离退休干部党组织"喜迎二十大 银龄心向党"主题党日活动。

太原海关召开会议传达2022年全国海关离退休干部工作会议精神。

太原海关派员到双拥共建部队武警太原支队开展"送清凉"慰问。

27—28日 副关长丁三寅到兴县恶虎滩村调研帮扶。

28日 太原海关党委巡察组在忻州海关召开巡察忻州海关党委情况反馈会。

太原海关向山西省政府报送的《太原海关关于上半年服务RCEP实施工作的报告》获省领导批示。

29日 政治部主任张彦参加太原海关复转军人主题党日活动。

8月

1日 副关长丁传民组织召开第四次优化属地查检课题推进会。

2日 关长高继科调研晋阳海关。

副关长丁三寅会同临汾市委一行赴总署自贸司就方略保税物流中心（B型）迁址事宜进行汇报交流。

政治部主任张彦主持召开落实关心关爱疫情防控一线人员措施工作推进会。

3日 关长高继科调研太原机场海关。

副关长丁传民主持召开分管部门巡视整改长效机制建设评估会。

太原海关工作在山西省政府重大专项抓落实机制年中盘点中受到表扬。

4日 关长高继科会见来访的中国海关传媒中心主任谷旭一行。

太原海关召开2022年关区政研暨课题中期督导工作会议。

5日 太原海关组织参加"海关e课堂——深入学习习近平总书记在中央党校（国家行政学院）中青年干部培训班开班式上重要讲话精神"专题培训。海关总署审计组组长杨占强、关长高继科及各部门单位党员代表参训。

太原海关召开晋南片区海关执法协作专题关长办公会。

政治部主任张彦主持召开人力资源调研座谈会。

8日 关长高继科参加山西省委第97次疫情防控专题会暨省疫情防控工作领导小组会议。

副关长丁传民与山西省财政厅就海关预算保障情况进行座谈。

9日 缉私局局长单烜在山西省公安厅参加全面深化公安改革推进会。

太原机场海关在出境邮递渠道首次查获国家管制二类精神药品。

10日 太原海关接受山西省委保密委员会第二检查组保密检查。

11日 副关长丁传民组织召开"海关重点项目和财物管理以权谋私"专项整治问题整改推进会。

政治部主任张彦主持召开巡视整改工作领导小组办公室会议。

12日 太原海关举办统计普法专题培训。

15—16日 副关长丁传民在青岛参加海关服务黄河流域生态保护和高质量发展集中工作。

16日 关长高继科参加山西省委第98次疫情防控专题会暨省疫情防控工作领导小组会议。

太原海关举办正处级领导干部（支部书记）政治理论专题培训。

18日 关长高继科到晋城海关调研。

副关长丁传民参加山西省政府研究发展外贸新业态跨境人民币结算业务专题会。

19日 关长高继科调研长治海关。

副关长丁三寅参加山西省委第99次疫情防控专题会暨省疫情防控工作领导小组会议。

20日 关长高继科参加山西省第八次疫情防控工作落实会议。

22日 太原海关以视频形式参加全国海关加强新时代廉洁文化建设暨警示教育大会。

关长高继科参加山西省委第100次疫情防控专题会暨省疫情防控工作领导小组会议。

副关长丁三寅参加海关总署2022年第二期司局级领导干部党的理论和党性教育网上脱产研修班。

23日 缉私局局长单烜参加全国缉私部门夏季治安打击整治"百日行动"第二次推进会。

副关长丁传民看望总署推进危险品综合治理长效机制工作专班作业场所组成员。

副关长丁传民参加大同跨境电商发展座谈会。

24日 副关长丁传民与大同市副市长赵学斌交流座谈。

25日 太原海关召开廉洁文化建设暨警示教育大会。

副关长丁传民参加山西省政府第149次常务会议。

太原海关被列入进境邮件税款信息联网项目第二批试点。

29日 党委纪检组组长张军参加2022年海关新录用公务员初任培训班动员部署会。

副关长丁传民主持召开支持跨境电商新业态发展工作推进会。

副关长丁传民会见交城县政府相关负责人一行。

30日 副关长丁三寅主持召开太原海关业务风险跨部门联合研判机制第一次会商会议。

副关长丁传民参加山西省委常委会。

31日 副关长丁三寅在朔州参加晋北肉类平台2022山西怀仁羔羊肉交易大会开幕式。

9月

1日 副关长丁三寅在山西省政府参加促进山西省焦炭自营出口专题工作会议。

太原海关派员参加山西省标准化和质量强省领导小组工作会议。

5日 关长高继科在山西省委参加全省第九次疫情防控工作落实会议。

6日 关长高继科带队到山西省党风廉政教育基地参观学习。

7日 副关长丁三寅参加山西省委第103次疫情防控专题会暨省疫情防控工作领导小组会议。

8日 关长高继科参加山西省政府第150次常务会议。

党委纪检组组长张军主持召开审计反馈意见推进会。

副关长丁三寅参加山西省政府视频点名会议。

9 日 关长高继科、副关长丁三寅及相关工作人员在并参加全国海关疫情防控工作专题视频会议。

14 日 关长高继科赴太原铁路局参加山西省政协经济委员会走访委员暨第三季度学习座谈小组活动。

副关长丁三寅参加山西省委第 104 次疫情防控专题会暨省疫情防控工作领导小组会议。

15 日 副关长丁三寅视频参加海关总署组织的"共担安全责任 共享美好生活"食品安全宣传周主题日活动。

太原海关技术中心获得 CNAS 和 CMA "二合一"认可批准。

19 日 副关长丁传民主持召开太原海关安全生产工作专题会议。

20 日 太原海关召开海关总署疫情防控专项督查工作见面会。

副关长丁传民与分管部门青年干部座谈并赠送图书。

21 日 关长高继科赴晋中市参加山西省政协调研活动。

副关长丁三寅参加山西省委第 105 次疫情防控专题会暨省疫情防控工作领导小组会议。

22 日 关长高继科主持召开巡视发现共性问题整改推进会。

22—23 日 太原海关组织开展政策研究和统计工作培训。

26 日 副关长丁三寅主持召开分管部门和联系单位巡视整改共性问题推进会。

技术中心省重点研发计划项目通过验收。

27 日 太原海关以视频形式参加全国海关2022 年新录用公务员初任培训班（第一期）结业式。

缉私局党组纪检组召集反腐败联系会议。

副关长丁传民参加全国海关技术性贸易措施交涉应对工作视频会议。

28 日 关长高继科参加山西省委第 106 次疫情防控专题会暨省疫情防控工作领导小组会议。

副关长丁传民检查保健中心、技术中心"处科岗"安全生产三级责任制落实情况。

省直文明办继续认定太原海关机关及 11 个隶属海关、3 个事业单位为"2021 年度山西省直文明单位标兵"，关区实现文明标兵"全覆盖"。

29 日 海关总署疫情防控督察组在太原机场海关实地检查。

太原海关举办党委理论学习中心组（扩大）学习习近平总书记在省部级主要领导干部专题研讨班上的重要讲话精神及《习近平谈治国理政》第四卷专题班。

党委纪检组组长张军参加全国海关稽核查工作视频会议。

太原海关参加跨境电商及邮快件海关联动监管中部协作区 2022 年三季度情况分析会。

10 月

3 日 关长高继科参加山西省委第 108 次疫情防控专题会暨省疫情防控工作领导小组会议。

6 日 关长高继科参加山西省委第 109 次疫情防控专题会暨省疫情防控工作领导小组会议。

8 日 副关长丁传民参加山西省乡村 e 镇、农村电商和跨境电商发展专题会议。

9 日 副关长丁传民主持召开跨境电商现场调研会。

10 日 关长高继科参加山西省委第 110 次疫情防控专题会暨省疫情防控工作领导小组

会议。

11日 关长高继科陪同山西省副省长汤志平到富士康（太原）科技工业园调研。

13日 关长高继科参加山西省委第111次疫情防控专题会暨省疫情防控工作领导小组会议。

太原海关召开2022年综合治税专题会议。

14日 关长高继科在值班室通过视频会议系统检查各隶属海关应急值守、安全生产和疫情防控工作。

副关长丁传民参加山西省稳外贸稳外资扩消费电视电话会议。

16日 太原海关组织收听收看党的二十大开幕盛况。

太原海关召开党委（扩大）会议专题学习习近平总书记在党的二十大开幕会上的报告。

18日 山西省领导对《关于2021年度综合保税区发展绩效评估结果的函》作出批示。

太原海关召开统筹口岸疫情防控和促进外贸稳增长工作指挥部会议。

太原海关与山西省知识产权保护中心签署《关于建立知识产权保护协作框架协议》。

19日 副关长丁传民组织召开太原海关事业单位监督管理委员会会议。

21日 副关长丁三寅参加山西省副省长汤志平主持召开的山西省焦炭供货转自营出口专题会议。

24日 太原海关组织参加全国海关学习宣传贯彻党的二十大精神视频会议。

关长高继科参加山西省委第112次疫情防控专题会暨省疫情防控工作领导小组会议。

副关长丁三寅参加第153次山西省政府常务会议和第25次省长办公会议。

25日 副关长丁三寅参加山西省政协农业和农村委召开的专题调研报告座谈会。

副关长丁三寅主持召开山西省口岸卫生检疫标准化技术委员会会议。

27—28日 关长高继科参加山西省委十二届五次全体会议。

28日 太原海关召开党委理论学习中心组（扩大）学习党的二十大精神专题研讨会。

关长高继科参加山西省委第113次疫情防控专题会暨省疫情防控工作领导小组会议。

副关长丁传民到技术中心党总支讲授党的二十大专题党课。

31日 副关长丁传民带队赴太原机场海关国际货运监管现场、国际邮件监管现场检查安全生产工作。

太原海关获得"节约型机关"荣誉称号。

晋阳海关贾芸同志在全国海关2022年稽查岗位练兵个人技能比武中被评选为"稽查岗位练兵全国百强"。

31日—11月5日 太原海关以视频形式参加海关总署党委理论学习中心组（扩大）学习暨司局级主要负责同志学习贯彻党的二十大精神培训班。

11月

1日 关党委开展学习贯彻党的二十大精神，认真实践"铸忠诚、担使命、守国门、促发展、齐奋斗"工作要求专题研讨。

副关长丁三寅参加山西省委第114次疫情防控专题会暨省疫情防控工作领导小组会议。

3日 副关长丁三寅参加山西省委第115次疫情防控专题会暨省疫情防控工作领导小组会议。

7日 关长高继科参加山西省委第116次疫情防控专题会暨省疫情防控工作领导小组会议。

副关长丁三寅会见临汾市副市长胡晓刚一行。

7—18日 太原海关举办"国门有我 山河无恙"太原海关抗击新冠疫情档案展。

9日 副关长丁三寅参加山西省政协十二届常务委员会第二十六次全体会议。

10日 关长高继科参加山西省委第117次疫情防控专题会暨省疫情防控工作领导小组会议。

关长高继科参加山西省专题研究加快电子商务体系和快递物流配送体系贯通发展会议。

11日 关长高继科参加全国海关纪检机构学习宣传贯彻党的二十大精神专题辅导视频会议。

副关长丁三寅在山西省政府参加全国疫情防控工作电视电话会议。

12日 太原海关组织参加全国海关疫情防控工作专题视频会议。

副关长丁三寅在山西省卫健委参加国务院联防联控机制优化新冠疫情防控措施视频培训会。

14日 关长高继科参加山西省委第118次疫情防控专题会暨省疫情防控工作领导小组会议。

15日 太原海关召开统筹口岸疫情防控和促进外贸稳增长工作指挥部会议。

16日 太原海关召开11月份外贸形势分析会议。

太原海关召开"口岸危险品综合治理"百日专项行动总结暨常态化工作部署电视电话会议。

副关长丁传民召开会议专题研究审计整改工作。

17日 关长高继科向山西省省长蓝佛安汇报工作。

关长高继科参加山西省委第119次疫情防控专题会暨省疫情防控工作领导小组会议。

太原海关举行党委理论学习中心组（扩大）学习党的二十大精神专题班开班动员会。

21日 太原海关举行党委理论学习中心组（扩大）学习党的二十大精神专题班总结会议。

22日 副关长丁传民参加山西省疫情防控物资保障工作专题会议。

23日 副关长丁传民参加全国海关政治部门学习宣传贯彻党的二十大精神学习宣讲视频会议。

24日 副关长丁传民参加山西省疫情防控物资保障工作推进部署电视电话会。

28日 太原海关首次通过总署风控局（上海）加载1条全国一级布控规则。

12月

2日 保健中心起草制定的两项省级地方标准《出入境口岸媒介生物性疾病输入风险评估指南》等通过审批正式发布实施。

8日 太原海关召开审计整改推进会。

12日 海关总署办公厅对太原海关档案工作开展视频检查。

关长高继科参加山西省加快企业复工复产统筹疫情防控工作会暨省委第123次疫情防控专题会。

15日 太原海关召开安全生产工作领导小组会议。

16日 副关长丁三寅出席加强山西省出口

水果质量座谈会。

太原海关与山西省商务厅联合组织召开跨境电商联席会议。

太原海关联合山西省动物疫病预防控制中心召开动物疫情疫病风险会商会议。

17至18日 保健中心实验室通过中国合格评定国家认可委员会（CNAS）复评审核。

22至23日 关长高继科参加山西省委经济工作会议。

25日 副关长丁传民在山西省委会议厅分会场参加国务院联防联控机制全国新冠疫情防控工作电视电话会议。

26日 副关长丁传民参加山西省委第124次疫情防控专题会暨省疫情防控工作领导小组会议。

28日 副关长丁传民主持召开太原海关基建领导小组工作会议。

30日 关长高继科以视频形式参加全国海关全面加强审计问题整改工作专题视频会议。

第四篇

党的建设

党建工作

【概况】2022年，太原海关党委坚持以习近平新时代中国特色社会主义思想为指导，以政治建设为统领，以学习宣传贯彻党的二十大精神为主线，引领广大党员干部深刻领悟"两个确立"的决定性意义，增强"四个意识"、坚定"四个自信"、做到"两个维护"，铸忠诚、担使命、守国门、促发展、齐奋斗，推动党的二十大各项决策部署贯彻到太原海关工作全过程各领域。

【学习宣传贯彻党的二十大精神】2022年，太原海关坚持不懈用习近平新时代中国特色社会主义思想凝心铸魂，深入学习宣传贯彻党的二十大精神，关党委第一时间召开党委（扩大）会议学习党的二十大报告等文件，研究制订《关于认真学习宣传贯彻党的二十大精神的实施方案》，举办学习贯彻党的二十大精神专题班，开设党的二十大学习专栏，刊发学习宣传贯彻党的二十大精神体会、做法等方面文章160篇，召开党委专题研讨会、党委理论学习中心组扩大学习会、专题学习班6次，班子成员到分管联系单位宣讲党的二十大精神、开展调查研究20余次，进一步用党的二十大精神统一思想、统一意志、统一行动。

【政治机关建设专项教育活动】2022年，太原海关以习近平新时代中国特色社会主义思想为指导，开展捍卫"两个确立"、做到"两个维护"、强化政治机关建设专项教育活动，深入查摆检视问题，明确整改措施，实行项目式推进、销号式管理。共查摆39个问题、制定126项整改措施，截至2022年年底，6个问题、117项整改措施按时完成，3个中长期整改问题、9项整改措施持续推进。制定推动党史学习教育常态化长效化18条具体措施，推进党史学习教育常态化长效

▲2022年3月25日，太原海关召开党委理论学习中心组（扩大）学习会　（高瀚林　摄）

化。结合纪念中国共产党成立101周年，开展"喜迎二十大 奋进新征程"系列活动，为2022年度符合条件的3名老同志颁发"光荣在党50年"纪念章，慰问6名困难党员。

【"学习研讨、查摆问题、改进提高"专项工作】2022年，太原海关深入开展"学习研讨、查摆问题、改进提高"专项工作（简称"学查改"专项工作），按照"深学、细查、实改"3个环节，对标目标任务，坚持巡视整改、专项整治、督察审计、业务和财务管理大检查和关、处、科、岗四级协同查摆问题，汇总梳理出"四个是否"和"六对照六看六查"方面共17个问题，研究制定45项整改措施，截至2022年年底，已完成15个问题、39项整改措施，2个中长期整改问题、6项整改措施已完成阶段性任务。

【精神文明建设】2022年，太原海关持续深化文明实践、文明培育、文明创建，太原海关机关获第六届"全国文明单位"、山西省文明单位标兵和省直文明单位标兵荣誉称号，大同海关、临汾海关、长治海关、阳泉海关4个隶属海关获山西省文明单位和省直文明单位标兵荣誉称号，太原机场海关、晋阳海关、武宿海关、朔州海关、运城海关、晋城海关、忻州海关7个隶属海关以及技术中心、保健中心和后勤管理中心3个事业单位获省直文明单位标兵称号，实现文明单位"全覆盖"。运城海关获第四批社会主义核心价值观建设示范点称号，朔州海关和武宿海关综合业务科新获山西省青年文明号荣誉称号。

【基层组织建设】2022年，太原海关持续深化"强基提质工程"，推动党建工作高质量发展。开展党建品牌和"四强"党支部创建活动，形成"3个署级示范品牌+3个署级培育品牌+18个'四强'党支部"的创建格局。开展基层党组织规范化建设专项整治"回头看"和"四强"党支部创建情况专项督查，面对面向各支部反馈整改问题清单74份。开展换届选举工作，选优配强基层党组织班子，优化组织设置，17个党支部、5个党总支按期完成换届改选，实现"支部建在科上"全覆盖。全面推广"智慧党建"系统应用，77个基层党组织累计填报各类数据1200余条。开展基层党建"双提升"行动，聚焦8大类12项具体任务，举办党建业务培训班，分层分类做好支部书记、党务干部和党员培训，各基层党组织开展党员理论培训46期，2317人次参训，理论学习学时学分达标率100%。严格党员教育管理，在抗疫一线发现、考验入党积极分子，及时培养发展党员8人。规范用好省直机关工委下拨的50万元疫情防控专项党费，慰问"外防输入"一线疫情防控人员和支持基层党组织开展疫情防控工作。建立责任落实、包联互动、协同协调、督查督导、考核评价五项党建工作机制，强化"响应、呼应、反应"运行机制，完善两级党委、机关党委、党总支和党支部的分层级党建责任体系，建立责任清单，开展落实情况监督检查，强化考核结果运用，开展"基层书记谈责任"活动，在基层单位试点"书记项目"，以点带面破解党建重点难点问题。

【党风廉政建设】2022年，太原海关于1月26日召开太原海关工作会议暨全面从严治党工作会议，制定《2022年太原海关全面从严治党工作会议重点任务分解表》，分解细化6方面57条具体措施，明确责任部门、任务要求和完成时限，推动全面从严治党要求落地落实。不断完善制度规定，强化干部廉政监督。紧盯"关键少数"，出台进一步规范领导干部办理婚丧喜庆事宜规定要求，严格落实报告承诺制度，强化任前廉政监督，开展拟提任处科级领导干部任前廉政考试，以考促学、以考促廉。全覆盖组织干部开展配偶、子女及其配偶从业情况自查，抽查核实24人，严防利益冲突行为。常用、善用"四种形态"，健全实时更新台账、定期统计分析、关联考核评优机制，督促各级党组织落实谈话要求开展谈话教育，2022年，各级党组织运用"第一种形态"112人次。

2022年，太原海关加强廉洁文化建设。开展"对党忠诚、清正廉洁"专题教育活动，印发加强廉洁文化建设行动计划，明确19项具体任务。组织"清风国门"廉洁文化作品征集，23个作品入编《清风国门——海关廉洁文化优秀作品集》，剪纸作品《一路清廉》获评全国海关"清风国门"廉洁文化创意作品征集活动三等奖。坚持每月"廉政教育日"制度，推进警示教育月活动，采取专题学习、研判部署、廉政党课、警示教育、视频访谈等形式，激发清廉海关建设活力。开展"海关重点项目和财物管理以权谋私"专项整治学习教育，严格审核个人剖析材料321份，梳理突出问题和风险隐患26个。严肃整治酒驾醉驾问题，开展"全国拒绝酒驾日"活动，张贴纠治酒驾醉驾标语，组织新关员签订《杜绝酒驾承诺书》。抓好政风行风建设，制定强化纪律作风建设、严密防范风险隐患15条举措，以更高标准、更严要求锤炼令行禁止作风。开展特约监督员换届聘任工作，把好资格审查关，营造良好外部监督环境。用好政务服务"好差评"系统，主动接受企业群众监督，评价率和好评率均保持100%。

【群团工作】2022年，太原海关围绕贯彻中心工作，发挥好桥梁纽带作用，推动各项工作顺利开展。组织参加省直文明办和有关部门组织的道德模范、"文明家庭"等评选。组织干部职工参加省直工委"喜迎二十大 青春心向党 建功新时代"主题演讲比赛并获一等奖，参加省总工会"喜迎二十大 奋进新征程"演讲比赛并获铜奖。举办"我们的节日"主题送春联、线上趣味运动会等活动，组织3名国家二级心理咨询师开展咨询援助150次。及时更新维护精神文明、书画、摄影和廉政文化长廊，组织干部职工参加总署、

▲2022年7月21日，太原海关组织参观"省直机关创建模范机关暨优秀党建品牌成果展"（高瀚林 摄）

山西省"喜迎二十大"主题书画展等文化活动。持续打造"走进剧场""周末行动""晋关讲堂"等系列文化建设品牌，开展"送温暖、献爱心"等公益活动，累计捐款3.5万元；开展"吟诗赏荷塘·亲子展风采"全民阅读活动；组织太原海关学雷锋志愿服务队及隶属海关志愿服务分队赴太原市儿童社会福利院、老军营社区、武宿国际机场等地开展志愿服务300余人次。在春节、元宵节、端午节、中秋节等4个传统节日开展慰问，共慰问会员1597人次，共计72.7万元。

【双拥工作】2022年，太原海关获评"2020—2021年度太原市拥军优属先进单位"。落实"双拥"政策法规，做好退役军人接受安置工作，接收转业军人2名。开展国防"双拥"宣传教育活动，组织全体干部职工学习《中华人民共和国国防教育法》2次。创建太原海关"双拥"主题展览室，征集全关退役军人的勋章、奖章、纪念章、荣誉证书和部队生活曾用品等实物，开展"军旅记忆"主题书画作品、征文活动。

▲2022年7月29日，太原海关组织退役军人开展主题党日活动　（朱江涛　摄）

"八一"建军节前夕赴"双拥"共建部队武警太原支队开展慰问活动，召开复转军人座谈会，以实际行动支持国防和军队现代化建设。

【驻村帮扶与乡村振兴工作】2022年，太原海关坚持巩固推动脱贫攻坚成果与乡村振兴有效衔接，严格落实常态化帮扶机制，继续选派3名干部职工驻兴县恶虎滩村开展帮扶工作。落实防止返贫动态监测和帮扶机制，定期走访农户、摸清底数，为在外务工的193名劳动力申请落实稳岗奖补和生活补贴32万元，为19户村内养殖户申请落实庭院奖补5900元。动员农户积极缴纳医保，确保169户脱贫户全员参保、310户一般户参保率99%。推进乡风文明建设，开展移风易俗活动，推动"厕所革命"，拆除两座旱式公厕，新建两座水冲公厕，协助90户农户完成户内水冲厕所的基础改造，持续改善村容村貌和人居环境。实现农产品进社区食堂、进企业机关、进千家万户。

撰稿人

师云龙

巡视巡察

【概况】2022年，太原海关党委全面贯彻中央关于巡视巡察工作部署安排，认真落实总署党委具体要求，紧扣"两个维护"根本任务，坚持问题导向，巩固巡视整改成果，强化巡察监督效能，圆满完成巡察五年"全覆盖"工作目标。

【巡视工作】2022年，太原海关深入学习贯彻习近平总书记关于巡视工作的重要论述和党中央决策部署，始终以高度的政治责任感、政治执行力持续推进整改工作。按照持续深化阶段"月梳理、季汇总、年总结"工作要求，将巡视整改落实情况纳入日常监督，坚持锚定目标、完善机制，建立整改周报、定期提示、台账纪实、销账审核、监督通报等6项整改工作制度，着力推动巡视反馈问题彻底整改。

【巡视整改集中清查工作】2022年4月至10月，太原海关聚焦党的十九大以来总署党委巡视反馈意见落实情况，突出问题导向，注重查改贯通，做好巡视"后半篇文章"，开展巡视整改集中清查工作。党委班子及成员带头学习研讨，深入学习习近平总书记关于巡视工作重要论述、党中央关于加强巡视整改和成果运用的意见，各部门单位对103项整改措施进行逐项"再审视、再分析"，纪检监察和人事政工部门对整改成效"再督促、再评估"，将巡视整改清查工作与开展政治机关建设专项教育活动和"学查改"专项工作相结合、与抓好"海关重点项目和财物管理以权谋私"专项整治相结合、与推进关区业务财务管理大检查相结合，一体研究、整体推进，取得协同联动良好成效。

【巡视发现共性问题整改工作】2022年9月，太原海关严格落实总署党委关于整改巡视发现共性问题的要求，将巡视发现共性问题整改与巡视整改统筹

▲2022年9月22日，太原海关召开分管部门巡视发现共性问题整改推进会　（高瀚林　摄）

谋划、一体推进，按照"先排查、后分解，先定责、后整改，先评估、后销账"的工作思路，突出问题导向，贯通查改治建，对照14类46项共性问题开展全面自查，共查摆3个具体问题表现形式，完成巡视发现共性问题整改任务。

【巡察工作】2022年，太原海关坚守政治巡察职能定位，对巡察工作作出具体安排。选优配强巡察队伍，着重吸纳执法一线优秀科长和青年骨干参加巡察工作，动态调整巡察组长库、人才库41人。按照巡察工作五年"全覆盖"规划和年度计划，突出问题导向，紧紧围绕"三个聚焦"，年内推进对2个隶属海关的常规巡察、对2个部门单位的专项巡察，发现并推动解决突出问题63个，截至年底，完成党的十九大以来巡察"全覆盖"目标任务。

【巡察整改集中清查工作】2022年，太原海关为做好巡察"后半篇文章"，推动党的十九大以来太原海关巡察整改事项全面落实落地，6月至9月，组织开展巡察整改集中清查工作，认真组织学习研讨，深入对照查摆，加强审核反馈，开展专项整改，选取5个部门单位开展巡察"回头看"，系统梳理总结成效做法与存在的4方面问题，督促巡察发现的375个问题高质量落地落实、整改到位。

撰稿人

师云龙

纪检监察

【概况】2022年，太原海关党委和党委纪检组坚持以习近平新时代中国特色社会主义思想为指导，围绕纪检监察工作高质量发展目标要求，聚焦中心任务，强化监督执纪问责，一体推进不敢腐、不能腐、不想腐，持续推进党风廉政建设和反腐败工作取得新成效。

【政治监督】2022年，太原海关围绕学习宣传贯彻党的二十大精神、新冠疫情防控、落实中央八项规定及其实施细则精神、促进外贸保稳提质、安全生产、强化政治机关建设专项教育活动和"学查改"专项工作、巡视巡察整改等实施精准监督，先后印发《太原海关党委纪检组关于统筹做好疫情防控和推动外贸保稳提质监督工作的通知》《太原海关党委纪检组关于统筹做好疫情防控、安全生产领域等监督工作的通知》，明确具体监督要求，发现问题44个，制发监督建议书8份，提出监督建议25条，督促制定完善规章制度6项。

【日常监督】2022年，太原海关加强对"一把手"和领导班子的监督，党委纪检组与关领导开展廉政工作谈话6人次，与下级"一把手"开展履责谈话15人次，与新提任处科级领导干部开展任前廉政谈话55人次。加强对重要节点、高风险岗位和人员的监督，开展重大节假日监督检查6次；紧盯选人用人及表彰奖励开展廉政审核638人次，提出否定及暂缓意见4人次；健全完善电子廉政档案46份。紧盯疫情防控精准监督，到二级监控指挥中心、口岸监管、卫生检疫等业务职能部门开展"四不两直"调研监督15次，到太原机场海关、大同海关、武宿海关等基层单位实地检查12次，发现问题40个，制发监督建议书6份，提出监督建议18条；开展邮检作业现场、货机监管作业现场、内部疫情防控

▲2022年5月19日，太原海关党委纪检组到武宿海关统筹开展疫情防控和推动外贸保稳提质调研监督 （郭超 摄）

等落实情况监督检查23次，针对发现的问题制发监督协调单3份，督促相关部门运用"四种形态"对有关人员开展提醒谈话。

【"海关重点项目和财物管理以权谋私"专项整治工作】2022年，太原海关紧盯投资密集、资源集中、问题反映较多的非执法领域重点环节，开展"海关重点项目和财物管理以权谋私"专项整治，制订专项整治工作方案，成立关党委书记任组长的工作领导小组，将专项整治工作纳入形势分析和工作督查例会、关长碰头会等会议议题，研究部署工作，推动责任落实。在梳理重点项目中，利用虚拟平台迁移重建，完成机构改革前财务管理系统、综合行政办公系统、公文档案一体化管理平台等系统的上线还原及登录访问，确保历史数据快速查询，得到总署充分肯定。梳理出重点项目430个，排查出问题及风险76条、高风险项目5个、高风险岗位13个；督促清退货币化住房补贴193.49万元，解决历史遗留问题。起底问题线索30件，重新处置4件；通过信访、廉政举报等渠道发现问题并转为问题线索2条；组织开展个人违规事项申报，2人主动申报，转问题线索1条。配合总署第二督导检查组工作，对照问题制订整改方案和清单，细化71项具体措施，除2项需长期推进任务外，全部完成整改。

▲2022年3月3日，太原海关召开"海关重点项目和财物管理以权谋私"专项整治工作动员部署视频会议 （高瀚林 摄）

【纪检干部队伍建设】2022年，太原海关强化政治引领，党委纪检组组长和纪检部门带头宣讲学习贯彻党的二十大精神11次，组织集中交流研讨18次，撰写学习体会20篇。加强能力建设，制订《太原海关党委纪检组2022年纪检监察干部学习培训工作方案》《太原海关2022年度纪检监察干部学习培训工作计划》，举办3期纪检干部业务培训班，选调5名派驻纪检组干部在监察室跟班学习，2名纪检干部参加驻署纪检监察组专项工作。

【执纪问责】2022年，太原海关保持反腐肃纪高压震慑，加大执纪审查力度，处置问题线

▲2022年7月22日，太原海关举办纪检干部核查核实实战培训 （高瀚林 摄）

索11件，立案1件，问责1件，提醒谈话4人次，约谈隶属海关党委班子成员3人次。加强新时代海关廉洁文化建设，制订《中共太原海关委员会关于落实〈中共海关总署委员会关于加强新时代海关廉洁文化建设的实施意见〉的行动计划》，召开廉洁文化建设暨警示教育大会，组织观看警示教育片《国门卫士岂容违纪破法》，通报近年来查处的5起违规违纪案例，做到警钟长鸣。严格防范重大风险，制发《太原海关防范化解腐败风险重点任务分工》《关于认真学习贯彻执行〈关于做实以案促改推进清廉海关建设的工作办法（试行）〉的通知》，确定防范化解重大系统性风险任务32项、防范化解腐败风险任务191项，明确做实以案促改工作办法41条，加强源头管控。

【派驻监督】2022年，太原海关深化派驻监督，配齐配强党委派驻纪检组人员。制发《2022年太原海关党委派驻纪检组工作量化考核指标评分表》，开展工作量化考核，以目标为导向，推动派驻监督紧盯问题、主动查发问题、督促改正问题，持续传导责任压力。4个派驻纪检组聚焦主责主业认真履职，精准开展监督工作，共发现各类问题风险43个，制发监督建议书16份，提出意见建议52条，推动全面从严治党在基层不断走深走实。

撰稿人

杜　伟

干部队伍建设

【概况】2022年,太原海关坚持选育管用一体发力,全面落实新时代党的组织路线。优化各层级干部队伍结构,注重专业人才管理,开展政治素质考察,做好选拔任用、职级晋升、事业单位岗位聘任等工作。发挥客观指标考核风向标、指挥棒作用,细化直属海关领导班子年度考核客观指标,定期自评和阶段性通报。细化落实关心关爱疫情防控一线人员工作措施,优先评优、提拔任用向疫情防控一线倾斜。从严监督,清理干部违规投资及在企业兼(任)职情况,领导干部个人有关事项如实报告率首次达到100%;专项检查隶属海关选人用人工作开展情况,提升隶属海关党委选人用人和日常管理水平。分级分类组织培训,提升教育培训质量。紧盯巡视整改和考核指标,开展人事基础工作培训,提升把握干部人事政策精准性和实操规范性;严审核干部人事档案,完成三龄两历等关键信息认定。

【机构编制管理和人力资源配备】2022年,太原海关按照"严控总量、统筹使用、有减有增、动态平衡、保证重点、服务发展"工作思路,做好机构编制"总量严控"和"统筹使用"两篇文章,为推进内陆精品海关建设提供编制保障。年内,在优化机构编制的基础上,制发事业单位岗位聘用总体方案,进一步明确人事管理权限,规范细化专业技术岗位聘用流程。年内完成管理岗选拔任用12人、重新聘任20人,专业技术岗聘任31人。

2022年,太原海关深入调查研究,成立机构编制和人力资源调研专班,分类汇总分析各业务条线运行数据,进一步优化机构编制,科学配置人力资源,有效释放行政效能。先后召开专题座谈会10余次,搜集整理意见建议50余条,

▲2022年7月26日,太原海关人事教育处党支部开展"喜迎二十大、奋进新征程"主题党日活动 (高瀚林 摄)

一次性调整12个部门（单位）"三定"编制，完成岗位调整交流和分配报到26人。

【干部选拔任用】2022年，太原海关持续深入优化选人用人工作。建立干部电子档案库，动态掌握干部年龄、学历、奖惩、特长、工作经历等情况。开展政策宣讲和座谈调研10余次，把干部选拔和职级晋升政策传达到每名同志。运用好职务职级转任、领导干部能上能下等政策，全年共开展干部选拔任用7批11人次，职级晋升10批36人次。正处级、副处级、正科级领导职务平均年龄同比分别下降1.13岁、1.01岁、1.86岁。

【干部考核】2022年，太原海关优化完善考核工作办法。科学拆解细化直属海关领导班子年度考核客观指标，定期组织开展自评和阶段性通报，制定印发2022年隶属海关领导班子年度考核客观指标及评分规则。开展考核工作专项调研，梳理研判太原海关年度考核、平时考核、专项考核现状和存在的问题。

【疫情防控人力资源】2022年，太原海关强化正向激励，激发队伍干事创业热情。新冠疫情防控期间全力保障疫情防控人力资源配备需求，抽调176人次参加7轮次疫情防控工作，细化落实关心关爱疫情防控一线人员工作措施，及时足额发放临时补助。落实激励干部担当作为和尽职免责要求，对基层一线执法科长优先评优、提拔任用，年内表彰年度考核优秀、疫情防控等专项工作表现突出个人289人次。

【干部管理监督和日常管理】2022年，太原海关从严管理发挥干部监督约束作用。组织有关人员学习政策，如实报告领导干部个人有关事项，如实报告率首次达到100%。在出入境管理部门动态备案岗位调整人员，严格证件移交手续，做到出国（境）管理无缝衔接。清理2轮次干部违规投资及在企业兼（任）职情况。专项检查隶属海关选人用人工作，指出

▲2022年6月16日，太原海关召开职级晋升政策宣讲会　（高瀚林　摄）

▲2022年3月18日，太原海关召开基层一线科长宣讲座谈会　（高瀚林　摄）

纪实问题100余条项，开展针对性培训讲解并限期整改。严肃考勤工作纪律，抽查发现并督促整改问题8类73个。

【干部人事档案】2022年，太原海关加强干部人事档案基础工作。坚持问题导向，从严完成专项审核，发挥干部人事档案重要基础作用，先后审档122卷，完成三龄两历等关键信息认定54人次。完善基础工作，进一步提高档案管理的科学化、规范化水平，对在职在册的504卷档案重新"体检"，先后制作并收回档案材料840份，梳理分装材料1.13万余份。

【工资津贴管理】2022年，太原海关规范工资津贴管理。及时测算发放岗位调整、职务职级晋升工资，严格审核备案隶属单位月度工资、重大津贴补贴发放事项，宣讲贯彻有关政策，协调、调研有关基础绩效奖等重大事项，维护干部职工切身利益。年内共完成工资核定晋升418人，发放年终一次性奖金506人，完成关衔集中调整123人。

【干部职工待遇】2022年，太原海关落实干部职工待遇。协调开通社保在线缴费功能，按月及时足额缴纳机关账户养老、医保费用，完成退休人员养老保险待遇全面核定清算，整合优化保险账户。年内完成保险基数核定申报1116人次，移交省社保局核定发放退休人员养老待遇11人、补发186万元，完成6家单位医疗保险账户开设及8家单位社保账户开设审批工作。

【公务员考录】2022年，太原海关严格源头把关，做好公务员考录工作。把握新冠疫情常态化下录像面试新要求，做好公务员源头选拔，组织完成面试录像45人、体检20人、政审考察37人。在省内多家知名高校开展海关考录政策宣讲，做好2023年度考录报名咨询和报考信息资格审查工作，共审核信息10个职位1700余人次，接收报名515人。

【专业技术类公务员队伍建设】2022年，太原海关不断加强专业技术类公务员队伍建设。规范专业技术类公务员进入程序，严格审核申报资料，做好类别调整、任职资格确认和评定工作。年内调整转任专业技术类公务员2人，向总署申请办理高级专业技术任职资格手续8人，组织开展中级专业技术任职资格评定3人。

【教育培训】2022年，太原海关注重分级分类，持续提升教育培训质量。组织开展集中培训46期，参训2317人次，不断提升参训人员管理能力和专门业务水平。加强全员培训，实现参与学时学分考核干部总学时、总学分均100%达标。开展入职培训，共组织参训10人，在新媒体平台发表培训心得10篇，其中2人受到中国海关管理干部学院通报表扬。抓好太原海关人事干部队伍培训，以巡视中选人用人专项检查指出的问题和2022年直属海关领导班子考核客观指标为导向，结合隶属海关人事基础工作检查问题清单，分析薄弱点，针对干部选拔任用、职级晋升、考勤考核、教育培训、干部监督、工资福利等开展人事基础工作培训4次，提升专兼职人事干部政策把握能力及实操规范性。

撰稿人

崔珺

第五篇

业务建设

法治建设

【概况】2022年，太原海关坚持依法履职、执政为民，不断提升干部职工依法履职的能力和水平。强化制度建设，年内共清理制度3项，制定8项，修订12项。紧贴执法实际需求普法，开展"法治微课大家讲"和"《业务操作手册》集中宣"系列活动，组织宣讲20余次、业务融合集中培训6次。加强队伍建设和人才培养，组织开展法律知识培训4次、业务研讨交流7次，公职律师参与新法宣讲2人次，参与复议应诉和法制审核工作8人次。持续优化审批服务，办理行政审批事项432件，网上办理率99.8%；坚持和发展新时代"枫桥经验"，受理复议案件1起，企业撤回复议申请，实现争议100%实质化解。

【法规管理】2022年，太原海关突出制度建设，参与海关法律法规制修订工作，不断完善制度规范体系。组织开展制度清理，全面评估3项规范性文件、121项内部制度、80项操作指引，年内共清理制度3项、制定8项、修订12项。开展20余项制度的内控前置审核和合法性审核，有效保证制度生命力及决策部署的科学有效性。持续推进《业务操作手册》推广运用，组织隶属海关进一步细化和完善岗位职责和操作流程，各部门、单位的法治意识、制度意识、程序意识和防范风险的意识明显提升。

【复议应诉】2022年，太原海关坚持和发展新时代"枫桥经验"，实现争议100%实质化解。创新复议审理工作模式，采取"前端介入化解"和"后端反馈纠偏"的方法，案件受理后，针对企业疑问和复议焦点，提供专业的、规范的法律宣讲和执法解释，复议结束后，向业务部门和现场反馈复议过程中发现的程序、文书、实体定性不规范、不准确的问题，及时规范纠正，化解纠

▲2022年3月28日，太原海关法规和督察内审处参加总署政法司举行的"晨读一刻"线上联学活动 （延大海 摄）

纷，不断提升执法质量。年度受理复议案件1起，通过充分释法说理，企业撤回复议申请，实现案结事了、定分止争。

【法制协调和法治宣传】2022年，太原海关聚焦重点法律法规和新制修订的海关规章，开展"法治微课大家讲"和"《业务操作手册》集中宣"系列活动，组织宣讲20余次、业务融合集中培训6次，推动新法新规全面准确实施；聚焦重要节点，组织开展习近平法治思想、海关法治宣传日系列专题普法活动；结合关情省情，大力宣传海关促进外贸保稳提质、助企纾困等便利措施。加强队伍建设和人才培养。开展法律知识培训4次、业务研讨交流7次，公职律师参与新法宣讲2人次，参与复议应诉和法制审核工作8人次，发挥法治人员、公职律师和业务专家合力作用。

【深化"放管服"改革】2022

▲2022年5月30日，太原海关组织开展民法典专题培训　（高瀚林　摄）

年，太原海关持续优化审批服务。实施行政许可事项清单管理制度，根据审批权限更新行政许可清单并在门户网站公布。落实"放管服"改革举措，每月开展"证照分离"改革成效评估工作，确保各项改革措施落实落地。全面推进行政审批事项全流程网上办理，推进行政许可标准化、规范化、便利化，共办理行政审批事项432件，网上办理率为99.8%。深入推进"三项制度"。加强执法资格管理，实现全员100%持证上岗，组织公职律师分工开展法制审核工作，开展"加强执法统一性建设"研讨交流，确保执法更加严格规范公正文明。

撰稿人

法督处

业务改革与发展

【概况】2022年，太原海关持续落实全面深化业务改革各项任务要求，奋力建设社会主义现代化海关。开展"进一步深化改革融合"课题研究，健全"三应"运行机制。牵头建立山西省深化通关便利化改革工作推进机制，指导企业用好用足政策红利，持续降低进出口环节通关成本。统筹推进业务整合优化工作，继续实施业务执法协作机制。落实国家区域协调发展战略，做好海关服务黄河流域生态保护和高质量发展工作。强化业务运行监控管理，发挥职能、基层两级业务运行监控体系作用。做好应急通关保障。落实国家贸易管制政策，加强监管证件联网核查，防范禁限管控工作风险。加强技术性规范的制修订。持续实施知识产权强国战略，提升知识产权海关保护工作能力。开展业务专项检查，夯实基层执法基础。开展"察实情、鼓实劲、办实事"活动，扎实助企纾困。

【业务改革协调】2022年，太原海关牵头山西省商务厅、山西省税务局和山西航产集团等部门、单位建立山西省深化通关便利化改革工作推进机制，确定4项工作任务和8项具体事项，建立任务清单、责任清单、措施清单、结果清单和推进机制台账"4清单1台账"，组建深化通关便利化改革工作专班，建立跨部门联络制度和月度督办反馈机制，在省政府年中盘点获评B档，获得"抓落实亮点突出，获得肯定认可"的评价。开展"如何进一步深化改革融合"课题研究，进一步健全"响应、呼应、反应"运行机制，编发《太原海关"如何进一步深化改革融合"课题研究专辑》。开展信息系统互联互通专项调研，全面排查83个执法作业信息系统应用情况，分类汇总覆盖7

▲2022年6月21日，太原海关到交口县开展助企纾困调研 （张宁 摄）

个业务条线24项具体问题，并针对性提出完善措施和建议。深化业务整合和人力资源优化改革，试点按区域划片开展业务执法协作。试点开展出口水果视频查检作业，服务出口企业17家，线上检验出口水果36批，货物查验时间由原来1～2天缩减至2小时以内。服务国家区域协调战略实施，参与重点关际合作项目21项，协同域内海关、港口、铁路、自贸试验区等24个部门发起"关港铁区大协作机制倡议"。

【通关运行管理】2022年，太原海关持续加强通关业务运行监控，不断优化监控体系建设。根据实际调整增加报关单人工审核质量、易制毒混合物商品监管证件等监控项目，形成《通关（知识产权）条线重点监控项目（第四版）》。发布业务运行通报12期，做好异常报关单监控和风险排查工作。持续推动通关便利化，组织开展太原海关通关便利化措施满意度问卷调查，收到有效问卷224份，95%以上的企业满意太原海关通关便利化改革措施实施效果。持续巩固压缩进出口货物整体通关时间成效，建立进出口货物整体通关时间运行监控机制，与口岸海关联系处置超长滞留货物，指导企业组合适用"两步申报""提前申报"等便利化通关措施。2022年太原海关进、出口整体通关时间分别为31.14小时和1.13小时，优于全国平均水平9.04小时和0.13小时，较2017年分别压缩了78.54%和93.55%。做好新冠疫情静默管理期间应急通关保障工作，启动应急通关保障机制，发布《太原海关关于疫情期间业务办理有关工作的通告》，对外公布各隶属海关应急通关联系人，推行全程网办，零接触受理业务，为重点物资设立"绿色通道"，切实保障货物及时通关。

【贸易管制与技术规范】2022年，太原海关加强进出口贸易禁限管控，结合禁限管理最新政策要求和业务运行监控抽核情况，两次修订《监管证件审核操作指引》；做好贸易管制及参数维护相关工作，年内共接收、核对总署参数20次；加强通关环节监管证件管理监控，开展漏收监管证件、监管证件超量核扣、超次核扣监控检查14次。结合日常监控发现问题，报送《易制毒化学品混合物漏证风险值得关注》《重点旧机电产品二线出区漏证风险值得关注》两篇信息。推进相关技术规范的制修订工作，牵头承担《动物钩端螺旋体病检疫技术规范》《出口食品中嗜温乳酸菌计数方法》《煤中氯的测定 第2部分：氧弹燃烧—自动电位滴定法》《出境新鲜水果检验检疫规程》4项技术规范，参与《利什曼原虫病检疫技术规范》《Q热检疫技术规范》《出境水果果园、包装厂检疫管理规程》《出口梨园有害生物监测调查技术规范》《包装饮用水中铜绿假单胞菌检测方法 实时荧光PCR法》5项技术规范的制修订工作。

【知识产权海关保护】2022年，太原海关制订《太原海关2022年知识产权保护专项行动方案》和《太原海关2022年寄递渠道知识产权保护专项行动方案》，组织实施太原海关2022年知识产权保护专项行动（"龙腾行动2022"），严厉打击进出境侵权行为，全年查发侵权商品239批、258件。开展知识产权协作交流，年内与满洲里海关、青岛海关、南昌海关、深圳海关开展培训、信息共享等交流合作。与山西省知识产权保护中心签订《关于建立知识产权保护协作框架协

▲2022年2月24日，太原海关组织召开知识产权保护"龙腾行动2022"工作部署会 （高瀚林 摄）

议》；联合山西省市场监管局、省商务厅、省贸促会组织涉外企业知识产权工作座谈会，现场回应解决企业开拓海外市场中遇到的知识产权困难问题；与山西省有关部门联合开展网络市场监管专项行动（"网剑行动"）。坚持"打促结合、综合施治"，做好对市场主体的培塑和服务，年内对关区27家企业开展知识产权工作调研，宣讲解读海关知识产权保护政策措施，了解企业知识产权工作诉求，年内新增3家自主知识产权海关备案企业和"龙腾行动2022"重点企业。强化宣传培训，营造知识产权海关保护良好氛围，在各类媒体平台刊登报道12篇，利用"4·26"知识产权宣传周、"8·8"海关法治宣传日等契机举办各类知识产权培训7次，参训关员和企业人员累计700余人次。

【业务大检查】2022年，太原海关党委落实海关总署党委巡视整改要求，迎接总署审计，自2021年11月—2022年4月组织开展为期5个月的业务专项大检查，进一步夯实基层业务基础，筑牢执法根基。建立检查工作联系机制，确定联络员协调解决问题困难，跟进隶属海关自查整改；建立定期通报机制，交流共享大检查开展过程中的经验和做法，整理发布《关区业务大检查阶段性进展情况通报》4期，警示提醒29类共性问题。通过自查自纠、复查复核、大检查"回头看"和问题整改4个阶段，各职能部门和各隶属海关共发现各业务条线问题436个、风险点53个，年内已推动全部问题整改到位。

【"察实情、鼓实劲、办实事"专题活动】2022年，太原海关制订《太原海关2022年"助企纾困"活动实施方案》，持续深入开展察实情、鼓实劲、办实事活动，将政策措施送到企业门上，把疑惑难题解决在基层现场。统筹政策宣讲、入企调研、问题清零几项任务，系统推进调查研究、政

▲2022年7月15日，太原海关召开大检查发现问题整改专题会 （高瀚林 摄）

策宣贯、措施出台、督导检查、成效评估、经验总结、机制完善等工作。关领导亲自带队，先后赴9个地市，与政府相关部门及80余家重点进出口企业座谈交流，了解掌握企业外贸困难症结；与商务、银行、信保等部门单位联合开展入企服务调研，充分发挥政策叠加优势，为企业提供"一站式"问题解决方案，年内共开展线上、线下座谈会6次，集中政策宣讲150余次、一对一订单式宣讲20次，覆盖企业1400余家次。建立助企纾困问题清零结果清单，年内共收集政府相关部门和企业问题困难46个，其中涉及海关的问题已全部解决，非海关事务的相关问题已转交至商务、药监部门。

撰稿人

裴晗言

自贸区和特殊监管区域发展

【概况】2022年,太原海关将特殊区域发展工作融入山西发展大局,不断推进各类开放平台高水平开放高质量发展,加强自贸试验区海关监管制度复制推广,助力打造山西内陆对外开放新高地。

【武宿综保区发展情况】2022年,太原海关建立区域和中心发展情况定期报送工作机制,召开2次综合保税区高质量发展领导小组会议,开展《中华人民共和国海关综合保税区管理办法》暨促进外贸保稳提质政策宣讲,完成武宿综保区2021年度绩效评估工作。根据新修订的《综合保税区设立指标评估体系》,对阳曲综保区再次测评,结果为115分;结合总署自贸司三方面指导意见,研究提出"两步走"推进建议,统一省内相关部门思想。

【保税物流中心(B型)发展情况】2022年,太原海关加强与总署自贸司沟通,推进山西方略保税物流中心(B型)地址和面积变更事宜,获得总署批复同意;组建工作专班,开展实地指导;成立联合验收组,做好预验收和验收的准备工作。

▲太原武宿综合保税区 (王凌佳 摄)

【自贸试验区改革试点经验复制推广】2022年,太原海关出台《太原海关自贸试验区海关监管创新制度复制推广工作机制》,组织开展国务院六批、海关总署两批和山西省自选的深圳前海自贸试验区两批改革创新经验复制推广工作,共梳理形成原产地签证管理改革创新、海关特殊监管区域"四自一简"监管创新、出入境人员综合服务"一站式"平台、冰鲜水产品两段准入监管模式、创新原产地帮扶制度、推进实施"预约式"通关、建设12360服务品牌打造"足不出户"咨询投诉新模式7个典型案例。

撰稿人

马 榕

风险管理

【概况】2022年,太原海关立足内陆小关特色,以推行"一会两机制"为主线,落实"三应"机制要求,充分发挥风险管理整体效能。年内太原海关可实施查验报关单36662票;加载预定式布控规则38条,共查验报关单929票,总体查验率2.53%,查获率2.69%;人工分析布控查验报关单44票,查获报关单9票,查获率20.45%。

【新兴业态风险防控】2022年,太原海关非贸渠道重点加强国际邮件业务安全准入风险防控,开展风险分析,配合相关业务现场加载新一代风险作业系统指令。寄递渠道共查验10145票,查获2460票,人工分析布控查获率26.15%,其中高质量查获622票,高质量查获率25.96%。圆满完成"清邮"行动,先后开展4次专项行动,查获出口涉侵权情事352起、各类进口安准情事170起,其中涉毒品及管制类精神药品6起,涉濒危4起,涉国门生物安全风险214起,涉政治类印刷品3起,缉私立案侦办涉毒品及国门生物安全走私案件7起。2022年9月5日,首次通过布控查验,在寄自马来西亚的邮递包裹中查获国家管制一类精神药物——羟基丁酸。

2022年太原海关加强跨境电商领域风险防控,入区申报报关单实行100%风险布控,严格防控安全准入风险入区。严防清单单货不符情事发生,加强出区清单风险布控,查获清单9票,强化跨境电商后续监管,下发稽核查指令1条,移交缉私案件线索1条。

【疫情防控】2022年,太原海关强化关注全球新冠疫情情势、管控措施等情况,重点关注分流航班来源地境内疫情态势以及最新管控措施,加强疫情疫病风险分析和监控,监督布控高风险进境客运航班终末消毒,累计监督布控进境航班38架次。监督落实口岸环节进口冷链食品和高风险非冷链集

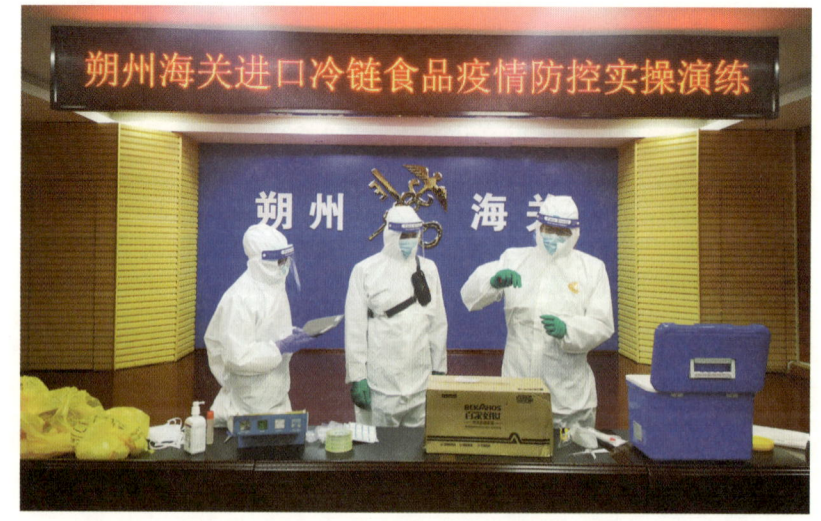

▲2022年10月20日,朔州海关开展进口冷链食品疫情防控实操演练 (苏南 摄)

装箱货物预防性消毒措施，对太原海关进口高风险货物开展实时监控。加强与口岸现场联系配合，落实口岸环节进口冷链食品和高风险非冷链集装箱货物预防性消毒措施。

【口岸风险联合防控】 2022年，太原海关依托《太原海关业务风险跨部门联合研判机制工作方案》和《太原海关风控部门与业务现场联动工作机制》，加强职能部门和业务现场的联系配合，开展多部门风险联合研判，发挥业务合力，提升风险后续处置效能。年内共下达稽核查指令47条。

参与口岸风险联合防控，发挥自身优势，本着情报先行，分析落实在后的风险管理原则，充分调动一切资源，将口岸风险防控工作落实到位。

【大数据应用】 2022年，太原海关采用大数据监控和梳理各业务条线，通过"云擎"系统在综合业务、风险防控、税收征管、属地查验、进出口商品检验5个领域开展大数据应用，共发布应用13个，建立云

▲2022年8月30日，太原海关召开太原海关业务风险跨部门联合研判机制第一次会商会议　（高瀚林　摄）

擎小模型89个，其中综合业务建设1个模型，风险防控建设52个模型，进出口商品检验建设14个模型，税收征管建设21个模型，属地查验建设1个模型，有力提升海关业务风险防控力度和精细度。

【风险信息】 2022年，太原海关建立风险要情收集报送机制，按季度收集各业务条线重点风险情事，发挥业务风险防控的统筹、协同和导向作用，探索建设以问题为导向、覆盖重点领域的风险管理格局。排查"异宠"进境风险，收集风险信息100余条，调取太原海关进境邮件数据400余份，下达布控指令6条。年内共编写风险信息210条，编发全国海关风险信息摘编11篇，太原海关风险信息摘编11篇，编发出口化肥伪瞒报风险信息专刊1篇，有力提升太原海关关区风险防控意识和查发能力。

撰稿人

马　榕

关税征管

【概况】2022年，太原海关强化精细化管理，统筹做好年内税收工作。组织召开综合治税专题会议，协调太原海关综合治税成员单位，科学征管，年内完成税收入库21.45亿元。

【税则税政】2022年，太原海关开展关区税政调研工作，"关于增列绝缘轴承税则子目的建议"被总署关税司采纳；年内共计完成预裁定8票。

【估价管理】2022年，太原海关加大审价力度，关注大宗散货价格风险。其中，根据税管局（广州）指令处置山西某公司保税内销铁矿砂无内销价格且申报价格低于市场行情的税收风险。

【税收征管】2022年，太原海关强化属地纳税人管理，落实税收征管方式改革成果，降低企业运行成本；做好以企业为单元的担保改革，引导企业适用多元化担保政策，提升贸易便利化水平。年内完成总担保备案249份，涉及企业16家，金额17.11亿元，占太原海关担保金额的99.19%；助企纾困，为符合主动披露的3家企业减免滞纳金10.33万元；审核出具征免税证明859份。

【原产地管理】2022年，太原海关审核认定了3家AEO企业，跟踪指导企业开具原产地自主声明19份，金额46.9万美元。持续推进原产地证书"自助打印""智能审核"等签证改革举措，切实提高企业签证效率，2022年全省出口签证企业原产地证书自助打印率由2021年的30.65%提升至74.23%。出台《太原海关服务〈区域全面经济伙伴关系协定〉实施 促进山西开放型经济发展10项措施》，发布与山西省产业相关的《自RCEP成员国进口零关税的重点商品清单》和《出口至RCEP成员国零关税的重点商品清单》，帮助、引导企业适用RCEP原产地政策。完成RCEP问卷调查480份，收集

▲2022年10月13日，太原海关召开综合治税专题会议　（延大海　摄）

企业 RCEP 签证运行情况数据 2000 余条；制作发放宣传册 1500 余份，助力企业深入了解外贸利好政策。年内签发原产地证书 1.5 万份、金额 11.74 亿美元；签发 RCEP 出口原产地证书 1466 份、金额 8745 万美元；受理 11 份 RCEP 项下进口报关单，帮助企业享税收优惠 149 万元。

撰稿人

马 榕

卫生检疫

【概况】2022年,太原海关以习近平新时代中国特色社会主义思想为指导,深入贯彻党的二十大精神,坚决落实习近平总书记关于口岸疫情防控工作的重要讲话和重要指示批示精神,坚决筑牢口岸检疫防线,按照海关总署、山西省委省政府要求,抓紧抓实抓细卫生检疫工作,持续健全口岸公共卫生体系。

【检疫管理】2022年,太原海关严格落实口岸卫生检疫各项措施,收集境外新冠病毒感染及其他传染病疫情信息,密切跟踪疫情形势变化,做好分析研判和风险评估,修订完善各类突发事件应急处置预案,组织一线人员开展职业暴露、标本溢洒、高温中暑等突发事件应急处置"实地、实战"演练8次。严格按照风险布控指令实施入境交通工具登临检疫,开展"三查三排一转运"检疫措施。年内,检疫查验进出境航空器80架次,其中进境41架次,出境39架次;检疫查验进出境人员3784人次,进境3342人次,出境442人次;检疫查验进出境集装箱32标箱,进出境货物14006批次,进出境邮递物品、行李共计1687642件,未发现卫生学问题。

切实落实海关监督责任。严格审核航空公司提交的《入境客运航空器终末消毒方案》,规范开展终末消毒监督,严格做好固液体废弃物处理监督。开展太原国际邮件互换局(交换站)及其他隶属海关监管作业现场环境监测,落实新冠疫情防控要求。

做好一线人员安全防护与封闭管理。严格执行安全防护操作指南和作业指引,组织开展口岸一线疫情防控工作人员岗前实操培训考核,开展安全防护自查督查与整改落实工作。落实入境人员卫生检疫岗位工作人员封闭管理要求,做好人员封闭管理场所环境监测和"关长走进口岸封控区"工作。

▲2022年3月24日,太原机场海关关员监督入境分流航班终末消毒航空器客舱终末消毒擦拭作业 (倪松 摄)

持续推进新冠病毒疫苗加强免疫接种。实施动态台账管理，持续提高加强免疫接种率，做到应接尽接。截至年底，太原海关职工加强免疫接种率超93%，其中口岸一线工作人员加强免疫接种率100%。

强化联防联控。主动与政府相关部门沟通联系，做到信息共享、结果互认，争取协调政府相关部门选派医护人员支援口岸采样及实验室检测工作。

【生物安全】2022年，太原海关加强出入境特殊物品检疫监管，发放出入境特殊物品卫生检疫审批单128份，组织开展高风险入境特殊物品风险评估11次，后续监管63次。按照总署部署推进"海关出入境特殊物品卫生检疫审批与分析系统"上线。规范开展风险评估，完善准入、审批、查验的监管措施，实施风险分级管理，保障出入境特殊物品安全。推动便利通关服务，将低风险特殊物品卫生检疫审批权限下放至符合条件的隶属海关（忻州海关），做好培训指导。

建立健全生物安全工作机制。组织成立了太原海关生物安全工作领导小组，制订《太原海关生物安全体系建设方案》，提高生物安全治理能力。组织开展生物安全宣传活动，宣传贯彻《中华人民共和国生物安全法》，维护国家生物安全。

【疾病监测】2022年，太原海关加强保健中心管理，对保健中心业务开展季度督查、半年和年度考核工作，强化出入境人员艾滋病、疟疾等重点传染病监测体检。2022年，监测体检3567人次，其中出境3006人次，进境561人次；检出传染病36例，其中乙肝18例，丙肝10例，梅毒3例，HIV感染3例，疟疾1例，肺结核1例。在自刚果民主共和国归国的人员中，检测出2022年太原海关首例输入性卵形疟病例。严格管理出入境预防接种，落实疾控部门疫苗全程电子追溯制度，组织保健中心开展预防接种不良反应应急处置演练，确保预防接种安全。组织开展"全国疟疾日""世界艾滋病日"主题活动。

不断完善卫生检疫技术支撑体系。推进实验室建设，强化实验室检测资质管理和病原体检测能力验证，参加国家卫生健康委临床检验中心常规化学、感染性标志物、尿液化学分析、血型、新型冠状病毒核酸等能力验证。开展甲乙型流感、猴痘、疟疾等多种检测试剂储备，提升猴痘、疟疾等口岸重点关注传染病的快速筛查能力。组织保健中心开展新型

▲2022年8月16日，武宿海关开展防护服穿脱培训及职业暴露应急演练　（郭超　摄）

冠状病毒检测防护服破损、样本溢洒泄露、职业暴露等应急演练5次,提升检测人员应急处置能力。

【卫生监督】2022年,太原海关制定并落实太原海关口岸卫生监督工作计划、口岸食品安全监督抽检计划和"双随机、一公开"监督抽查计划,督促企业落实主体责任,保障国境口岸公共卫生安全。年内发放国境口岸卫生许可证34份,监督食品生产单位8家次、餐饮单位103家次、食品经营单位80家次、饮用水供应单位16家次、公共场所经营单位100家次,共发现问题2次,已全部整改完成;开展口岸食品安全抽检,抽取183个样本送实验室检测,抽取232个样本进行现场快速检测,未发现不合格。年内未发生食物中毒事件,无食品安全投诉。

开展口岸鼠类、蚊类、游离蜱监测。制订并落实年度监测工作计划,年内共捕获鼠10只(其中黑线姬鼠1只、小家鼠8只、鼩鼱1只),蚊1494只(其中淡色库蚊605只、背点伊蚊181只、白纹伊蚊165只、刺扰伊蚊543只);捕获阳性诱蚊诱卵器122个;捕获游离蜱232只。捕获的鼠、蚊、游离蜱标本送实验室病原体检测结果均为阴性。未截获输入性病媒生物。组织开展专项培训,持续推进病媒生物实验室分类鉴定和病原体检测能力提升。

【制定地方性推荐标准服务健康山西】2022年12月2日,太原海关发布并实施山西省地方性推荐标准2项,分别为《新冠疫情期间国际邮件及快件消毒规程》(DB14/T 2573—2022)和《出入境口岸媒介生物性疾病输入风险评估指南》(DB14/T 2574—2022)。申请立项省级地方标准3项,分别为《入境客运航空器终末消毒评价规范》《口岸传染病防控人员职业暴露处置规范》《口岸传染病防控人员防护规范》,于4月26日由山西省口岸卫生检疫标准化技术委员会全体委员会议通过立项提案,经太原海关批准同意后提交山西省市场监督管理局。9月8日获山西省市场监督管理局批准立项。

▲2022年,保健中心组织人员研究制定新冠病毒消毒山西省地方标准　(黄新　摄)

撰稿人

路志昊

动植物检疫

【概况】2022年,太原海关坚持以习近平新时代中国特色社会主义思想为指导,深入贯彻党的二十大精神,坚持总体国家安全观,以维护国门生物安全为重点,以提升动植物检疫能力为抓手,统筹做好新冠疫情、重大动植物疫情防控和外来入侵物种防控工作。

【口岸外来入侵物种普查工作】2022年,太原海关强化组织领导和宣传培训,成立外来入侵物种口岸防控工作领导小组,加强技术指导和督促检查,制定活动方案,上下联动扎实做好外来入侵物种普查防控工作。抽调太原海关植检专业人才、外聘农业院校专家成立"太原海关外来入侵物种普查专项工作组",通过3次专项集中工作、3次专项督导检查,在3个航空口岸、4个海关进出口货物监管场所、6个保税仓库、15个进境粮食定点加工企业、2个进口种子外繁基地、1个进境羊毛定点加工企业周围展开350多人次的人工踏查、诱捕调查和专一引诱剂普查,共发现有害杂草68种、350多种次,有害昆虫28种、150多种次。

【"国门绿盾2022"行动】2022年,太原海关印发行动方案,严防外来物种通过口岸传入,通过建立工作机制,强化潜在风险分析,严格落实检疫审批制度,强化技术保障,强化贸易渠道、非贸易渠道检疫监管。从贸易渠道共截获有害生物7种次,非贸渠道截获濒危物品5件、3.8千克;动物制品2件、10.73千克;含濒危野生动植物成分的药品5件、314粒;动物源性饲料200余件、重约5吨。开展各类国门生物安全宣传教育活动10余场次、受众3000余人,有效强化企业主体责任,提高公众国门生物安全意识,严防动植物疫情疫病传入和外来物种入侵。

【"跨境电商寄递'异宠'综合治理"专项行动】2022年,太原海关党委高度重视,研究制订专项行动实施方案。召开专项行动现场会,强化企业主

▲2022年5月26日,武宿海关在进境粮食定点加工厂开展外来入侵物种普查工作
(郭超 摄)

体责任。加强风险监测,成立'异宠'信息收集小组,收集风险信息100余条,结合全国海关跨邮渠道查发信息,调取太原海关进境邮件数据400余份,下达布控指令6条。加强风险分析和处置,梳理总结近三年在对境外邮件查验过程中'异宠'查获经验,提高现场查验人员监管技能;制订专项行动鉴定方案,组织动植物检疫领域专家进行高风险有害生物种类分析研判。举办多场系统内外、线上线下相结合的业务培训;在多媒体发布"异宠"相关科普知识,采取"政策宣传+行业传播"的形式,先后与山西省宠物诊疗和服务行业协会建立"异宠"风险信息共享机制,联合山西省跨商协会启动"双11"异宠主题宣传活动等,举办书法绘画作品展征集异宠相关作品。

【进境原羊毛业务风险分析评估】2022年,太原海关对进境原羊毛进出保税区的许可证核销、现场查验、指定加工企业监管等方面进行风险分析,在进境动植物检疫审批、指定企业监管、新一代查管系统布控指令等方面共计发现问题8个、风险点3个,向总署报送风险信息2条,其中1条是指

▲2022年12月24日,忻州海关开展供澳活牛现场检疫及监装工作　（周轩德　摄）

令不合理,1条是系统性漏洞,制订相应监管工作方案,优化流程,解决同一批货物进出区2次检疫审批核销比例低的难题。

【助力"忻州黄牛"走出大山】2022年,太原海关保障活牛等鲜活农食产品优先放行,累计向港澳供应优质活牛692头,同比增长62.1%。主动对接企业,及时掌握企业申报计划,动态优化检疫监管方案;设立鲜活农食产品查检绿色通道,实施"5+2"预约查检,提升活牛验放效率;深化与口岸海关的通关协作,在提供"7×24小时"预约通关服务的基础上优先保证重要农资和农产品通关,力促"保鲜"通关;强化对活牛的产地源头管理,加强把控疫病监测、风险监控,保障活牛安全供港澳。

【国门生物安全监测和安全风险监控】2022年,太原海关开展国门生物安全监测（动物检疫部分）,共计采样890份,检测1070项次。开展国门生物安全监测（植物检疫部分）,发布境外植物疫情动态56篇、植物检疫政策动态18篇;开展入境口岸开展监测调查,共发现17种一般有害生物;在全省11个地市实蝇传入或发生风险较高的地点设置500个实蝇诱捕器;开展口岸截获植物疫情监测、外来有害生物监测;开展进境邮件、旅客携带物、跨境电商非贸渠道植物疫情和外来物种监测;开展进出口农产品安全风险监控,其中供港澳陆生动物安全风险监控,送检样品32份、267项次,监控水果样品35个、945项次,出口饲料及饲料添加剂产品送检35份、164项次。

【动物及其产品疫情疫病风险管理】2022 年，太原海关坚持源头严防，严格落实总署关于口岸重大动物疫病防控各项要求，切实筑牢口岸检疫防线，严防重大动物疫情传入和叠加；从严做好供港澳陆生动物重大动物疫病防控工作，严格检疫把关、堵塞监管漏洞。坚持过程严管，严格按照国门生物安全监测计划要求开展疫病监测，认真落实供港澳陆生动物批批现场监装和临床检查。坚持风险严控，组织收集国内外动物疫情疫病风险信息，发布动物及其产品检疫监管风险预警 19 个，充分发挥动物疫情监测预警作用。

【助力山西省外贸经济高质量发展】2022 年，太原海关多措并举大力推进"南果中粮北肉东药材西干果"五大平台建设，打造山西特优农业产业高质量发展新引擎，促进山西特优食品农产品走出国门。参与海关总署和相关国家动植物检疫部门的解禁谈判，迎接相关国家进行实地考察，倒逼山西出口水果果园和包装厂管理水平不断提高，拓宽国际市场。助企纾困，组织出口食品农产品企业召开座谈会，向总署推荐山西有潜力的出口农产品需求。加强外来有害生物、动物疫情疫病监测和出口农产品质量安全风险监控，确保出口农产品质量安全。重点培育出口农产品企业，收集整理国内外技术法规、标准，强化培训，帮扶企业建立和完善质量安全管理体系。依托国家温带果蔬检疫重点实验室（运城）和国家杂粮检疫检测重点实验室（大同）两大实验室开展监测服务发挥监测的示范作用，指导建立和完善市、县、企三级农产品质量监测体系，压实企业主体责任，完善企业"自检自控为主，官方风险监控为辅"的出口农产品质量监测管理体系，提高监测的科学性。

▲2022 年 8 月 31 日，太原海关派员参加晋北肉类平台 2022 山西·怀仁羔羊肉交易大会 （李挚 摄）

持续优化口岸营商环境，简化出口农产品注册程序，推进一体化进程，与乌鲁木齐、满洲里等口岸签署合作备忘录，畅通农产品出口通道，提高通关速度。

【助力山西中药材开拓国际市场】2022 年，紧盯国际市场需求，助力山西中药材商贸平台建设，强化跟踪服务，提高企业国际竞争力，深化提质增效，提升产业链质量安全水平，优化营商环境，畅通企业出口渠道。支持黄芪、党参等 90 余种中药材出口俄罗斯、法国等 20 多个国家和地区，2020—2022 年山西中药材出口额实现三连增。

撰稿人

李 挚

食品检验检疫

【概况】2022年,太原海关深入学习习近平新时代中国特色社会主义思想,切实遵循习近平总书记关于食品安全"四个最严"要求,坚决贯彻总署年中工作会议精神和促进外贸稳增长的各项安排部署,严格落实《2022年进出口食品安全工作要点》,持续开展进口商品疫情防控工作,切实做好进出口食品安全监管工作,保障辖区进出口食品安全。

落实进出口食品安全统筹协调工作机制。建立统筹协调工作机制,将进出口食品安全工作纳入山西省食安办年度考核,由太原海关负责对各地市进出口食品安全工作开展情况实施考核评议,督促各政府相关部门落实进出口食品安全总体责任。定期向山西省食安办通报山西进出口食品安全监管情况,形成监管合力。将进出口食品安全监管工作纳入《2022年隶属海关领导班子年度考核客观指标及评分规则》,对各隶属海关食品条线工作任务完成情况进行考核评分,通过考核评分形成鲜明的进出口食品安全监管工作导向。与山西省市场监督管理局等部门联合开展"双随机、一公开"检查,加强事中事后监管。切实履行食品安全监管责任。关领导定期听取进出口食品安全专题汇报,对进出口食品安全工作进行安排部署。深入企业调研,解决进出口食品安全工作中存在的问题。持续提高进出口食品安全监管的规范化、标准化建设水平。完善进出口食品安全监管机制,修订9个进出口食品类检验检疫监督管理操作指引。配合总署进出口食品安全局开展境外食品生产企业注册评审工作175家。开展依法查处生产经营含金银箔粉食品违法行为专项活动。认真统计梳理,加强核查进口食品的境外官方证书、食品标签等内容,加强政策宣传,推动责任传导,进一步督促进口商落实主体责任。

【进口检验检疫】2022年,太原海关实施进口食品准入管

▲2022年9月22日,太原海关组织开展加工食品签证官资格考试 (高瀚林 摄)

理，加强进境动植物源性食品检疫审批，严格核验进口食品境外生产企业注册资格。加强进口食品检验监管，严格核查进口食品原产地证明、产品随附证书、检验报告，对系统布控命中的进口食品开展现场查验。细化措施、明确任务，开展进口食品"国门守护"行动。强化风险监测，保证进口食品质量安全。开展进口食品专项整治。检查进口食品进口和销售记录、进口商经营范围，杜绝进口商超范围经营。

【出口食品、化妆品检验检疫】2022年，太原海关筑牢"三道"防线，保障出口食品安全，无被境外通报情况。规范出口食品原料种植基地、养殖场日常监督管理，保证出口食品原料安全。开展供港澳食品专项整治，排查整改出口食品生产过程质量安全风险隐患，消除出口食品质量安全隐患。强化风险监测，分析和评估出口食品企业在管理、产品、进口国标准等方面的风险，加强风险预警、风险处置。

【进出口食品抽样检验和风险监测工作】2022年，太原海关制定下发《关于开展2022年度进出口食品、食用农产品、化妆品安全监督抽检和风险监测计划的通知》，组织各隶属海关完成2022年度抽样检验和风险监测工作任务。严格执行e-CIQ系统布控指令，按照要求采样送检。根据本地出口食品品种、以往出口情况、安全记录和进口国家（地区）要求等相关信息，通过风险评估，制订完成本年度的出口食品化妆品监督抽检补充计划。完成出口动物源性食品风险监测和跨境电商零售进口食品化妆品风险监测计划。严密关注境内外食品安全风险信息，通过风险研判和预警、布控，捕捉有效风险信息1条，开展风险研判1次，进行风险布控1项。

【服务促进地方高质量发展】2022年，太原海关收集进口国外食品安全法规标准，向出口企业宣贯，强化山西出口食品国际竞争力；收集进口国（地区）检验检疫要求和技术贸易措施，帮助企业妥善应对因技术壁垒产生的退运风险；配合政府相关部门举办怀仁羔羊肉、运城水果等展销会，促进"南果中粮北肉东药材西干果"等出口平台建设。落实总署促进外贸保稳提质工作部署，制定出台《太原海关促进外贸保稳提质25条措施》，设立农食产品查检绿色通道，深入企业开展针对性政策宣讲、助企纾困活动，解决企业急难愁盼问题，助力企业降本增效。年内，新增脱水黄洋葱、大豆粉、烘烤核桃、小米锅巴、葡萄罐头、梨罐头等10种食品农产品出口，苹果浆首次出口日本，复合浓缩果汁首次出口

▲2022年9月15日，太原海关参加总署组织的"共担安全责任 共享美好生活"食品安全宣传周活动 （高瀚林 摄）

沙特阿拉伯，风味发酵乳首次出口中国香港，食醋首次出口智利，特色食品农产品出口种类和国家（地区）呈现逐步增长和扩大的态势。

【食品安全宣传周活动】2022年，开展"食品安全口岸行""食品安全进企业"宣传活动。在执法过程中始终贯彻食品安全宣传工作，强化食品生产经营者的主体责任。开展"食品安全社区行"活动。通过线上和线下宣传，详细介绍进口食品安全等问题。开展"进口食品'国门守护'行动"宣传活动。宣传打击冻品走私相关政策法规，介绍海关在打击食品走私方面取得的成果。

【进出口食品安全监管领域队伍建设】2022年，太原海关组织一线执法人员学习《中华人民共和国食品安全法》《进出口食品安全管理办法》等法律规章及进出口食品安全管理体系等业务知识，切实提升食品专业人员的业务素质和履职水平。开展进口冷链食品新冠病毒采样、监督预防性消毒、个人防护有关知识培训，提升一线监管人员的业务技能和新冠疫情防控能力，打造进出口食品安全专业人才队伍。

撰稿人

范晓瑞

商品检验

【概况】2022年，太原海关以习近平新时代中国特色社会主义思想为指导，坚持底线思维和系统思维，持续推进进出口商品质量安全风险预警和快速反应监管体系建设，加强危化品检验监管，严防洋垃圾入境，加强出口防疫物资质量安全检验监管，稳妥推进业务改革，察实情、出实招、办实事、见实效。深入开展"口岸危险品综合治理"百日专项行动，常态化综合治理口岸危险品，推进进口危险化学品检验改革。开展再生原料检验和固废属性鉴别培训，严格执行进口旧机电产品作业要求，强化进口旧机电产品装运前检验监督管理系统应用，加强入境维修/再制造料件企业的分析评估和督导检查，防范化解固体废物"借道"变相入境风险。多渠道向企业宣传资源类商品"先放后检"、依企业申请检验实施、进口汽车零部件产品检验监管便利化措施等相关政策，支持扩大进口重要设备、关键零部件和高新技术产业原材料进口。聚焦"安全卫生健康环保"要求，按要求加强特定用途医疗器械、婴童服装、儿童用品、食品接触产品等重点敏感工业品的质量安全风险监测和检验监管，规范开展质量安全风险消除措施的有效性评估和异常处置，提升检验监管质效。以信息化赋能推动业务监控精准、快速，建立商检业务"问题清零"机制，通过"一线执行—问题反馈—评估研判—制度优化"的闭环模式，指导业务现场解决疑难问题，完善职能管理，年内清零问题30余项。

【进口商品检验】2022年，太原海关坚决打击"洋垃圾"入境，加强进口矿产品、再生原料、旧机电、维修/再制造料件检验监管，严格实施固废排查，严防"洋垃圾"借道入境。建立辖区进口旧机电检验监管台账，组织相关岗位关员

▲2022年1月28日，晋阳海关关员到太原钢铁（集团）有限公司查验进口涂层液（延大海　摄）

学习工作文件、检验规程及技术要求，应用旧机电产品装运前检验监督管理信息化系统，对照检验监管的关键节点，分析研判总署下发的不合格典型案例，对已开展的业务和正在开展的业务从装运前检验实施情况、装运前检验内容、目的地检验实施情况、不合格处置情况4个方面开展自查。强化"维修/再制造"用途进口机电料件监管，利用大数据排查辖区开展相关业务企业，通过"回头看"和"再核查"精确掌握通过能力评估的企业底数和实际情况。发布通知明确监管要求，规范监管，分析评估和督导检查业务开展情况。参加总署进口再生金属原料检验监管培训。

太原海关推动政府相关部门完善山西省进出口商品质量安全风险预警和快速反应监管体系建设，同市场监管部门联合开展"医美"专项治理、质量强省建设及质量提升行动。制订《加强进口特定用途医疗器械检验监管工作方案》，成立工作领导小组及工作专班，重点从风险分析和布控、单证审核、现场作业、规范后续处置、业务指导、联系配合6个方面加强进口特定用途医疗器械检验监管。各隶属海关规范现场执法作业，严格执行布控指令，依法依规对违规行为实施处罚，严防不合格商品流入国内市场。围绕总署划定的与老人、婴童、学生等敏感用户群体生命健康安全息息相关的常用消费类进出口商品范围，按规定进行法定检验商品以外进出口商品抽查检验。组织开展包括进口文具、婴幼儿及儿童服装、儿童鞋、口腔器具以及食品接触产品在内的进出口商品质量安全风险监测，聚焦新列入跨境电商进口商品清单、涉及新的强制性国家标准以及经风险评估具有较高质量安全风险的商品开展风险监测。年内，共采集录入进出口商品风险信息100余条，推动与市场监管部门开展联合抽查和信息共享。向企业宣讲进出口商品检验采信制度，指导企业用好用足政策红利，发挥海关维护产业链、供应链安全稳定及促进外贸稳增长的作用。

在进口危险化学品检验模式改革方面，太原海关按照总署要求，持续加强进出口危险化学品及其包装检验，加强与口岸海关的信息沟通和联系配合，做好进口危险化学品目的地检验相关工作，严格按照总署作业指导书要求进行业务操作，严守安全底线、保证工作质效，坚决防止高危低报、多危少报、涉危不报等行为，畅通危化品口岸通关放行效率。

【出口商品检验】2022年，在加强危险品检验监管方面，太原海关开展"口岸危险品综合治理"百日专项行动。发挥属

▲2022年5月26日，长治海关开展危险化学品检验现场交流活动　（马艳芳　摄）

地海关管企业的优势，深入企业开展政策宣讲45次。配合口岸海关共同防范化解危险品"滞"的风险隐患，严厉打击危险品"瞒"的违法行为，强化常态化口岸危险品综合治理。成立太原海关进出口危化品检验监管业务指导工作组，指导各隶属海关综合运用各种合格评定方式对危险品快速检验，解决检验监管和处置过程中遇到的各类问题。专项行动期间，工作组通过远程指导等方式，解决业务现场疑难问题20余项。先后开展进出口危险化学品监管书面调研、出口危险化学品贸易调查、进出口危化品监管情况专题执法评估调查研究3次，通过分析稽核查、涉检行政处罚、不合格检出和处置、实验室检测等数据，全面梳理出口危险品检验监管情况。运用科技手段强化业务监控，紧盯无资质上岗、应检未检、伪瞒错报等风险隐患，改变人工抽核纸质单证的业务监控模式，搭建数据分析模型20余个，通过数据分析快速精准筛查异常数据，制定风险防范措施。建立危险化学品异常情事"响应、呼应、反应"运行机制，商检、属地查检、风险等条线集成优化、同向发力，组织专家开展出口危险品不合格检出和重点危险品伪瞒报风险联合研判、强化共同处置。汇编总署商检司下发的2022年以来出口危险货物及其包装检出不合格典型案例，督促各隶属海关进行学习，提升责任意识；提炼总结出口危险货物及其包装检验不及格案例12件并报送总署，被采纳3件；针对监管难点和薄弱环节，通过案例分析、经验交流等方式开展专题培训，举办出口危险货物使用鉴定现场实战观摩，太原海关取得进出口危险货物及其包装检验监管岗位资质人员129人，覆盖各隶属海关综合、查检相关岗位。推进进出口危险品及其包装检验监管实训基地建设，赴其他直属海关调研学习，突出实践教学、业务展示、宣传警示、交流学习4大功能，提升一线执法人员履职能力。

在加强重点敏感商品检验监管方面，太原海关严格落实化肥、生铁等重点敏感商品检验监管要求，确保政策效果。聚焦高风险非冷链集装箱货物口岸环节新冠病毒检测、预防性消毒和后续处置工作，建立工作台账，对工作全流程逐一开展自查，未检出阳性。加大出口防疫物资质量安全检验监管力度，维护我负责任大国形象。

在加强技术性贸易措施应对方面，太原海关加强业务督导，将技术性贸易措施工作开展情况列入隶属海关领导班子年度考核客观指标，综合业务一处月度通报增设技术性贸易措施监控项目，不定期通报太原海关推进情况。按照总署的统一部署，开展2022年国外技术性贸易措施影响情况调查，常规调查涉及345家企业，重点专项调查涉及16家企业，从企业占比、直接损失额、贸易障碍、企业应对状况等视角分析山西出口企业受影响情况，提出可行性建议上报总署并形成省长专报。加强交涉应对，组织20多名技术性贸易业务骨干对日本、巴西、加拿大等国家技术性贸易措施进行通报评议19次，提报评议意见10项，4项评议意见被总署采纳。与济南海关共同向总署国际司提报特别贸易关注山西输美鲜枣通关环节技术性贸易壁垒问题，助力输美鲜枣出口。与标法中心共同牵头，会同宁波海关、南宁海关、沈阳海关、乌鲁木齐海关开展署级课题——"RCEP技术贸易措施研究及应对建议"的研究工作。主动与山西省商务厅、省市场监管局等部门对接，与省商务厅联合编写山西技术性贸易措施信息专刊4期，推动信息共享、联动推进、共同应对。推进山西法兰锻造技术性贸易措施研究评议基地达标运行、实体化运作，基地综合信息服务平台发布各类信息200余条，指导企业规避风险。

撰稿人

裴晗言

口岸监管

【概况】太原海关强化正面监管，持之以恒做好口岸疫情防控，有力促进外贸稳增长，不断提升口岸监管工作质效。严格落实口岸疫情防控各项措施，科学精准做好入境客运航空器终末消毒监督工作，持续强化监控指挥中心监督检查。全面落实总体国家安全观，做好口岸环节"扫黄打非"、反恐维稳、禁限类物品管控等工作。持续加强安全生产工作，建立"关处科岗"安全生产四级责任体系，实现各部门、各单位安全生产职责清单化管理，持续开展安全生产专项整治，不断巩固提升安全生产专项整治三年行动成效。持续加强货物口岸检查作业运行监控，建立《新一代查验管理系统监控检查清单（第一版）》，防范口岸监管现场执法和廉政风险。深入推进行李物品智能化监管创新，推进太原武宿国际机场进境旅客托运行李先期机检监管模式，优化通关体验。大力支持跨境电商新业态健康持续发展，持续发挥跨境电商联席会议机制作用，广泛政策宣讲，指导辖区企业开展 B2B 出口业务。建立太原海关跨境电商进口监管长效工作机制，参与跨境电商海关联动监管中部协作区首次联动监管，巩固"断链刨根"专项整治行动成果。助力打造对外开放新高地，指导大同、运城机场顺利通过航空口岸开放省级预验收；提前介入太原国际邮件互换局（交换站）扩容升级、太原武宿国际机场三期改扩建和新建国际货运监管库项目，为海关监管作业场所（场地）规范建设指导意见；做好太原武宿国际机场国际客货运航线通关保障工作。

2022 年，太原海关持之以恒做好口岸疫情防控监控指挥，持续强化二、三级监控指挥中心监督检查。加强口岸监管作业现场监控检查，持续更新监控检查清单，采用"实时监控＋视频回放"方式对疫情防控口岸一线执法作业开展监

▲2022 年 3 月 8 日，太原海关参加跨境电商海关联动监管中部协作区首次联席会议（高瀚林 摄）

控检查，科学精准做好入境客运航空器终末消毒监督工作，强化指挥中心专项值班和应急保障值班。加强寄递渠道新冠疫情防控，明确查验场地及作业相关要求，强化视频巡查。年内，二级监控指挥中心累计监控入境客运航班29架次，报送终末消毒监督录证材料25次；参加总署会商27次，安排应急保障值班473人次，参加3次总署应急值守演练；开展视频巡查491次，报送监控日报247期，发现问题45个，指导现场立行立改，口岸作业进一步规范。持续落实"扫黄打非"工作要求，紧紧围绕党的二十大召开，严厉打击政治性有害出版物，做好打击整治枪支爆炸物品犯罪有关工作，加大毒品的口岸监管查缉力度。加强口岸环节反恐维稳工作，专题研究反恐工作2次，组织开展口岸监管环节涉恐风险联合研判2次、涉恐应急演练5次，围绕党的二十大召开开展专项行动3次，对重点口岸实地督导检查1次，1名海关人员被山西省反恐办聘任为反恐专家。落实贸易领域禁限管控措施，严厉打击象牙等濒危动植物及其制品走私、"洋垃圾"走私、"水客"走私、涉枪涉毒走私、涉税商品走私等。加强口岸监管业务培训，定期梳理学习全国海关查获经验和案例，总结现场查发典型案例，提升一线人员主动查发能力。寄递渠道多次查获涉嫌濒危物品花旗参、含濒危野生动物成分药品、精神药品、枪支零配件、政治类反宣品等违禁品。

【进出境运输工具监管】2022年，太原海关不断强化进出境运输工具监管，科学精准做好入境客运航空器新冠疫情终末消毒监督工作。组织开展终末消毒现场监督录证要点培训，规范现场监督录证操作。健全一线部门自查、监管部门日检查、二级监控指挥中心监督、相关部门适时参与的自查自纠协同工作机制，持续强化入境客运航空器终末消毒和废弃物处置监督，加强一线工作人员安全防护管理。压紧压实航空公司入境客运航空器终末消毒的第一责任人的主体责任，严格审核终末消毒方案，加强与航空公司沟通协调督导。年内监管进出境航班82架次，其中出境40架次，进境42架次；向总署报送终末消毒监督录证材料25次。

【货物口岸检查】2022年，太原海关持续加强货物口岸检查作业运行监控，防范口岸监管现场执法和廉政风险。依托新一代查验管理等信息化管理系统，组织开展口岸查验作业专项检查，常态化加强日常业务运行监控，持续发挥"月度通报"制度作用，不断提升现场作业规范化水平。发挥二三级口岸监管业务运行监控指挥中心作用，印发《太原海关音视频远程调研工作方案》，采用实时视频或录像回放的方式，年内对监管场所查验作业开展监督检查40次，发现问题，立行立改。结合审计、迎审自查、业务大检查、监管条线日常业务运行监控等监控检查中发现问题，建立《新一代查验管理系统监控检查清单（第一版）》，明确监控检查要点，规范现场操作。年内，监管直接出境货物1014吨，进口转关货物59批次，无出口转关货物；口岸事中环节查验报关单归档107份。

【进出境旅客行李物品监管】2022年，太原海关全面落实总体国家安全观，持续加强进出境行李物品监管。启用第九版健康申明卡，严格按照总署最新版防控技术方案要求，做好健康申报验核等相关工作。推广应用旅客通关管理子系统，规范系统操作，提升数据录入质量。推进行李物品智能化监管创新，推进太原武宿国际机场进境旅客托运行李先期机检监管模式，优化通关体验。年内监管进出境人员3958人次，其中，出境545人次，进境3413人次。

【跨境电商及进出境邮件监管】2022年太原海关大力支持跨境电商新业态健康持续发展。持续深入基层开展"三实"活动，关领导带头深入一线，联合山西省跨境电子商务协会等相关单位，深入8个地市80余家重点进出口企业调研。成立支持跨境电商新业态发展工作专班，开展政策宣讲36次，印发宣传册300余份，覆盖企业114家，完成专题调研报告3篇。持续发挥跨境电商联席会议机制作用，召开会议2次，累计解决问题13个。大力支持跨境电商综试区发展，大同国际陆港保税物流中心2022年6月顺利开展1210网购保税进口业务；2022年11月运城市获批跨境电商综合试验区。全面推广跨境电商B2B出口试点，指导辖区企业开展B2B出口业务，共为26家跨商企业办理跨境电商出口海外仓业务模式备案。推动山西省跨境电商公共服务平台升级，实现跨境电商9710、9810业务本地公共服务平台申报，获得省领导批示肯定1次。支持太原国际邮件互换局扩容升级，主动对接政府相关部门，先后参加协调会4次，为海关监管作业场所规范建设提供指导；向总署申请调拨1台大口径CT设备到太原国际邮件互换局（交换站），解决场地配套监管设备需求问题。指导完成安装改造，为"跨境电商+邮件"业务开展创造条件。支持邮政企业新开邮路，保障进出境邮路畅通。加强进出境邮件物流监管，督促邮政企业落实主体责任。建立太原海关跨境电商进口监管长效工作机制，参与跨境电商海关联动监管中部协作区联动监管，巩固"断链刨根"专项整治行动成果，常态化加强对跨境电商的实际监管。开展跨境电商进口药品专项整治、跨境电商寄递"异宠"综合治理等专项行动，加强对企正面引导，压紧压实企业主体责任，引导规范经营。

【场所场地监管】2022年，太原海关做好监管作业场所巡查"双随机、一公开"工作，规范海关监管作业场所（场地）管理。严格落实监管作业场所巡查"双随机、一公开"工作要求，加大日常监督检查力度，持续规范海关监管作业场所（场地）管理。常态化加强海关监管作业场所（场地）安全风险隐患排查整治，综合运用监控指挥中心视频巡查与"四不两直"实地抽查等方式，定期摸排海关监管区内是否有危险品货物滞留情况，重点加强重大节日、活动前安全检查，督促场所经营人严格落实安全生产主体责任，加强口岸风险防控。年内，二级监控指挥中心开展视频巡查50余次，主管部门以"四不两直"方式实地检查20余次，关内海关监管作业场所（场地）无违规进出、存放危险品情况。

【安全生产】2022年，太原海关紧紧围绕"防风险、保稳定、迎二十大"这条主线，全面推动安全生产专项整治走深走实，有效防范和化解安全风险。在制度建设方面，健全完善安全生产工作领导小组机制，修订完善《太原海关安全生产会议制度》，印发《太原海关安全大检查实施方案》等34个专项行动方案及通知。制订《太原海关关领导安全生产职责清单》，建立"关处科岗"

安全生产四级责任体系，实现各部门、各单位安全生产职责清单化管理。建立安全生产风险隐患信息"吹哨人"机制。将安全生产责任落实情况纳入隶属海关领导班子年度考核。加强纪检监察部门对安全生产工作的监督。

在专项整治方面，2022年太原海关持续巩固海关系统安全生产专项整治三年行动成效，扎实开展"口岸危险品综合治理"百日专项行动、安全生产大检查及回头看、"打击进出口危险品伪瞒报"、岁末年初安全生产重大隐患专项整治，参与山西省工业园区等功能区风险隐患大排查大整治"百日攻坚"专项行动，做好常态化口岸危险品综合治理工作。综合运用视频监控和"四不两直"实地检查等方式，常态化开展安全风险隐患排查，重点加强重大节日、活动前安全自查和督查。建立安全生产问题隐患整改情况月通报机制，强化跟踪问效，动态调整安全生产问题隐患和制度措施两个清单。大力推进进出口危化品及其包装检验监管实训基地建设。培树太原海关技术中心和长治海关2家单位作为安全生产工作基层先进典型，召开安全生产现场会，多形式开展经验交流、典型推广，由点及面推动安全监管能力整体提升。年内，太原海关专题学习、研究和部署安全生产工作8次，召开有关安全生产专题会议9次，关领导带队赴基层开展安全生产实地督导检查20余次；组织安全生产专题学习（含警示教育）100余次、应急演练10余次、宣传活动40余次；共排查问题隐患81个，全部整改完毕。

▲2022年11月16日，太原海关召开"口岸危险品综合治理"百日专项行动总结暨常态化工作部署电视电话会议　（高瀚林　摄）

【对外开放平台建设】2022年，太原海关持续强化内外协同，服务山西航空口岸高水平开放。2022年1月，配合省口岸部门对运城航空口岸进行省级预验收，原则上通过；持续做好大同、运城机场正式口岸开放相关工作。提前介入太原国际邮件互换局（交换站）扩容升级、太原武宿国际机场三期改扩建和新建国际货运监管库项目，为海关监管作业场所（场地）规范建设指导意见。严格落实口岸疫情防控要求，做好太原武宿国际机场3条国际货运航线的通关保障工作。年内，保障出口货运航班32架次。

撰稿人

裴晗言

统计分析及政策研究

【概况】2022年，太原海关在贸易统计、业务统计、监测预警、政策研究方面，履职尽责，推动统计业务工作开展。2022年，山西省货物贸易进出口1845.6亿元，同比下降16.7%。其中出口1211.4亿元，同比下降10.3%；进口634.2亿元，同比下降26.6%；贸易顺差577.2亿元，同比扩大18.4%。业务统计共有类指标10个，分类指标62个，统计项目指标251个，在用指标共6618个。多渠道、多形式进行关级课题研究成果转化，年内完成署级课题4个、关级课题56个，研究成果以海关专报、署内快报、并关政研、出台措施等多种形式实现转化。建立监测预警分析队伍，在煤炭、焦炭等常规分析的基础上，钢材、太阳能电池、铁矿砂等方面也初具特色。按照区域贸易、贸易国别、主要贸易商品3种监测预警分析方法，分析2022年贸易统计数据，撰写监测预警分析文章39篇。

【贸易统计】2022年，山西省货物贸易进出口1845.6亿元，同比下降16.7%。其中出口1211.4亿元，同比下降10.3%；进口634.2亿元，同比下降26.6%；贸易顺差577.2亿元，同比扩大18.4%。

从贸易结构看，加工贸易进出口1007.9亿元，同比下降20.2%，占全省外贸总值的54.6%；一般贸易进出口801亿元，同比增长7.9%，占43.4%。

从企业性质看，民营企业进出口589.4亿元，同比下降23.7%，占全省外贸总值的31.9%；外商投资企业进出口839.4亿元，同比下降21%，占45.5%；国有企业进出口415.8亿元，同比增长9.9%，占22.5%。

从外贸市场看，对美国、欧盟、东盟、金砖国家分别进出口387亿元、228.7亿元、217.7亿元、172.2亿元，同比分别下降4.3%、增长6.8%、下降12.5%、下降3.9%，依次占比21%、12.4%、11.8%、9.3%，合计占比54.5%。

此外，对"一带一路"共建国家（地区）进出口475.1

▲2022年8月12日，太原海关召开统计普法专题培训 （延大海 摄）

亿元，同比下降3.9%，占全省进出口的25.7%。其中，出口331.3亿元，同比增长4.6%；进口143.8亿元，同比下降19.1%。

对RCEP成员方进出口476.3亿元，同比下降30.7%，占全省进出口总值的25.8%。其中，出口245.7亿元，同比下降14.3%；进口230.6亿元，同比下降42.4%。

从主要出口商品看，机电产品出口923.2亿元，同比下降14.7%，占全省出口总值的76.2%。其中，手机出口2630.1万台、货值734.3亿元，同比分别减少16.8%和下降5.4%；太阳能电池出口8018万个、货值11.2亿元，同比分别减少5.8%和下降16.6%。同期，钢材出口76万吨、货值98.7亿元，同比分别增加13.4%和增长32.2%；镁及其制品（废碎料）出口9.1万吨、货值33.6亿元，同比分别增加20.1%和增长64.3%；医药材及药品出口22.6亿元，同比下降1.5%。

从主要进口商品看，机电产品进口267亿元，同比下降49.3%，占全省进口总值的42.1%。其中，集成电路进口11.7亿个、货值174.3亿元，同比分别减少37.1%和下降48.9%；

▲2022年9月22日，太原海关举办2022年政策研究及统计工作培训　（延大海　摄）

各类金属矿及矿砂进口1427.3万吨、货值158.3亿元，同比分别减少12%和下降13.8%，占全省进口总值的25%；铁合金进口53.7万吨、货值135.9亿元，同比分别增加48.9%和增长53.9%，占全省进口总值的21.4%。

【业务统计】2022年，太原海关业务统计共有类指标10个，分类指标62个，统计项目指标251个，在用指标共6618个。

从业务现场来看，阳泉海关、朔州海关、长治海关、大同海关5个隶属海关降幅明显；运城海关、忻州海关、晋阳海关、机场海关出现增长。

监管货运量。进出口监管货运量320.17万吨，同比下降41.2%；货值47.28亿美元，同比下降48.3%。其中，进口300.94万吨，同比下降42.1%；货值37.65亿美元，同比下降38.2%。出口19.23万吨，同比下降21.2%；货值9.63亿美元，同比下降68.5%。

监管运输工具。监管进出境飞机79架次，同比下降67.2%。其中进境49架次，同比下降68.5%；出境30架次，同比下降65.8%。监管进出境人员3782人次，同比下降76.3%。其中进境人员3340人次，同比下降69%；出境人员442人次，同比下降91.5%。

税收情况。关区"两税"实际入库21.45亿元，同比下降9.81%。其中关税1.65亿元，同比下降7.43%；进口环节税19.8亿元，同比下降10%。

【政策研究】2022年，太原海关多渠道、多形式进行关级课题研究成果转化，充分发挥决策参考的智库作用，政策研究取得实质性突破。

提供高质量统计分析及专项分析报告。围绕应对中美经贸摩擦、新冠疫情防控、促进外贸稳增长等重点任务，深入开展研究分析，持续关注重点行业、重点企业、重点商品的供需、价格和进出口形势，向省委省政府建言献策。年内报送统计分析及专项分析报告31期，得到省委省政府领导批示10次，为山西省全方位高质量发展发挥参谋助手作用。

加强各海关统计部门的交流合作。参加总署黄河流域外贸监测分析工作小组，协同12个直属海关分析研究资源，轮流开展黄河流域外贸监测分析，服务黄河流域生态保护和高质量发展。

强化政策研究职能，着力抓好关级课题研究。围绕贯彻落实党的二十大精神、总署党委部署主要任务、省委省政府部署主要任务、海关发展基础性根本性问题、服务省市外向型经济发展等方面，开展政策研究工作。组织召开2次政研

▲2022年1月25日，太原海关召开关区统计监督暨不实贸易管控专题会 （高瀚林 摄）

工作专题会议，组建包含59名政研骨干的关区智库队伍，承担署级课题4个（其中牵头1个，参与3个）、关级课题立项56个，较2021年增长87.5%。参与的部门单位覆盖率达79.4%、参与关警员228人次，均创历年之最。

【监测分析】2022年，太原海关开展研究分析工作，向总署报送2篇关领导调研报告。围绕全国进口能源、我国与欧盟贸易等热点开展监测分析，被采用8篇，较2021年增长167%。按照区域贸易、贸易国别、主要贸易商品3种监测预警分析方法，分析2022年贸易统计数据，撰写监测预警分析文章39篇。

【虚假贸易管控】2022年，太原海关围绕集成电路加工企业生产经营现状、进出口监管风险，研究确定9条监管措施。制发4期不实贸易监督信息，提醒主管海关高度关注企业规范经营情况，督促企业规范合法经营。主动走访国家外汇管理局山西省分局和国家税务总局山西省税务局，加强信息互通，开展联合管控。赴武宿、大同、长治3个隶属海关实地调研不实贸易风险。年内，向总署申请暂缓17家企业涉嫌不实贸易的统计数据，合计21.58亿元。处置的涉嫌企业数较2021年（4家）增加3.25倍，暂缓金额较2021年（3.75亿元）增长4.75倍。

撰稿人

左云伟

企业管理和稽核查

【概况】2022年，太原海关捍卫"两个确立"、做到"两个维护"，坚决贯彻落实习近平总书记重要指示批示精神和党中央决策部署，履行企业管理、保税监管、稽核查业务的职能管理，加工贸易集中审核作业改革取得实效。

【企业管理】2022年，太原海关宣传和落实出台的促进外贸保稳提质、助企纾困降成本等各项措施，持续开展革命老区助企纾困等专项行动，加强基层调研，提供针对性服务。完善关长联系企业机制，推广现场"一站式"办理、12360热线高效服务、通关政策深度解读等经验做法，切实为企业办实事、解难题。通过电视、报纸、微信等多种途径，向AEO认证企业开展正面宣传，扩大海关AEO认证工作社会影响力。将备案办理时限由原先的5个工作日压缩为3个工作日，九成以上当天办结。年内，办理特定资质备案共计81家，其中，出口食品生产企业44家，比上年新增20家；进口食品化妆品进出口商19家；出口食品原料种植场14家，其中包括3家供港澳蔬菜基地备案，出口畜禽原料养殖场3家，供港澳蔬菜生产企业备案1家（为首次办理）。

推进便民利企措施落地，提供个性化服务，精准帮扶企业。创新"信用+"管理理念，强化信用管理在海关监管中的基础作用，扎实推进海关企业信用管理制度改革。年内，新增高级认证企业2家，培育企业5家。

深入推进"放管服"改革，畅通"多证合一"和"注销便利化"办理渠道。深化"放管服"，进一步优化营商环境，降低市场主体制度性交易成本。推进"多证合一""多报合一""注销便利化"，太原海关"多证合一"比例在全国直属海关中排名第3；通过"注销便利化申请"渠道送达的申请，按时办结率100%。

【加工贸易】2022年，太原海关以规范加工贸易各项操作为抓手，落实总署指标要求，做到手册结案率100%，账册设立（变更）及时率100%。加工贸易及保税监管效能不断提高。太原海关分析加贸企业运行模式，有针对性地宣传企业集团加工贸易监管模式。1家企业获准参与企业集团加工贸易监管模式，可以实现保税料件在集团内自由流转使用、加工贸易货物可以在集团内企业向海关备案的场所自主存放、集团内全工序外发加工免收担保等一系列政策优势。逐步构建起以合同、企业、企业集团为单元的多层次加工贸易监管模式。

【集中审核改革】2022年，太原海关落实总署深化加工贸易监管改革的工作部署和要求，按照"1+N"模式开展加工贸易集中审核作业改革，设立加工贸易集中审核岗，并自

2022年6月运行。将加工贸易全链条细化为47个事项具体，明确办理方式、办理部门和作业层级，规范加工贸易集中审核业务操作。

【保税仓库及出口监管仓库】2022年，太原海关在科学谋划"两仓"健康发展方面，对照设立审批程序、货物进出与存储、仓库的硬件设置等开展"两仓"专项检查。对照问题清单，逐项自查，排查潜在风险隐患，不断完善相关业务流程，制定扎实措施推动"两仓"专项检查工作做实做细。根据《海关总署关于加强保税仓库、出口监管仓库监管工作的指导意见》，组织各隶属海关做好对企宣讲工作，按要求做好太原海关"两仓"对标整改，促进"两仓"持续健康发展。

【保税监管】2022年，太原海关不断加强和优化海关特殊监管区域监管，严格按照综合保税区政策功能对区内企业实施相应的保税监管，加强对综保区增值税一般纳税人试点、保税维修、"四自一简"、选择性内销征税等政策的宣传，重点跟进禧佑源航空维修等重点项目，切实发挥综合保税区的政策功能，释放海关业务改革红利，推动武宿综保区高水平开放，高质量发展。跨境电商网购保税健康发展，大同陆港保税物流中心网购保税业务实现零的突破。继续应用"工单式核销"，以维修坏件、废件的精准严密有效监管为目标保障区外保税维修业务持续健康运行。

【稽查核查】2022年，太原海关进一步发挥海关稽查"长牙齿"作用，提升稽查查发质效，核查效能进一步提升。太原海关办结稽查作业24起，查发问题24起（其中，移交缉私10起、追征税款14起），稽查查发率为100%，同比提高38.63个百分点。年内，太原海关办结核查作业161起，同比上升3.9%。查发问题117起，查发率72.5%，同比提高18.95个百分点。核查作业按时办结率、随机选取人员为100%。

【稽查改革】2022年，太原海关围绕重点商品、重点企业、重点行业，贯彻以查发问题为导向的工作理念，加强线索的联合研判，综合运用自主分析、主动披露、贸易调查、稽核查联动、跨部门协作等方式，在不实贸易、归类、特许权使用费、运保费、减免税后续监管等方面下大力气提升查发率与入库税款额，稳步推动稽查改革见行见效。强化联合研判，突出协同发力。紧盯税收安全和国门安全两个查发重点，瞄准重点行业、重点商品、重点企业，强化联合研判和协作配合，技术与技能优势互补，线索共享、合力取证。制定《太原海关稽查改革工作联合研判机制（试行）》，开

▲2022年5月27日，太原海关召开稽查改革工作专题研判会议　（高瀚林　摄）

展联合研判16次，线索转入稽查作业8起。强化指令统筹，突出结果运用。制订《太原海关2022年稽查专项行动工作方案》，优化指令集约统筹管理，结合企业情况、风险等级等内容，统筹运用稽查、核查、贸易调查等方式实施；探索核查、属地查检结果的稽查运用机制。强化监控检查，突出绩效考核。加强风险监控，结合业务大检查，现场指导隶属海关。制订《太原海关稽核查执法日常监控工作方案》，发挥业务运行可视化监控平台作用，建立常态化执法作业监控机制，开展专项检查、年度执法检查、日常监控，监控并督促提升稽查部门简快案件适用准确性、稽查系统执法作业规范性，实现规范执法与防范执法风险的统一。推行主动披露制度，促进企业规范经营、守法自律。加强主动披露新政宣传力度，不断释放容错政策红利，营造良好营商环境。在《中国国门时报》、《中国海关》杂志发表主动披露新政宣传文章，引导企业守法自律、规范经营，充分调动企业主动披露的积极性和主动性。

【分类核查】2022年，太原海关对风险类和管理类两种不同性质的指令，实施差异化流转方式和作业流程，提升核查作业效能。强化风险类核查指令分析，注重发挥核查先导作用，形成海关核查、稽查错位互补的后续监管格局。加强管理类核查指令"选"前协商，注重压紧压实企业规范经营的主体责任，引导企业自律。综合运用实地、"互联网+"等多种方式核查，聚焦准入安全、税收安全等重点领域，在提升核查有效率的同时，推动向稽查的成果转化。探索"互联网+"核查，工作效能不断提升。加大海关政策宣传，推广"互联网+"系统应用，突破空间阻隔，让"数字跑路"取代"让人跑路"，节约海关作业时间、成本。

【属地查检】2022年，太原海关共开展进出口货物属地查检作业6482批，同比增长27.47%，其中出口货物属地查检作业5800批、同比增长35.1%，进口货物属地检查作业682批、同比下降13.9%。年内共开展出口危险化学品包装检验（含使用鉴定和性能检验）2593批。

【属地查检人力资源】2022年，太原海关开展人力资源优化配置调研，结合隶属海关需求和执法协作效果，为属地查检条线调整增加人员编制6个，其中为属地查检职能管理处室增配人员编制2个（副处级编制1个、职能科室编制1个），为

▲2022年11月22日，大同海关关员入企业开展核查作业　（王凌云　摄）

隶属海关增加查检科人员编制4名，并为作业量最大的晋阳海关增设查检二科。调整后，隶属海关属地查检作业人员编制数与2021年（40个）相比增加10%。在属地查检绿色通道方面，10个属地型隶属海关全部按期公示公开预约电话。自绿色通道实施至2022年年底，共32家企业1646批出口活牛、苹果、鲜梨等产品享受到鲜活易腐农食产品绿色通道便利措施，货值总计约3.6亿元。在AEO高认企业优先属地查检方面，克服新冠疫情影响，统筹执法力量开展执法协作20次，设置服务专窗并提供"5+2""白+黑""7×24小时"预约查验服务，共计优先查检进口设备7300余套，保障相关企业9条手机生产线和8条主板生产线及时投入生产。

【属地查检职责边界和工作制度】2022年，太原海关结合《海关总署关于推进进出口货物属地查检工作的指导意见》和业务实际，明确属地查检职责边界和工作机制。建立指令执行、技术指导、证稿拟制、违规处理4方面的工作运行机制，制定《属地查检条线重点监控项目》和《属地查检条线重点监控项目自查表》，完善业务运行监控机制。整理汇编署、关两级属地查检政策法规、业务规范性文件和兄弟海关经验做法，运用岗位练兵"春训"、跟班学习、以干代训等多种方式开展属地查检业务专题培训。开展属地查检条线业务专项大检查、属地查检作业和检验检疫证单拟制规范性专项检查。查发各类问题57项，并按"四责联动、六步推进"工作法，督促隶属海关落实整改责任，按期完成整改工作。开展执法评估，查找不足，形成《太原海关属地查检业务情况专题评估报告》，分析总结作业模式与人力资源存在矛盾、业务资质不足且实操经验缺乏、信息化管理手段有限等4项问题和风险，提出加强队伍建设和能力建设、通过专项检查和科技赋能规范执法作业、继续深化执法协作、探索创新属地查检业务作业方式模式4项改进建议，为提高属地查检效能提供政策研究支撑。

【属地查检领域安全生产】2022年，太原海关将属地查检领域安全风险隐患排查工作纳入安全生产大检查一体推进，制订属地查检领域安全风险隐患排查工作方案，组织开展安全教育培训，将安全作业要求纳入《太原海关属地查检条线重点监控项目》，持续做好月度运行监控和定期通报督导；对执法作业安全、进出口危险品属地查检和进出口食品属地查检等方面进行专项检查，共排查问题隐患4项，制定整改措施6项，所有问题均立行立改，整改完毕。总结提炼推广对隶属海关的好经验好做法，召开安全生产工作现场会，推广长治海关属地查检领域安全生产管理经验。长治海关立足进出口危化品业务量占太原关区近二分之一，产品种类多、风险高的现实情况，建立"关科岗"三级安全生产责任制，同时对照《海关属地查检作业安全指引》和危险化学品安全管理要求，总结出口危险化学品及其包装现场检验"四齐八看"工作法，有效推动属地查检领域安全责任落实。典型培树以来，各隶属海关均结合业务实际制定完善属地查检领域"关科岗"三级安全生产责任制，将属地查检领域安全生产工作纳入整体安全生产工作统筹考虑，同部署、同落实、同检查，排查化解重大安全隐患，营造安全稳定的执法环境。

▲2022年8月1日，太原海关召开第四次优化属地查检课题推进会　（高瀚林　摄）

【属地查检改革】2022年，太原海关为缓解属地查检监管力量不足和贸易便利化之间的矛盾，解决现场海关出口水果查检作业中存在的海关忙、企业急、效率低、成本高问题，开展优化属地查检工作课题研究，选取运城海关试点探索提升属地查检作业规范性的同时更好服务企业。先后形成《太原海关关于果品出口申报前监管工作的调研报告》等关级课题报告3份，广泛开展调研论证和可行性分析，制订《太原海关出口水果属地查检"互联网+"作业试点实施方案》，在运城海关试行出口非议定书国家水果远程视频查检作业。试点以来，共对13家企业31批出口水果开展线上视频查检作业。试点批次出口水果放行时间由2天缩短为1天，每批次查检作业节约关员在途时间2小时以上，节省差旅费500余元，实现企业"随报随放、随检随放"，有效释放查检人力资源、节约办公经费。同时，太原海关与政府部门协作配合，协调山西省南果平台上线预约查检小程序，实现预约查验、随机派员、路线规划等功能，提升查检效率、提高关企沟通效率，通过小创新解决大问题。

撰稿人

张国琴

查缉走私

【概况】2022年，太原海关坚持以习近平新时代中国特色社会主义思想为指导，全面学习宣传贯彻党的二十大精神，深入贯彻习近平法治思想，在总署党委的坚强领导下，紧紧围绕2022年打击走私工作重点，全力推进"国门利剑2022""蓝天2022"等专项行动，深化打击走私和综合治理，坚决捍卫国家政治安全、社会安定、人民安宁。

【专项打私】2022年，太原海关结合监管特点和打私形势，研究出台《太原海关打击走私"国门利剑2022"联合行动方案》，成立打击走私"国门利剑2022"联合行动领导小组，加大多部门联调联动，提升监管合力，全链条打击走私购销储运环节，保持打私高压态势。严厉打击"水客"、海南离岛免税"套代购"走私，巩固跨境电商综合整治成果，严密监管并提升新型贸易业态的实际监管能力，斩断不法分子套购正规跨境电商平台商品的新型走私渠道。严厉打击象牙等濒危野生动植物及其制品走私，围绕象牙、犀牛角、穿山甲鳞片等传统走私热点，以及珍稀动物宠物、水生珍贵动物等新兴走私热点，立足监管主阵地，强化监管打击。持续高压严打"洋垃圾"走私，密切关注全国"洋垃圾"走私动态，紧盯货运渠道废矿渣等固体废物走私等新特点，聚焦伪瞒报、夹藏等走私方式，筑牢监管防线。严厉打击涉枪涉毒等违禁品走私，按照总署打击枪爆走私"五个一律"的工作要求，彻查涉枪线索。立足寄递主渠道，加大打击新型毒品走私力度，全力开展"使命2022"行动。深入开展食药领域犯罪、洗钱犯罪、虚开骗税犯罪等专项行动，严厉打击反宣品走私，维护国门安全和政治、意识形态安全。

【全员打私】2022年，太原海关加强对打私工作的组织领导，压紧压实全员打私责任，保障缉私经费、警务装备、业

▲2022年2月25日，2022年山西省打击走私综合治理工作会议在太原海关召开（高瀚林 摄）

▲2022年11月15日,缉私局到晋阳海关开展全员打私工作调研 （任帅 摄）

务技术用房改造等,确保打私工作不断取得新成效。综合业务一处有效发挥监管职能作用,以打击枪爆、毒品等违禁品走私为抓手,与缉私部门形成监管打击合力;综合业务二处、风险部门与缉私情报部门围绕枪毒、反宣品开展联合研判,关税部门提供归类、税款核定的专业认定;财务处依规定接收与处置涉案财物,核对管理"三金"账户;统计分析处提供相关监管数据,服务缉私办案工作;企业管理和稽查处承接稽核查发现简快案件的办理;法规部门发挥法制专业优势,在行政案件案审会中提出法律意见;卫生检疫和进出口食品安全处以打击粮食等食品安全方面的走私为抓手,建立与缉私部门的协同配合机制;动植物检疫处在动植物制品属性判别、法律适用方面给予缉私部门专业支持。各隶属海关结合监管实际,强化正面监管,与缉私部门形成衔接顺畅的线索快处机制。

【综合治理】2022年,太原海关以构筑立体防线为切入点,全面提升反走私工作整体合力,严格落实全省打击走私综合治理工作会议安排,立足职能,主动作为,强化联系配合,健全协作联动机制,增强打私合力。与检、法机关联系配合,提前介入,严厉打击走私犯罪活动。联合山西省烟草局加大入境监管检查力度,严厉查处"水客"走私卷烟、雪茄烟、加热卷烟等烟草制品的违法行为。配合山西省文物局开展全省打击文物犯罪专项行动。联合山西省林草局、省农业农村厅、省公安厅等10部门开展"2022清风行动",打击涉野生动植物违法犯罪行为。

【规范执法】2022年,太原海关持续加强"智慧缉私"建设,认真执行刑事执法"两统一"审核把关,集中开展执法质量考评和执法检查,开展打击整治走私犯罪"百日行动"专项督察和公安机关错误录入公民违法犯罪信息问题专项清查整治,持续推进执法规范化建设。加快推动临汾扶贫办积案办结,组织山西某公司违规案听证会。

撰稿人

魏晓君

科技发展

【概况】2022年,太原海关以习近平新时代中国特色社会主义思想为指导,按照总署党委"铸忠诚、担使命、守国门、促发展、齐奋斗"要求,组织贯彻落实《"十四五"海关科技发展规划》,强化信息化建设,加强实验室管理、科研管理,发挥公共检测服务平台作用,为疫情防控常态化要求提供科技保障,不断加强科技人才队伍建设,努力提升科技创新、服务保障及科技供给能力,为各项工作高质量发展发挥作用。

【信息化建设】2022年,太原海关申请成为HB2020政务办公系统(简称"HB2020")第一个直属试点海关,完成HB2020迁移方案编写及外挂系统接口对接测试,进行四轮次全量和增量数据还原备份,对HB2020上线前运行环境和基础软件进行适配调试,清洗导入HB2020测试环境系统菜单配置和自定义流程,保障HB2020正式上线运行。

提升监管装备设备的智能化网络化水平,"特殊监管区域辅助管理系统"成功获批,完成跨境电子商务管理子系统(太原海关)下线事宜并报总署备案。推进国产设备替代工作和国产系统推广测试工作,完成全部98台前台终端及5台后台设备的调配、加电测试、入网联调。搭建后台文件传输及软件商店服务器,部署实施紫光云虚拟平台超融合单机,上线2台国产化紫光云服务器,完成71个云桌面、72个系统用户的资源池分配及权限下发,建立虚拟客户端资源负载平衡和系统用户动态调整机制,排查解决各类终端故障80余次,完成2次大版本和5次小版本替换升级,完成紫光云桌面授权终端验收测试及实施反馈。

全面保障网络安全,在北京冬奥会和冬残奥会、全国"两会"、党的二十大等时期安排专人值班值守,及时处置指标负影响因子,定期开展网络安全运行情况通报,确保太原海关网络和信息化设备运行安全。

【实验室管理】2022年,太原海关优化实验室布局,撤销阳泉、朔州等业务量少、运行差的常规实验室,结合山西省政府肉类出口平台建设规划,于2022年6月向总署申请筹建"海关总署肉类检测区域实验室(大同)",2022年11月正式获得筹建批复。

优化现有资源配置,2022年将朔州保健分中心的检测仪器设备,按照实际需求分别调拨至保健中心和技术中心使用,优化设备资源配置。

强化实验室安全生产监督管理,重点督查实验室生物安全、易燃易爆、剧毒样本、毒株试剂的管理以及实验室废弃物的处置情况、自查自纠及应急演练情况等。配合总署科技司视频检查保健中心生物安全防护和核酸检测能力，并立行立改发现的问题。

【科研管理】2022年，太原海关结合山西产业和贸易结构特点，围绕外来有害生物监测、物种鉴定、农药残留检测、医学媒介生物监测等，开展具有前瞻性、基础性和实用性的科学研究，组织申报总署及政府科研项目和标准。年内，共提交5项总署课题及6项当地政府课题立项申请、2项总署课题验收申请及1项海关科技成果评定，持续提升科技软实力。

【疫情防控科技保障】2022年，太原海关落实疫情防控常态化要求，为太原机场海关旅检现场调配安装各类急需设备，部署远程电子流调系统，最大限度减少一线工作人员职业暴露风险；多方筹措争取资金填补病毒及细菌基因组测序能力技术空白，为保健中心及技术中心增配采购"基因测序仪、全自动样品处理系统、核酸采样工作站、生物片段分析仪"等11台/套疫情防控检测设备，提升核酸样本的"采集、保存、前处理、检测及基因测序"全链条效率，满足疫情防控常态化背景下的检测需求。

【公共检测平台】2022年，太原海关公共检测服务平台服务

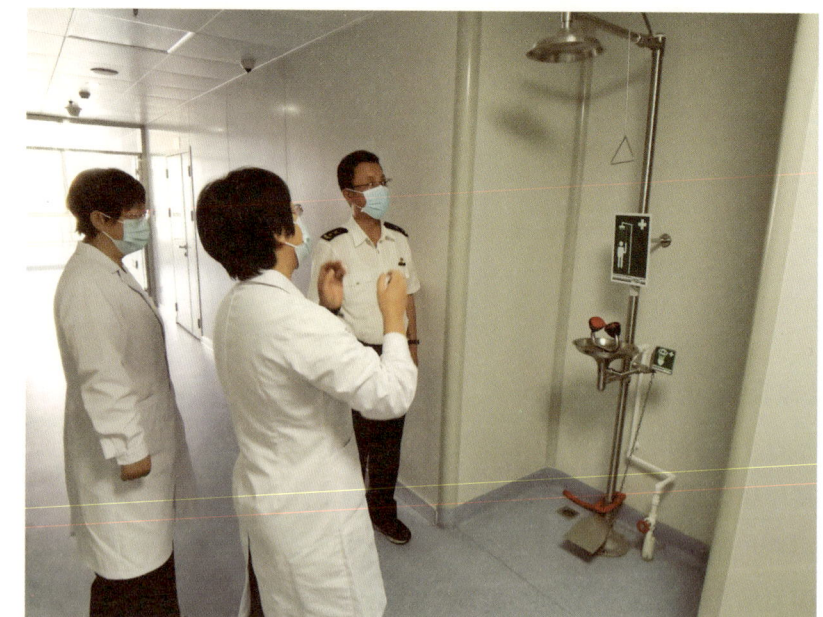

▲2022年9月9日，太原海关科技处督导实验室安全 （苏冰 摄）

地方发展，完成出口印尼果蔬检测1037批、16299项。开展煤炭驻场检验，派出专业人员100余人次，完成50多列25万余吨国家保供煤计划列车采样及实验室检测任务，保障全国"调煤保电"任务。助力粮食部门开展中央储备粮直属库

▲2022年5月19日，太原海关科技处调试分流航班作业现场实时监控系统 （单晓波 摄）

储备粮检测,为保障国家储备粮质量安全提供服务。与太原市农业农村局执法队合作开展2022年农产品质量安全检测抽检业务,保障百姓"舌尖上的安全"。与山西农业大学签署战略合作框架协议,成为山西农大"教学科研实习实训基地",进一步深化海关和院校在专业技术领域的协同合作。与山西省检验检测中心签订合作协议,共同维护山西省内产品及进出口产品质量安全。

撰稿人

苏　冰

第六篇

综合保障

政务管理

【概况】2022年，太原海关坚持以习近平新时代中国特色社会主义思想为指导，深入学习贯彻党的十九大、二十大精神，落实总署党委"铸忠诚、担使命、守国门、促发展、齐奋斗"的工作要求，在太原海关党委的坚强领导下，在总署办公厅的指导支持下，围绕太原海关中心工作，笃行务实、担当尽责，较好完成了各项年度工作任务。办公室党支部通过"全国海关基层党建示范品牌"复核，保持太原海关"四强"党支部称号，入选海关总署政治部"百个基层党建案例"。

【政务综合】2022年8月，太原海关落实关党委部署，制发《关于进一步加强和改进党委班子调查研究工作的实施意见》，进一步改进调查研究。2022年8—9月，结合办公室条线检查，对各部门单位执行中央八项规定精神及其实施细则情况开展专项检查。落实2022年全国海关年中工作会议、2022年太原海关年中工作会议精神。对照重点工作任务分解，研究制定《太原海关机关部门对隶属海关、事业单位反映请示问题推诿扯皮情况记录报告制度（试行）》，防止出现对隶属海关、事业单位反映请示问题敷衍塞责、推诿扯皮、置之不理情况的发生。

【公文处理】2022年，太原海关巩固精简文件成果，压实减文责任，制定2022年正式发文和便函发文控制数，落实双月通报制度，定期以通知形式公布机关各部门、事业单位正式发文、便函数量以及时序进度。年内，太原海关正式发文313份，同比下降2.56%；便函397份，同比下降16.24%。利用电话提醒、微信提醒、系

▲2022年7月20日，太原海关办公室党支部开展"重温革命史 坚定跟党走 喜迎二十大"主题党日活动 （高瀚林 摄）

统追踪等多种形式进行文件的催办、督办工作。HB2012办公系统电子文件及纸质文件第一时间流转，有效保障政令畅通。

【会议管理】2022年，太原海关落实精文简会要求，加强会议统筹，研究制订《太原海关2022年会议计划》。审批太原海关二类以上会议1次，落实海关总署新冠疫情内部防控有关规定，对参会人员数量划定红线。年内，召开列入海关总署统计口径的会议13次，比计划数减少18.75%。

【机要保密管理】2022年，太原海关保密委员会强化制度建设，制发《太原海关涉密网络保密管理规定》《太原海关工作秘密管理暂行办法》《太原海关国家秘密事项清单》《太原海关工作秘密事项清单》。加强涉密人员管理，完成涉密人员上岗、在岗、离岗离职全链条闭环。组织开展2022年度保密自查自评工作，制订《太原海关2022年度保密自查自评工作方案》，指导各部门（单位）开展自查。开展形式多样的保密宣传教育活动，观看警示教育宣传片、通报窃密泄密案例、组织"保密故事大家讲"主题讲述活动、参加线上培训考试等。在山西省目标责任保密专项考核中，太原海关被评为"优秀"等次。

【档案管理】2022年，太原海关完成2021年度文书类档案和部分资料的归档工作，共新建49个归档单元，归档6579件文档，并接收其他部门的各类专业档案。年内，1425份电子文件被阅读利用；受理154人次查阅调用及复印纸制档案1300余份（页），为审计、督察、基建等各项工作提供基础资料。加大培训力度，举办太原海关档案管理人员培训班，围绕机关档案工作基础、文书档案整理规范、电子档案归档录入和档案安全管理规定4个方面，结合日常工作中的错误案例进行讲解。分3批次邀请有需求的隶属海关档案员开展跟班作业，通过集中授课、分组讨论、库房实地讲解的形式着力提升档案人员业务技能，保证档案归档质量。学习宣传贯彻新修订的《中华人民共和国档案法》，参加山西省档案局组织的"'十四五'全国档案事业发展规划公益大讲堂"，提升档案管理水平和服务能力。组织开展"6·9"国际档案日宣传活动，线下设立"档案开放日"邀请干部职工参观档案室，全流程沉浸式体验归档工作；线上制作《"档案时空"下的青春邂逅》微视频、撰写《一卷一世界 一件一乾坤》文章，展现档案工作风采，宣传普及档案知识；参加"点亮辉煌"传递活动、线上

▲2022年7月7日，太原海关办公室组织涉密人员到山西省保密教育实训平台开展保密实训 （高瀚林 摄）

讲座和答题等活动，拓宽学习宣传渠道。围绕档案日主题开展档案征文活动，择优报送总署。开展疫情档案收集整理工作。建立"统筹部署、协作推动"的征集保护协作网络，发布收集归档范围，定期组织鉴定移交。规范化征集保护，整理疫情防控文书、照片、实物、录像等档案1157件，建立并动态更新抗疫档案目录。精编抗疫照片集，制作太原海关抗疫纪念册，连续3年编写32万字的抗疫档案资料汇编。在2022年度直属海关领导班子客观指标年度考核中，太原海关档案工作在42个直属海关中位列第6名。办公室机要档案科王颖恺同志被评为"山西省档案工匠型人才"。

【新冠疫情内部防控】2022年，太原海关按照总署、山西省委省政府最新防控要求，动态调整太原海关内部疫情防控相关要求，坚持日常内部防控各项措施不松懈。加强外部人员来访管理和日常疫情监测，及时收集整理国内疫情情况，通报太原海关干部职工，为干部职工因公出差、因私出行提供疫情情况提示。要求各部门单位坚持干部职工健康监测"零报告、日报告"制度，建立工作台账。要求全员参与健康监测，全时段覆盖，如实、准确报告。加强出差（出行）管理，要求严格履行审批程序，并如实记录出行台账。开展疫情紧急排查工作，相关排查情况以值班信息的方式及时向总署总值班室报告。强化办公场所等重点区域管理，及时发布相关要求，编制《后勤管理中心疫情防控工作规范》，明确防控措施主要内容、工作规范、操作程序及具体要求，严格公共环境保洁、消毒。疫情期间，定时对公共办公区域、值班室、单身宿舍、食堂等场所开展常态化消毒工作。做好应急处置准备，设置临时隔离点，配备临时隔离相关设施设备，持续完善工作人员感染新冠应急处置预案和应急处置程序，做好应急准备，保障2022年4月、11月太原市静默管理期间太原海关各项政务、业务工作正常运转。

【应急值班工作】2022年，太原海关根据《全国政府系统值班工作规范（试行）》要求和总署关于政务值班工作的各项部署认真开展政务值班和疫情防控相关专项值班工作，严格落实关领导、处领导带班、值班员24小时在岗值班制度。着力推动值班工作规范化建设，对政务值班室进行改造，增加视频点名系统，为值班员采购被褥等。顺利完成党的二十大召开期间值班应急工作任务，开展节假日期间和全国"两会"期间应急值班和督导检查。每日检查值班室设备状态，确保通讯畅通，年内开展

▲2022年7月20日，太原海关召开《太原海关年鉴（2022）》编审工作推进会（高瀚林 摄）

应急值班抽查50余次。年内太原海关未发生重大突发事件,值班工作正常运转。

突出"三个聚焦",开展办公场所安全风险防控工作,在法定节日前夕、党的二十大等重点时期,联合多部门开展内部安全生产检查。年内,对办公场所开展专项检查,共排查出办公场所及后勤设施设备相关风险隐患57项,均已完成整改。

【12360热线日常管理工作】2022年,太原海关12360热线共接听各类咨询电话3733个,热线接通率97.6%、满意率100%,总署抽查热线答复准确率100%。依托政务服务中心,持续优化企业意见收集和协调解决回路,协调解决各类问题354个。强化热线数据挖掘利用,梳理受理的热点咨询问题,针对性开展话务分析;定期对客服坐席开展业务培训,重点加强受理热点问题领域培训;推进12345热线归并,共建共享知识库,配合政府相关部门开展共享知识库的培训工作。

【信访工作】2022年,太原海关按照"党委统一领导、信访工作领导小组协调、信访工作机构推动、各方齐抓共管"的原则,持续强化信访工作。严格落实《海关总署关于加强和改进海关信访工作的措施》要求,落实海关总署对信访工作的各项决策部署。年内,办理信访事项4件,严格按照国务院《信访工作条例》及总署相关制度规定妥善处理,已全部完成办结,年内未发生重大信访事件,不存在信访积案问题,未发生重复信访、越级走访、集体访问等相关情事。

【人大建议、政协提案办理】2022年,太原海关共答复1件人大建议和2件政协提案,涉及加快山西(阳泉)国际陆港项目建设、加强植物检疫工作防范外来有害生物、加快山西口岸发展打造对外开放平台、加快山西省跨境电子商务新业态成长等工作,答复工作均严格按照山西省政府相关要求进行,提出建议的代表和提案单位均对答复表示满意。

【政务信息】2022年,太原海关围绕学习宣传贯彻党的二十大精神,不断优化完善制度机制,召开政务信息工作专题推进会,全面分析研判政务信息工作形势;组织各部门推荐业务骨干参与太原海关政务信息稿件编审工作,组建太原海关政务信息稿件编审专家库;组织办公、统计条线专兼职信息员及各隶属海关以视频形式参加总署办公厅举办的多期政务信息线上交流会;深入业务处室开展"送教上门"活动,专题讲授政务信息工作特点和要求,通过正反面案例学习,帮

▲2022年10月25日,太原海关办公室党支部组织开展学习党的二十大精神主题党日活动 (高瀚林 摄)

助提升政务信息宣传工作质量。发挥信息主渠道作用，敏锐捕捉、认真撰写、及时报送，年内编发太原海关工作交流44期，编发每日动态249期、5209条。年内制发约稿协调单32条，报送各类信息166篇，同比增长104.9%。总署政务信息刊物采用44篇，同比增长18.9%，政务信息工作在42个直属海关单位排名较上年度前进1名。向山西省委报送各类信息142篇、向山西省政府报送各类信息123篇。太原海关获评山西省人民政府办公厅2022年度信息报送工作成绩优异单位。

【新闻宣传】2022年，太原海关按照"疫情要防住、经济要稳住、发展要安全"的重要要求，聚焦高效统筹口岸疫情防控和促进外贸稳增长、助企纾困、优化口岸营商环境、推动外贸实现保稳提质、全方位推动高质量发展等重点工作，加强对各部门单位投稿的审核把关和完善修改。鼓励各部门单位图片新闻投稿向现场业务、一线关员倾斜，持续提高图片新闻报送质量，共编发图片新闻473条。多措并举向行业媒体和主流媒体推荐太原海关优秀稿件，在《中国国门时报》、"海关发布"、《山西日报》等媒体刊登太原海关服务山西开放发展的工作成果，年内共被省部级以上计分媒体采用216篇，其中，报刊网站类采用154篇、电视类采用17篇、新媒体类采用45篇。晋阳海关赵文娟、运城海关郭超供稿的《太原海关创新监管模式破解水果出口难题》和技术中心康杰、长治海关杨燕强、张鑫鑫、秦军供稿的《分子印迹技术用于水性介质中左氧氟沙星含量的测定》分别获得中国海关传媒中心颁发的国门传播奖消息类、科技论文类三等奖。

【政务公开】2022年，太原海关细化《2022年海关政务公开工作要点》，形成《2022年太原海关政务公开工作任务台账》，编制《太原海关基层政务公开标准事项目录》，制订《太原海关关于推进落实〈海关领域基层政务公开标准指引〉的实施方案》，全面推进太原海关基层政务公开标准化规范化建设，对11个隶属海关开展政务公开实地检查，晋阳海关等7个隶属海关于年底全面完成政务公开标准化规范化建设工作。持续优化太原海关门户网站的栏目建设，上线"数说海关"等系列栏目，完善隶属海关政务服务大厅的实体公开平台建设，以办事便捷、人民满意为目标，线上线下同步发力，持续提高政务公开工作水平。年内，通过门户网站对外公开政府信息941条。开展政府信息公开申请答复工作，年内，答复办结信息公开申请8件，答复网站留言74条，开展调查征集7次，在线访谈3期。

【"国门有我　山河无恙"太原海关抗击新冠疫情档案展】2022年11月，太原海关于机关十楼活动室面向全体干部职工公开展览"国门有我　山河无恙"——太原海关抗击新冠疫情档案展。展览真实、全面、系统地展示新冠疫情发生以来，太原海关举全关之力，众志成城守好"山西阵地"、实现"打胜仗、零感染"阶段性胜利的勇毅担当和战胜疫情的坚定决心。展览由办公室联合卫食处、人教处、政工办、太原机场海关、保健中心等部门单位共同承办，共计展出太原海关在抗疫斗争中相关的各类文件、图片、视频、实物等原始档案资料268件。同时，利用多媒体手段同步开展线上云展示。共计523名干部职工通过"线上+线下"方式观看展览。

▲2022年11月1日，太原海关举办抗击新冠疫情档案展 （高瀚林 摄）

【党的二十大保密专项检查】2022年，太原海关保密办成立专项检查组，于8月19日至9月30日对14个内设处室、11个隶属海关和4个事业单位开展全覆盖的保密专项检查。专项检查组通过座谈走访、了解谈话、查阅资料、技术检查等方式，在全关开展保密专项检查。共检查管理网计算机547台，互联网计算机89台，实地查看文件资料259份，发现问题23项。通过检查，全面了解各部门单位当前保密管理的基本情况，准确掌握保密重点部门部位存在的漏洞和风险隐患，并针对性指导相关部门单位开展整改工作，促进太原海关保密管理水平进一步提升。

【山西省目标责任考核工作】2022年，太原海关围绕山西省委省政府确定的中心工作和重要任务，按照《2022年度中央驻晋单位促进地方经济社会发展评价指标》安排，按照各考核主管部门要求，组织完成各项考核任务并及时报送相关情况。2022年度目标责任考核，太原海关党建工作、促进山西经济社会发展任务、专项工作的考核结果均为"优秀"，连续7年被评为"促进山西经济社会发展突出贡献单位"。

撰稿人

孙 扬

财务管理

【概况】2022年，太原海关坚持系统观念，统筹资源，履职担当，优先保障民生、重点保障刚性运转、精准保障海关改革发展，高效服务和保障太原海关各项事业高质量发展。始终把政治建设摆在首位，从政治层面强化财务各项工作；持之以恒落实"过紧日子"要求，努力提高资金使用效益；多渠道筹措疫情防控经费，做好疫情防控常态化防疫物资资金保障；建立"双无"固体废物由地方组织处理工作机制，开展严禁"洋垃圾"入境、打击濒危动植物及其制品走私等工作；开展涉企收费项目清理，从严加强涉企收费管理；建立处、科、岗安全生产三级责任链条，着力强化安全生产责任落实；统筹安排乡村振兴项目资金，支持乡村振兴政策落地见效。统筹基础性和改革性工作，推进财务保障工作高质量发展。抓好源头把控，科学严谨编制年度预算；重视过程管控，严格推进预算执行；加大投入，持续关注基本民生保障；全面清查科学调配，实施资产动态管理；推进闲置房产整合利用，进一步降本提效；倾斜基层，持续优化公务用车配置；深入细致，做好制服和空白证单保障工作；实施节能改革，推进"节约型机关"创建；严盘细查，持续规范涉案财物管理；加强协作沟通，不断夯实税费财务基础；强化监督检查，不断完善制度体系，防范化解重大风险；倾心倾力惠民生，常态化开展"我为群众办实事"活动。

【预算绩效管理】2022年，太原海关立足实际，全面推进预算绩效管理工作，提升资金使用效能。多方式、多渠道宣传预算绩效管理工作，明确工作职责，实现层层监督；举办预算绩效管理培训班2期，帮助基层预算单位树立"花钱必问

▲2022年2月18日，太原海关2022年财务条线春训开班　（高瀚林　摄）

效，无效必问责"的绩效管理理念。加强预算绩效目标编制，按照"谁申请资金、谁编制目标"的原则，明确申报绩效目标为申请项目预算的前置条件；选择第三方机构开展预算评审，增强项目立项和预算安排的科学性；修订维护《太原海关2022年项目支出核心指标体系》，统一规范绩效指标表述，提升绩效目标设计质量和层次。加强预算绩效运行监控，按照"谁支出、谁负责"的原则，对各预算部门实行项目绩效目标实现程度和预算执行进度的"双监控"，及时堵塞漏洞，纠正偏差。加强预算绩效评价管理，全覆盖开展105个项目预算绩效自评，平均得分98.71分，自评100分项目超过74%；开展重点项目绩效评价，选取"海关查验技术设备购建及能力提升专项"和"海关资产及专用设备运行维护费"2个项目委托第三方机构进行绩效评价，结果均为优；注重绩效评价结果反馈，第一时间公示评价报告并反馈被评价单位，确保问题及时整改，构建"预算编制有目标、预算执行有监控、预算目标完成有评价、评价结果有反馈、反馈结果有应用"的预算绩效管理闭环。

【政府采购管理】2022年，太原海关推动政府采购标准化建设，发布《关于进一步做好政府采购有关工作的通知》，修订部分政府采购操作规程，明确职能分工，确保所有采购活动有章可循；开展政府采购专项清理检查，对事业单位2019年以来的政府采购项目档案进行检查复核；从严管理和把控运用新冠疫情防控期间采购便利化政策的采购项目，规范政府采购意向公开、合同签订及公示、履约验收等流程。

【涉案财物管理】2022年，太原海关加强涉案财物入出库环节的风险防控，完成涉案财物入库4批次，确保涉案财物合规、安全存放。加大涉案财物处置力度，及时提示1年以上未处置涉案财物情况，重点处置库存2年以上涉案财物，加快处置流转，降低仓储风险。强化涉案财物仓储管理，指导后勤管理中心制定《后勤管理中心涉案财物仓储管理实施细则》。以启用新版涉案财物仓储系统为契机，对仓储财物进行全面细致的盘点理货，规范封识，完善档案。

【企事业财务管理】2022年，太原海关从严加强进出口环节涉企收费管理，开展涉企违规收费专项整治行动，完善收费目录清单制度，并常态化公开目录清单。严格落实减负要求，删除5项第三方服务事项，调整门户网站公示的第三方服务事项清单。加强监督检查，压实企事业单位主体责任，抽查6家企事业单位的收费项目、公示情况、合作协议、收费行为，确保海关总署要求落实到位、减税降费政策执行到位、收费公开工作开展到位。

【基建管理】2022年，太原海关加强职能监控，定期督促各基建项目建设单位，及时准确掌握各基建项目执行进度；强化基建项目预算执行监督，对预算执行慢的项目及时提醒。年内，完成太原海关综合业务附属用房节能及安全设施改造基建项目初步设计，完成太原海关关警员宿舍老旧设施改造项目、太原海关漪汾街综合实验楼老旧设施修缮项目、长治海关综合用房及辅助用房加固改造项目竣工财务决算和总验收。

【关务保障管理】2022年，太原海关精准施策盘活闲置房产，无偿出借隶属单位2900余平方米闲置房产给当地党政机关，用作便民服务点、党群活动阵地等场所，变闲置房产为便民服务"新阵地"；紧盯后勤保障，转换500余平方米闲置房屋为档案室、公有住房、物资储备库等；紧盯创新合作，借助公共资源平台，出租7300余平方米闲置房屋，降本增效。加强物资保障，按照"防护标准不降低、物资质量有保障、库存数量要充裕"的原则，通过动态联系、保障前移、科学分配、精准实施，采购防护物资35.96万件，配发物资38.69万件。科学调配实施资产动态管理，组织开展固定资产清查工作，累计清查各类资产5465件，调整调拨资产461件，梳理部门台账18份，更新房间资产清单65份，各项资产账账相符、数据清晰、追溯可查。

【财务管理大检查】2022年，太原海关成立工作专班，开展财务管理专项大检查，历经自查自纠、复查复核和问题整改3个阶段。自查阶段，坚持问题导向深入查找自身存在的问题，共查摆财务领域11个方面317个问题。复查复核阶段，工作专班对各单位自查发现问题和整改情况进行复核，新发现142个问题。问题整改阶段，探索形成"双轮对碰、动态跟踪"工作法，在整改同时继续深入查摆14个问题。财务大检查自2021年11月至2022年5月历时7个月，共发现473个问题，完成整改460个问题，13个历史遗留问题纳入长期整改。通过大检查，摸清太原海关财务领域的管理状况，对基础薄弱、历史遗留等突出问题隐患进行重点整治，以建章立制、推广财务制度手册、编撰《财务问题随手查》等形式固化大检查整改成果。

【首次获得"节约型机关"荣誉称号】2022年，太原海关贯彻落实习近平总书记关于碳达峰碳中和的重要讲话精神和重要指示批示精神，推进"节约型机关"创建工作。成立工作专班，制订太原海关"节约型机关"创建工作方案，建立工作台账9份，推动太原海关机关和太原机场海关、晋阳海关等8个隶属海关共9家参建单位改进分项计量、绿色采购、源头缩量、垃圾分类等5方面21类113项内容，修订节约用水、节约用电、节约粮食、垃圾分类等各类制度规范44项。结合全国节能宣传周、全国低碳日、世界粮食日等时间节点，组织远程线上讲座、能源紧缺体验、有奖问答、废旧物回收等宣传活动30余次、节能专题培训9次。推进节能改造，结合实际分步推进分户分项计量、喷灌设施改造、保温外层等项目改造，上线电力智慧控制系统，加大新能源汽车和充电设施配置力度。强化日常监督，推行"楼层监督

▲2022年3月23日，太原海关召开专题会议推进企事业单位财务管理大检查问题整改工作 （高瀚林 摄）

员"制度，按季度对太原海关整体用能进行分析和通报。年内，太原海关机关及太原机场海关、晋阳海关、大同海关、临汾海关、运城海关、长治海关、阳泉海关、忻州海关9个单位被国家机关事务管理局、中共中央直属机关事务管理局、国家发展和改革委员会、财政部联合授予"节约型机关"荣誉称号，这是太原海关首次获得节能减排工作荣誉称号。

【落实国企改革重大工作部署】2022年，太原海关紧紧围绕海关国企改革的重点领域和关键环节，及时跟进解决重大问题，稳步推进各项改革事项落实落地。加强企业基础管理，完成山西腾翔科技后勤服务中心公司改制，夯实企业作为独立市场主体参与竞争的法律基础；完成中国检验认证集团山西有限公司产权转让、太原晋检科技服务有限公司脱钩注销和山西海翔科技有限公司、太原晋检科技服务有限公司、太原金越物业服务有限公司3家企业合并整合；完成山西海翔科技有限公司、山西东方物通科技有限公司产权登记办理，以法律形式确认国家对国有资产的所有权。完善公司治理结构，加强国有企业党的建设，指导企业设立党组织，把党的领导融入公司治理各环节；以董事会、监事会建设为重要突破口，督促所属企业修订公司章程，健全内控制度；明确股东职权，建立股东议事决策机制，规范董事会权力边界。推进企业提质增效，优化经营机制，明确经理层职责权利和运行机制，推动员工能进能出；完善薪酬分配机制，推动收入能增能减；通过提升企业自我造血能力，稳步提高国有资产使用效益。

撰稿人

王海涛

督察内审

【概况】2022年,太原海关督察内审工作以推动总署重大决策部署贯彻落实为主线,持续深化督察审计,推进内控机制建设,强化科技赋能,完善执法评估体系,切实发挥督审监督效能,督审工作取得新的进展和成效。年内组织开展迎接总署审计1次、关级审计3次、专项审计3次、专项督察4次、专题执法评估3项,评选关区"内控示范科室"10家,应用"内部控制与监督子系统"处置异常数据3062条,取得专项成果10项,督审监督职责全面履行,风险防控水平持续提升。

【督察监督】2022年,太原海关聚焦重大政策措施部署,创新工作方式,把督察工作同学习党的二十大精神、开展政治机关专项教育等活动结合,深化"自查+互查+集中抽查"相结合的工作模式,推动督察监督与内部审计、巡察、专项检查等其他各类监督贯通协作,做到信息互通,成果共享。围绕重点选取科学精准做好口岸疫情防控、税收政策及税收风险防控、规范口岸查验作业及检疫作业、支持外贸促稳提质4项重大政策措施在关区的落实情况开展跟踪督察,查发各类问题15个,建立跟踪督办机制加强监督检查和问题整改,实现查发问题整改"清零"目标。

【内部审计】2022年,太原海关深化领导干部经济责任审计,年内对临汾、晋城和阳泉3个隶属海关开展内部经济责任审计,共查发问题33个,年内整改31个;组织开展大金额差错报关单、贸易管制措施落实情况、海关事业单位所属企业脱钩和转让产权专项审计(调研),揭示典型性问题9个,反映苗头性风险1个,提出建设性建议10条,切实发挥审计监督在促进高质量发

▲2022年2月28日,太原海关开展审计工作培训 (高瀚林 摄)

展、推动全面深化改革、优化监管服务等方面的积极作用。夯实审计工作基础,深入学习贯彻习近平总书记关于审计和审计整改工作的重要指示批示精神和新修订的《中华人民共和国审计法》,邀请审计署太原特派办专家开展专题培训,动态调整审计人才库,制定下发《太原海关内部审计查出问题整改工作实施细则》,健全审计问题整改长效机制,提升审计工作规范性。

【内控建设】2022年,太原海关强化内控工作组织领导,年内召开各类内控工作会议25次,组建太原海关内控兼职队伍27人,内控工作运行机制不断优化。建立健全内控风险日常提示机制,通过工作提示单、情况通报等载体发布提示信息9条,查发问题9个;优化内控节点应用,新增关级和隶属级内控节点70个,全关应用内控节点发现问题370个。组织开展11项制度、1项信息化应用项目内控前置审核,内部风险源头防控持续强化。培树内控标杆,推选隶属海关11个执法领域科室、11个非执法领域科室和机关职能处室、事业单位14个科室共36个科室为创设试点,开展重点帮扶和精准指导,创设试点科室总结提炼内控工作典型经验做法26种,10个科室入选太原海关内控示范科室,激发基层内控的主动性和创造性。

【执法评估】2022年,太原海关参与署级海关进出口危险化学品监管专题执法评估工作,承担问卷调查制定、收集、分析和专题评估报告分工编写工作,工作成效得到牵头单位天津特派办认可,参与撰写的《海关进出口危化品监管情况专题执法评估报告》获署领导批示。结合关情开展出口危险化学品检验监管、属地查检业务和进境原羊毛检疫监管3项专题执法评估,探索"数据分析+调查研究"工作模式,发现问题风险12个,提出意见建议16条,建立评估指标10个,实现评估项目首次自主运用"云擎"建模开展分析,切实发挥执法评估对提升海关管理和执法水平的作用。

【迎接总署审计工作】2022年7月25日—8月20日,总署委托天津特派办组成审计组对高继科同志担任太原海关关长、党委(党组)书记以来履行经济责任情况进行了现场审计。太原海关高度重视,审前组织开展业务和财务管理专项大检查、2022年督察审计自查共2轮自查工作,通过自查加强内部管理、健全内控机制,为迎接国家和总署审计做好准备。审中全力配合,支持、配合审计组开展工作,全力做好沟通解释、反馈资料、综合保障等工作,得到审计组肯定。审后认真整改,制定76项整改措施,建立"三张清单"——审计问题清单、

▲2022年7月26日,太原海关召开总署审计见面会　（高瀚林　摄）

整改任务清单、整改结果清单。年内,总署审计决定指出的17个问题和1个需要关注的事项均已整改完毕,提出的3条审计建议也已认真研究落实。

撰稿人

韩俊华

离退休干部工作

【概况】2022年,太原海关牢记习近平总书记关于老干部工作的一系列重要指示,认真学习宣传贯彻党的二十大精神,认真开展"建言二十大"和"我看中国特色社会主义新时代"调研活动,在离退休干部党建、服务管理、老年文化教育等方面下功夫,激励离退休干部和工作人员积极发挥作用。

【离退休干部党建工作】2022年,太原海关加强离退休干部党建工作。4月,离退休党总支和离退办通过线上线下多种方式对各离退休党支部传达《关于加强新时代离退休干部党的建设工作的意见》。离退办制订《太原海关加强新时代离退休干部党的建设工作实施方案》,健全太原海关离退休干部工作领导工作机制,明确各级党委以及各相关部门的离退休干部党建工作职责,梳理11条重点工作及落实措施,完善离退休干部党建工作制度机制。6月,逐步完成机关离退休干部党总支和4个党支部换届工作,选配党性强、威望高、身体好、经验足的老同志担任新一届支部书记和委员。支委们参加太原海关学习党的二十大精神宣讲、党务工作者培训、离退休党务干部线上培训班等。按照"利于活动、便于管理、应建尽建"原则,合理调整各支部所属离退休党员,定期与常年异地居住的老党员电话、微信联系,实现组织建设网格化、全覆盖。继续加大对离退休党员的教育管理力度,组织学习海关系统关于在企业或社团兼职(任职)、出国(境)审批、重要情况报告等方面的纪律规定,年内集中开展2次警示教育活动。将老干部党建工作纳入太原海关党建工作统一研究部署,指定一名政工办工作人员专门指导离退休干部党建工作。利用机关离退休干部党总支和4个离

▲2022年7月26日,太原海关参加2022年全国海关离退休干部工作会议 (高瀚林 摄)

退休干部党支部的线上工作群,疫情防控期间,鼓励各支部通过线上开展组织生活。完善第一、第三党支部活动室的设施,推动第二党支活动场所建设。全面落实离退休党组织支委补贴,激发支委工作活力。

【老同志服务管理】2022年,太原海关规范落实政治待遇。关党委通过座谈会、重阳节活动等向离退休干部3次通报工作情况。通过微信群开展日常工作,鼓励引导老党员利用"学习强国"App、中组部"离退休干部工作"微信公众号、总署"鑫海桑榆"微信公众号、"智慧银海"平台进行学习。主动对接养老、医疗、文教等社会资源,帮助老同志下载"民生山西""三晋通"App并教会使用,分两批完成150名老同志年度社保认证;完成20余名老同志工资审批表的签字确认、44名离退休人员养老金差额补发确认签字、143名离退休人员年度医保基数调整确认签字和2名常年异地居住老同志异地就医直接结算手续办理等工作。实时掌握老同志身体、家庭状况等情况,定期核对"智慧银海"平台信息,充实完善第一手资料。元旦、春节、中秋节、重阳节等传统节日,走访慰问老同志,年内共走访慰问62人次。定期维护完善老干部活动室,及时保障水电暖正常供应。

▲2022年7月28日,太原海关机关离退休干部党开展"喜迎二十大 银龄心向党"主题党日活动 (梁少华 摄)

【老年文化教育】2022年,太原海关组织离退休干部党员参加总署离退局2022年迎新春文艺节目征集和太原海关迎新春云晚会,编排合唱《唱支山歌给党听》。11月,成立离退休干部舞蹈队,编排扇子舞《我的祖国》。组织老同志观看革命题材影片《红光》。开展"喜迎二十大"系列活动,7月27日,组织离退休党员在太原市图书馆"马克思书房"开展"喜迎二十大 银龄心向党"主题党日活动并参观学习。重阳节前夕,赴太原古县城开展"喜迎二十大 温馨度重阳"主题活动。选送10幅书画、6篇诗歌、4幅摄影作品参加省委老干部局举办的"喜迎二十大 银龄心向党"活动和省老龄委举办的"喜迎二十大 有为三晋老年人"优秀文艺作品征集活动,其中2幅作品被选中参加全省的主题展览。"七一"前夕,为3名离退休干部党员颁发"光荣在党50年"纪念章,为2名重病老党员送去慰问金。深入开展"为党的事业增添正能量"活动,引导老同志力所能及地参与到新冠疫情防控、全国文明城市创建、乡村振兴和社会治理等重大任务中去。

撰稿人

梁少华

第七篇

隶属海关

太原机场海关

【概况】太原机场海关为口岸型隶属海关。2000年12月成立正科级太原海关驻机场办事处，2003年4月调整为副处级办事处，2004年9月升格为正处级隶属海关。根据2018年机构改革"三定方案"，太原机场海关下设办公室、通关监管科、查验科、旅检一科、旅检二科、旅检三科、邮件监管科和物流监控科8个科室。主要负责党的基层组织建设和干部队伍建设，监管辖区内进出境的运输工具、货物、人员、行李物品、邮递物品和其他物品，承担卫生检疫、动植物检验检疫、进出口商品检验、进出口食品安全监管工作，征收关税和其他税费，查缉走私，编制海关统计，办理其他海关业务，承办太原海关交办的其他工作。

2022年，在太原海关党委的正确领导下，太原机场海关坚决贯彻党中央、国务院重大决策部署，严格落实总署党委工作要求，按照太原海关党委工作安排，把学习贯彻习近平新时代中国特色社会主义思想作为首要政治任务，切实增强走好"两个维护"第一方阵的坚定性和主动性，统筹疫情防控和促进外贸保稳提质，履职尽责，把关服务，圆满完成各项工作任务。

【党的建设】2022年，太原机场海关坚持强化党建引领，结合政治机关建设专项教育活动和"学查改"专项工作，进一步严肃党内政治生活，努力提升机场海关党建工作水平。履行抓基层党建主体责任。专题研究党建工作，制定《2022年太原机场海关全面从严治党工作会议重点任务分解表》并逐项推进。严格落实基层联系点制度。班子成员参加双重组织生活会，规范开展民主生活会，党委班子成员检视问题，

▲太原机场海关办公大楼　（倪松　摄）

征求意见，开展批评与自我批评，针对性制定改进措施，明确努力方向。落实"三会一课"，党委书记带头讲党课，并结合时事要点，不断深化组织生活内涵；深化强基提质推进支部建设。按时进行党总支委员会换届选举，产生新一届党总支委员会。同时根据科室人员调整，改选2名党支部书记，确保党建工作不断档、不松懈；创建党建品牌引领全面发展。强化党建引领，夯实党建基础，创新方式方法，总结优秀经验，邮件监管科党支部被评为"四强"党支部。同时，持续开展支部帮扶共建活动，以共建促自建；坚持围绕中心抓党建，抓好党建促业务，增强党建工作的针对性、实效性，在口岸疫情防控、促外贸稳质提效等中心工作中，充分发挥支部战斗堡垒作用和党员先锋模范作用。

2022年，太原机场海关严格按照党风廉政及作风建设各项要求，强化部署，积极推进，确保党风廉政建设工作到位。强化思想引领。始终抓好责任制落实，做到明责知责，负责尽责。年初专题召开党委会议研究全面从严治党，细化分解全面从严治党和党风廉政建设工作责任，把全面从严治党要求融入分管工作，同步推进，同步落实。每月听取分管科室负责人党风廉政建设工作汇报，跟进防控廉政风险，开展日常廉洁从政谈话提醒，加强分管领域党风廉政建设。发挥"支部建在科上"作用，抓紧抓实党支部直接管理教育和监督党员职责；树立风险意识。加强全体干部职工廉政警示教育，认真对照违纪违法典型案例自查自省自律，深刻反思、引以为戒，强化廉政风险防范意识，恪守廉洁底线；做好日常监督。要求每名同志把严明纪律体现在带队伍、抓管理各方面、各环节，严格落实中央八项规定精神，严防"四风"反弹回潮，深入整治形式主义、官僚主义，加大日常纪律作风检查力度，强化纪律养成，保持队伍管理"严紧硬"。

年内开展廉政教育12次，廉政形势分析4次，召开党风廉政建设工作会议4次、内控专题会议4次，教育引导广大关员知敬畏、存戒惧、守底线；积极支持派驻纪检组工作。自觉接受监督，及时向第一派驻纪检组报送太原机场海关党风廉政建设及重点工作，落实监督建议。

2022年，太原机场海关切实提高政治站位，深入推进党的二十大精神学习宣传贯彻。组织全体党员干部职工收听收看党的二十大开幕盛况、聆听学习习近平总书记所作的报告，开展学习讨论。组织召开学习宣传贯彻党的二十大精神的党委会会议2次，党委理论学习中心组学习3次，严密组织参加总署全国海关学习宣传贯彻党的二十大精神视频会议、海关总署党委理论学习中

▲太原机场海关党委班子　（倪松　摄）

心组（扩大）学习暨司局级主要负责同志学习贯彻党的二十大精神培训班视频会议，太原海关党委理论学习中心组（扩大）学习贯彻党的二十大精神专题班学习，持续深入学习党的二十大精神，掀起学习热潮。班子成员坚持全面系统学、及时跟进学、深入思考学、联系实际学，着力在学懂弄通做实上下功夫。各支部通过"三会一课"、主题党日等形式，每月开展集中学习，支部书记每季度讲授专题党课，强化学习交流，做到人人参与、人人分享。坚持把学以致用、学以践行作为学习贯彻党的二十大精神的出发点和落脚点，推动党的二十大精神在机场海关全面落地生根、形成生动实践。

【政治机关专项教育活动】2022年，太原机场海关牢固树立"没有脱离政治的业务，也没有脱离业务的政治"理念，按照总署、太原海关专项教育活动方案，组织成立太原机场海关专项教育活动领导小组，制订《太原机场海关开展捍卫"两个确立"、做到"两个维护"、强化政治机关建设专项教育活动落实方案》，严格组织部署、严格学习教育、严格问题查摆，强化督导推动、思想动员、全面覆盖、工作实效，引导全体干部职工树牢政治意识、增强政治自觉。

【巡视审计整改工作】2022年，太原机场海关统筹总署巡视、审计、业务和财务管理专项大检查和"海关重点项目和财物管理以权谋私"专项整治工作，充分发挥党委表率作用，针对巡视查发的问题、业务和财务管理专项大检查发现的问题、民主生活会查摆的问题、专项整治查找的问题，形成问题清单，制定整改措施，认真推进整改。组织开展法纪教育、案例警示教育，进一步增强规矩纪律、底线红线意识，并强化内外联动，倡导家庭助廉。

【队伍管理】2022年，太原机场海关严格执行《党政领导干部选拔任用工作条例》《海关领导干部选拔任用工作实施细则》和太原海关《隶属海关干部管理权限暂行规定》有关规定，选拔任用正科级领导干部2人。开展科级领导干部试用期满考核3人，其中正科级领导职务1人、副科级领导职务2人。开展职级晋升2批次共8人次，其中一级主办共3人、四级主办共5人次。公务员试用期满考核1人次。调出3人次，调入1人次。

1月，邮件监管科党支部被中共太原海关委员会评为太原海关"四强"党支部；2月，邮件监管科被山西省"扫黄打非"工作领导小组评为2021年度山西省"扫黄打非"先进集体，邮件监管科贾星被山西省"扫黄打非"工作领导小组评为2021年度全省"扫

▲2022年10月8日，太原机场海关举办升旗仪式　（倪松　摄）

黄打非"先进个人；9月，太原机场海关被山西省直机关精神文明建设委员会评为2021年度省直文明单位标兵，10月，被国家机关事务管理局、中共中央直属机关事务管理局、国家发展和改革委员会、财政部评为"节约型机关"。

【疫情防控】2022年，太原机场海关加强一线人员学习培训，强化应急演练。对照最新版技术方案要求，及时修订完善各类工作方案和操作细则，用实战化演练对疫情防控全流程工作进行检验，严格要求所有人员对照最新版技术方案要求规范操作，做好个人防护，切实提升一线疫情防控能力。强化应急演练，提高演练密集度，年内共开展专题培训14次，开展各类演练9次。不断调整优化国际航班旅客入境检疫流程，提高旅客通关效率，在航班保障中严格实施航空器登临检疫，突出精准性；提高入境人员健康申报效率，压紧压实航空公司主体责任，加强与航空公司的沟通协调督导，严审终末消毒方案，严格开展终末消毒监督；监督海关监管作业现场及人员封闭管理场所环境防控，严格处置和移交医疗废弃物，根据监测结果科学

▲2022年3月24日，太原机场海关关员监督入境分流航班货舱卸载货物物表消毒（倪松 摄）

优化消毒措施，确保消毒效果；坚持"多病共防"，加强猴痘、不明原因儿童急性重型肝炎等其他传染病防控，严防疫情叠加输入；强化联防联控，加强与卫健委、民航等部门的沟通联系和协同运作，共享疫情防控信息。年内，共监管进出境航空器82架次，其中进境航空器42架次、出境40架次，检疫查验出入境人员3958人次。

【安全生产】2022年，太原机场海关成立安全生产工作领导小组，制定相关制度，组织开展安全生产专题学习培训，召开企业座谈会，进一步增强安全生产的法律意识；严格开展口岸卫生检疫、执法作业安全、办公场所安全管理等领域检查，将安全生产排查作为日常监管、场所巡查工作重点。加强三级监控指挥中心建设，改善视频监控系统硬件环境，监控并及时处置各类业务异常情况。

【知识产权海关保护】2022年，太原机场海关加强组织领导、科学风险研判、强化协同配合，加大寄递渠道侵犯知识产权行为打击力度。年内，共查获侵权邮件234批次，侵权商品258件，涉及商品类别有运动鞋、衣服、皮带等。

【助企纾困】2022年，太原机场海关开展通关、查验等海关政策宣讲，细化落实总署及太原海关促进外贸保稳提质措施，在保障航空口岸提质增效、保障进出境邮路畅通、支持跨境电商新业态发展、急需货物应急通关和助力企业抢抓RCEP机遇等方面发挥口岸型海关优势，加大政策支持引导力度，持续优化口岸营商环境，不断提高通关效率；大力

▲2022年12月30日，澳门航空太原办事处向太原机场海关赠送锦旗　（倪松　摄）

支持对外开放平台建设，推动太原武宿国际机场新建T3航站楼、机场货运监管库改造、太原国际邮件互换局扩容升级等项目规范建设。

【货运航班监管】2022年，太原机场海关共监管出境货运航班32架次，涉及太原至旧金山、太原至马德里、太原至布鲁塞尔3条航线，监管出境货物1014吨；监管进口转关货物59批次，实施查验21批次，查验查获不合格4批次，实施整改后放行。

【口岸卫生监督】2022年，太原机场海关发放国境口岸卫生许可证34份，监督食品生产企业8家次，监督餐饮单位123家次，监督食品经营单位96家次，监督饮用水单位12家次，监督公共场所单位119家次；发现问题1家次，发放整改建议书1份并督促整改完成。开展口岸鼠类、蚊类、游离蜱类本底监测。

【口岸食品监督抽检】2022年，太原机场海关共完成交通工具食品和餐饮食品共计13个细类、170批次样本的实验室检测工作，抽取生产、餐饮、流通等领域210个样品，开展食品中农药残留、双氧水、二氧化硫、亚硝酸盐、吊白块、瘦肉精、硼砂、食用油脂酸价和过氧化值、消毒液有效率含量、食品中心温度、紫外线消毒效果测定，未发现不合格。

【国际邮件监管】2022年，太原机场海关监管进出境邮递物品234.45万件，查获涉嫌濒危物品5件3.805千克、含濒危野生动物成分药品5件314粒、一类精神药品3件、二类精神药品15件，查获枪支及零配件1件2个，查获违禁印刷品763件；截获动物产品5003.73千克、各类种子10件16千克、烟丝159件54.62千克、出境香烟435条。

【三级监控指挥中心建设】2022年，太原机场海关加强三级监控指挥中心建设。制定《太原机场海关三级监控指挥中心口岸监管业务运行监控巡查工作手册》，按照各监控主体、重点监控任务，结合旅检现场、货检现场、邮检现场业务运行实际，监控并及时处置各类业务运行中流程顺畅度、时效、作业质量的异常情况，推动太原机场海关三级监控指挥中心实体化运行。年内，新增联网视频监控点位68个，包括入境旅检现场洗消区14个和登临检疫、登记分流、采样登记、红标流调、机组流调、采样间等卫生检疫区30个，以及太原机场国际货运监管仓库24个。

【政务管理】2022年，太原机场海关规范值班管理，确保值班应急渠道畅通，及时、有效、妥善地应对和处置各类突发事件。严格审核把关，提升公文质效。年内，共收发、拟办、传阅 HB2012 系统流转文件 2570 余份，制发党委文件 6 份、其他文件 21 份、通知 24 份。加强档案管理，按时完成 2022 年度文书档案的收集、整理、归档工作，整理档案共计 189 件，其中永久 54 件，30 年 106 件，10 年 29 件；接受政务信息公开申请 1 条；报送媒体类采编稿件 5 篇。

【财务管理】2022 年，太原机场海关进一步落实"过紧日子"相关政策，克服困难、统筹安排、落实"保民生、保运转、保重点"的要求，全力保障疫情防控工作。建立完备的防疫物资出入库台账并定期盘点，指定专人管理、专库存放，确保防疫物资皆符合相关标准或使用要求。物资保障模式根据集中管理需要进行调整，按照不同工作岗位需求，配备充足的物资。根据库存物资情况及时采买各类物资补充库存，完善夏季防护物资配备，选配降温装备，配备防暑降温药品、器械，保障一线人员应急所需。

▲2022 年 8 月 22 日，太原机场海关慰问疫情防控一线干部职工　（倪松　摄）

撰稿人

倪　松

晋阳海关

【概况】晋阳海关建于2019年1月,辖区范围为太原市、晋中市、吕梁市(含富士康科技工业园,不含山西转型综合改革示范区及中鼎物流园区)。下设办公室、综合业务一科、综合业务二科、查检一科、查检二科、核查科、稽查科。

2022年,晋阳海关以习近平新时代中国特色社会主义思想为指导,深入学习宣传贯彻党的二十大精神,坚决捍卫"两个确立",做到"两个维护",全面贯彻落实总署党委、太原海关党委各项决策部署,以"三个转变"为抓手,即从关区业务大关向政治强关转变、从业务种类最全向业务能力最强转变、从业务占比最高向工作质量最优转变,以奋斗晋阳关、和谐晋阳关、创新晋阳关"三个晋阳关"为目标,发挥海关职能作用,统筹做好疫情防控和促进外贸保稳提质工作,完成各项工作任务。

【党建工作】2022年,晋阳海关推进"强基提质工程",全面实施党建"领航工程""融合工程""强基工程""品牌工程"四大工程,坚持党建与业务同研究、同部署、同落实、同考核,不断开创党建工作新局面。

召开党委会、党委理论学习中心组等各类会议学习习近平总书记重要讲话、重要指示批示精神48余次、研讨交流32次;党委班子成员领学党的二十大报告9次,各支部开展学习研讨34次;开展常态化党史学习教育、集体政治生日、文化宣传周、"共抗疫情 党员先行"等主题党日活动,激发基层党建活力。

各科室党支部结合自身特点创建特色鲜明、主题突出、内涵丰富的党建品牌,初步形

▲晋阳海关办公楼 (郭弘泰 摄)

▲晋阳海关党委班子　（郭弘泰　摄）

成"一个支部一个品牌、一个品牌一面旗帜",其中查检二科党支部"国门先锋"党建品牌被评为全国海关基层党建培育品牌。

【党风廉政工作】2022年,晋阳海关党委始终坚持问题导向,对照党史学习教育专题民主生活会上查摆出的12个问题,细化制定17项整改措施,明确整改时限和要求,统筹协调推进落实。围绕"没有离开政治的业务,也没有离开业务的政治"开展集中学习51次、主题党课8次,梳理3个层面的19项政治标准,对照"四个是否"查摆出8个方面问题并制定26项细化整改措施,已全部销账;围绕"海关重点项目和财物管理以权谋私"专项整治工作要求,梳理形成3项重点项目清单、1项问题清单,完成存在问题隐患的整改工作。

认真落实党风廉政建设责任制,制定印发《2022年晋阳海关全面从严治党工作会议重点任务分解表》《中共晋阳海关委员会关于印发"海关重点项目和财物管理以权谋私"专项整治工作实施方案的通知》等多项制度,运用监督执纪"四种形态"中的"第一种形态",开展约谈3人次,提醒谈话13人次,有效传递全面从严的信号。建立"周提醒、月教育、季分析"的廉政教育制度,通过学习廉政制度、观看警示教育片、典型案例通报等形式开展廉政教育,抓好节假日廉政提醒,督促干部知敬畏、存戒惧、守底线。年内开展廉政教育12次,讲授廉政专题党课10次。

【群团工作】2022年,晋阳海关鼓励青年干部结合工作实际宣讲党的二十大精神学习成果,形成"以讲促学"的良好氛围。成立学雷锋志愿服务

▲2022年1月4日,晋阳海关举行升旗仪式　（任帅　摄）

队，定期开展志愿服务活动。在报关大厅设置学雷锋志愿服务岗，提供政策咨询、预约通关等便民服务。组织开展进社区进企业专项志愿活动，定期开展公共环境美化行动，参与太原市创建全国文明城市，开展"爱国卫生季"活动，培育养成文明习惯。2022年，晋阳海关被国家机关事务管理局、中共中央直属机关事务管理局、国家发展和改革委员会、财政部联合授予"节约型机关"荣誉称号。

【干部队伍建设】2022年，晋阳海关开展领导班子规范化建设，1名执法一线科长进入党委班子，发挥党委班子观大势、谋大局、议大事的作用；落实新时代组织路线，增设1个科室，增加4个编制，机构职责和分工更加清晰。选拔任用正、副科级领导干部5人次，晋升职级3人次，激发干部队伍干事创业热情。

创设"科长工作大家谈""风险防控集体会商""青年干部上讲台"等能力建设品牌，强化干部履职能力和重大问题分析、研判、解决能力。在2022年稽查岗位练兵个人技能比武中1名同志入列全国百强。

加强行风建设，做好海关政务服务"好差评"系统的推广运用工作，营造公开透明的通关环境，持续提升企业获得感和满意度。1名干部职工获"太原海关先进工作者"荣誉称号。

加强准军事化纪律部队建设，深入开展"内涵学军"，认真组织学习《海关内务规范》，分批次开展队列训练，每月开展内务检查评比，重大节日举行升国旗仪式，促进工作作风持续转变、内务管理不断规范，切实树立准军事化纪律部队形象。

【法规管理】2022年，晋阳海关建立健全办公、财务、人事、业务制度，培养全体关员法治思维，加强入校入企宣传，落实普法宣传教育。推进法规管理，加强制度建设，出台19项制度，修订1项制度，范围涵盖财务管理、保密工作、安全生产。

【法制协调和法治宣传】2022年，晋阳海关开展"学习宣传贯彻党的二十大精神，推动全面贯彻实施宪法"宪法宣传周活动。同时，围绕习近平总书记关于宪法的重要论述开展学习，学习《中华人民共和国宪法》原文，坚定宪法自信，弘扬宪法精神；开展《中华人民共和国安全生产法》学习活动，入企宣传安全生产知识，提高全民安全生产意识；开展国门生物安全宣传教育，深入企业开展《中华人民共和国生物安全法》的法律宣贯和政策解读；开展政策宣讲活动，帮助企业用足用好优惠政策，充分发挥法治建设对优化营商环境的统领性作用。

【业务改革协调】2022年，晋阳海关主动承担太原海关加工贸易集中审核作业改革责任，推动加工贸易审核作业改革如期顺利落地。集中各隶属海关的分散加贸作业，把"小而全"的划片式监管变为"大而专"的集约式管理，实现加工贸易单证审核和实货监管分离，实现集中审核和业务现场之间相互制约、监督协同，全方位防控制度、流程、实操等层面的执法风险和廉政风险。

持续推进跨境电商B2B出口监管试点。辖区跨境电商企业达到107家，为15家跨境电商企业办理出口海外仓备案，2家企业办理出口海外仓报关59票。开展跨境电商宣讲6次，覆盖企业42家；对辖区跨商企业开展线上及线下走访活动57家次，逐一调研跨商业务开展情况，了解企业在订单减少、退税困难带来不便等方面存在的困难和诉求。制定《跨境电子商务出口海外仓模式备案办理指南》，为企业提供办事指引服务，进一步优化办事流程。

【通关运行管理】2022年，晋阳海关压缩通关时间，继续实施"7×24小时"预约通关制度。进口报关单总体通关时间29.07小时，压缩比74.64%；出口报关单总体通关时间1.25小时，压缩比89.98%。指导企业合理安排作业流程，充分利用"提前申报""两步申报"等通关模式，降低企业通关时间和成本。

【知识产权海关保护】2022年，晋阳海关开展知识产权海关保护宣传活动，引导公众增强知识产权保护意识。选取重点企业，扩大保护、培塑和备案企业范围，助力太原重工股份有限公司实现知识产权海关保护备案，对元泰高导材料（山西）有限公司、山西宇皓新型光学材料有限公司开展知识产权政策宣讲，指导山西杏花村汾酒厂股份有限公司对知识产权海关保护备案进行延期。落实"龙腾行动2022"，结合企业提出的维权需求，向太原海关报送风险建议2条并转化为布控指令。

【税收征管】2022年，晋阳海关加强引导宣传，帮助符合条件的企业向总署申请参与企业征信担保、财务公司担保等改革，推广关税保证保险，推动关区多元化税收担保改革，切实降低企业担保成本，减轻企业进出口环节资金压力。

提升税收征管能力，推进征管质量稳步提升。突破性完成大宗散货审价补税千万余元；解决在各类检查、监控、排查中发现的问题。自查发现1票公式定价备案货物在二次结算中，由于H2018系统自动反填数据错误，导致少征税款，及时补征税款予以纠正。根据事中验估、事后验估指令、统计查询、业务财务大检查等，发现5票归类有误报关单并进行归类补税。

服务国内投资鼓励项目、外国政府贷款项目，精准服务高校及科研机构运用科技创新减免税政策，多途径开展政策解读和宣讲，帮助进出口单位用足用好国家税收优惠政策。年内，晋阳海关税收15.80亿元，同比增长7.18%；办理公式定价备案82项；完成审价作业148票，审价补税21票；办理征免税确认通知书700份，同比增长1.25倍，货值7914.31万美元、同比减少1.88%，减免两税7356.29万元，同比增长22.30%。

【原产地管理】2022年，晋阳海关多举措优化原产地服务，

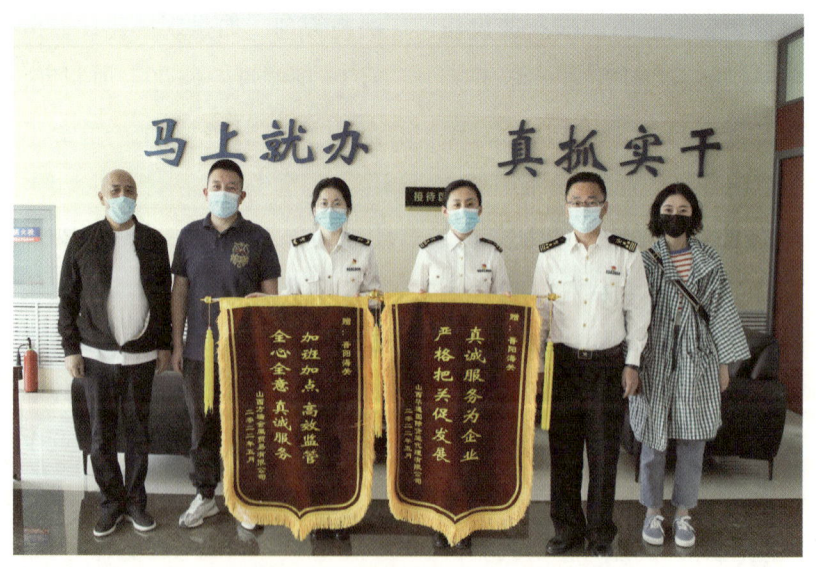

▲2022年5月19日，晋阳海关辖区两家企业向晋阳海关赠送锦旗　（任帅　摄）

提高企业享惠水平。开展原产地政策宣讲，多种形式宣讲新增的自助打印国别与证书类型、普惠制原产地证书签发范围变化等原产地新政策，为企业答疑解惑。为签证业务量较大的企业"靶向"开展原产地政策推介，帮助企业用足用好政策。宣讲RCEP的关税减让与企业运用、RCEP原产地规则解读与企业运用相关内容。通过关企微信群推送RCEP政策海关解读文章，接受企业电话咨询，拓展政策宣传覆盖面。组织1次线上专项培训，参与企业50家。建立重点产业RCEP关税减让对比清单，针对性宣传指导辖区申报企业，总结经常性反复性差错，形成审核要点清单，规范操作，提高原产地证书签证有效率。年内，签发原产地证书9244份，金额8.68亿美元，其中，签发RCEP原产地证书1078份，金额5211.82万美元，惠及37家企业。持续推进原产地证书智能审核和自助打印审签模式。全流程优化原产地证书的申领签发，有效帮助企业节约签证时间，促进原产地签证审核实现"秒签"。出口原产地证书自助打印率逐步提升，稳定在90%以上。

【动植物检疫】2022年，晋阳海关按照国门生物安全监测方案和"国门绿盾2022"行动部署，开展2家供港澳活猪养殖场进出境动植物疫情疫病风险监测、供港澳陆生动物疫病监测工作，加强风险防范与评估，制订监测计划，共采集各类样品809份，监测疫病950项次，农兽药残留229项次。

开展外来物种防控专项行动，查验进口货物中有害物种入侵情况，开展进境集装箱查验，截获非检疫性有害生物2种次。对辖区74个布点进行实蝇诱捕监测，开展有害生物和外来物种监测，实施14批238项次出口水果安全风险监控，结果均合格。参与国外植物疫情搜集工作，向总署报送并被采纳19篇植物疫情信息。开展准入性国家推荐工作，通过总署向准入性国家推荐辖区11个水果包装厂、21个果园。

【食品检验检疫】2022年，晋阳海关主要负责人和分管领导深入企业开展专题调研和跟班作业，完成《吕梁市干坚果出口调研报告》报山西省政府及吕梁市政府。帮扶山西老陈醋首次出口智利、蒙古国，风味酸乳实现首次供中国香港地区，首次出口文莱。

【商品检验】2022年，晋阳海关全力支持电子制造业转移生产线设备工作，组建专项工作小组、开展业务执法协作，为企业通关、排产提供便利，保障太原富士康9条手机生产线、8条主板生产线7300余台

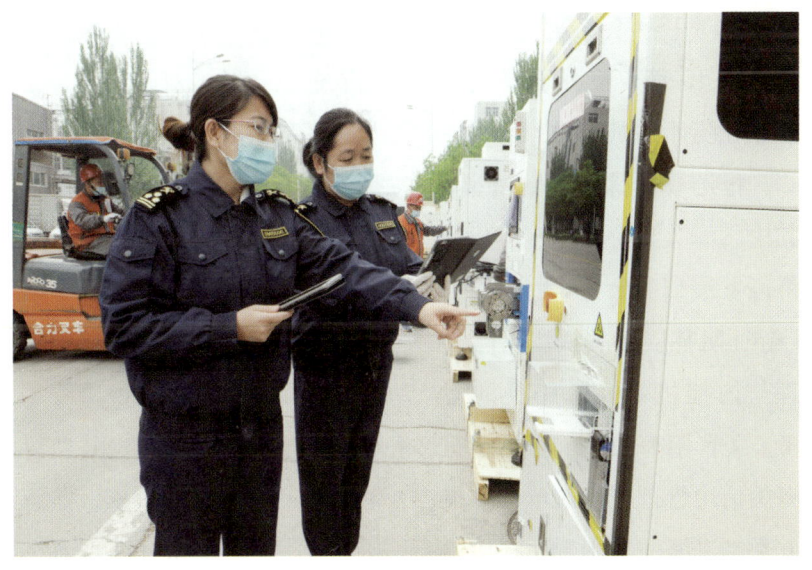

▲2022年4月29日，晋阳海关在某公司查验进口手机组装生产线　（郭弘泰　摄）

设备转移的目的地查验。

【统计分析及政策研究】2022年，晋阳海关分析吕梁市、晋中市各县（区）特色商品，推进一县一品建设；提供各地市外贸专报15次，撰写数据分析、外贸形势分析、县区外贸特色商品分析等文章共计28篇；对外接收晋中市农业农村局、太原市委全面深化改革委员会、太原市商务局等统计需求7次。《祁县玻璃器皿出口企业应对国外技术性贸易措施对策研究》获晋中市委书记批示，祁县县委县政府主要负责同志专程走访晋阳海关交流发展举措。

开展报关单数据质量检控分析系统报关单数据安全监控，制发核查联系单3票；加强月度TSD系统异常数据监控，撰写TSD系统异常数据监控分析10篇；按要求报送月度业务统计数据12次。

报送政研课题报告5篇，其中《海关支持太忻一体化经济区发展研究》获得一等奖，《新时期基层海关执法风险管理与内控机制实施路径的思考》《晋阳海关关于切实践行海关信用管理制度改革，多措并举推进海关信用管理高质量发展的调研报告》《RCEP协定对山西醋产业发展影响分析》《支持吕梁农产品扩大进出口贸易发展研究》获得三等奖。

【企业管理和稽核查】2022年，晋阳海关全面开展海关注册登记和备案企业守法规范性政策宣讲，116家重点进出口企业参加培训，鼓励和支持更多优质外贸企业申请成为海关高级认证企业。

2022年，晋阳海关强化与晋中片区海关、缉私、风险、关税等职能部门的协作，提升精准打击能力。年内办结稽查作业11起，受理主动披露6起，涉及减免税主体变更、低报运保费、出口贸易方式申报违规等情形；办结核查作业47起，核查有效率80.85%。利用互联网、远程视频连线、文件数据电子传输等方式开展网上核查1次。在出口领域随机抽取企业开展"双随机、一公开"多部门联合执法工作，与吕梁市市场监管局、吕梁市税务局对1家出口食品生产企业开展联合检查并向社会公开。

【加工贸易】2022年，晋阳海关明确加工贸易及保税监管手账册管理流程。年内，共监管辖区加工贸易企业7家，监管加工贸易账册7份，办理各类变更业务248次，加贸内销征税13414.03万元，核销手册11本，核销账册6次。注重日常监控，提出优化辅助系统功能需求11次。年内，保税维修辅助系统累计完成手机维修、手机主板维修、手机主要模组维修3份账册47204个料号备案，接收清单数据13463条，工单数据400.08万条，其中2份账册各完成1次核销。

【属地查检】2022年，晋阳海关持续强化出口危险品监管，建立出口危化品高风险企业管理台账，结合"口岸危险品综合治理"百日专项行动，与口岸海关协同防范化解危险品"滞"和"瞒"的风险隐患，坚决打击危险化学品"伪瞒报、逃漏检"行为。召开晋阳海关出口化肥、危化品企业现场会，指导企业规范开展出口危险品业务，推行企业商品质量和安全生产承诺制，帮助企业建立完善出口商品留样制度。

强化重点商品检验监管，打击"洋垃圾"入境。严格按布控指令要求对旧机电、医疗器械等重点敏感工业品进行现场查验。开展风险监测工作，梳理汇总采集到的质量安全风险信息、检出的进出口商品不合格情况及其处置措施，年内

▲2022年11月3日,晋阳海关关员查验进口机电设备 (李玮 摄)

共录入28条信息。

【政务管理】2022年,晋阳海关精简会议,建立晋阳海关"无会日"制度,召开形势分析会12次,廉政教育12次。加强办公综合管理,正式发文68份,收文158份,开展1次保密知识答题活动,开展保密宣传1次。强化信息宣传,省部级以上媒体采用20余篇。推进政府信息公开,定期发布政府信息公开工作年度报告、行政执法统计年报。

【财务管理】2022年,晋阳海关强化财务管理,严格落实"过紧日子"各项要求,加大各类资金统筹力度,优化结构,统筹谋划,科学保障预决算管理、税费财务管理、关务保障管理等各项财务工作。深入贯彻落实各项"保工资、保民生、保运转"要求,充分发挥财务管理效能。运用"财务+科技"手段,夯实内控基础,防范和化解财务领域各类风险。

【督察内审】2022年,晋阳海关发挥内控机制组织作用,召开内控工作领导会议4次,开展内控工作培训2次;完善执行内控节点控制,建立隶属海关关级控制节点,提升自我监控、自我纠错、自我提高的能力和水平。强化HLS2017内控平台应用,定期通报评估HLS2017内控平台应用情况和绩效。年内处置联系单220条,处置异常数据99条,异常数据有效数98条,处置异常数据有效率98.99%。

撰稿人

郭艳丽

武宿海关

【概况】武宿海关建关于2019年1月，辖区范围为山西转型综合改革示范区（不含富士康科技工业园）及晋中市的中鼎物流园区。主要负责党的基层组织建设和干部队伍建设，监管辖区内进出境的运输工具、货物等，承担卫生检疫、动植物检验检疫、进出口商品检验、进出口食品安全监管工作，征收关税和其他税费，查缉走私，编制海关统计，办理其他海关业务，承办太原海关交办的其他工作。

2019年1月，根据《太原海关各隶属海关职能配置、内设科室和人员编制规定》（并关人发〔2019〕20号），武宿海关内设科室3个，分别为办公室（党委组织宣传部）、综合业务科、查检科，人员编制共14人。2022年9月，根据《太原海关关于调整部分隶属海关职能配置、内设机构和人员编制的通知》（并关人发〔2022〕46号），武宿海关内设科室调整为5个，分别为办公室（党委组织宣传部）、综合业务科、查检科、稽查科、物流监控科，人员编制调整为25人。

2022年，武宿海关以政治建设为统领，坚持全面从严治党，强化政治机关建设；守国门、促发展，全面履行监管职责，持续优化营商环境；统筹疫情防控和经济发展，促进外贸保稳提质，助力山西转型综合改革示范区外向型经济高质量发展、高水平开放。

2022年，武宿海关结关进出口报关单3.34万份，同比下降6.5%，占全关区的57.64%；监管一、二线货值1235.21亿元，同比增长3.92%，占全关区的72.04%；放行保税核注清单3.16万份，同比增长7.08%；税收入库3.1亿元，

▲武宿海关办公楼　（郭超　摄）

同比增长99.48%。为7家单位办理减免税项目备案，出具征免税证明28份，审批减免税货值1.29亿美元，减免关税、增值税4036.32万元。监管以企业为单位的加工贸易电子账册10份，监管物流账册47份，监管一般纳税人账册1份。

【党的建设】2022年，武宿海关按照总署党委提出的"铸忠诚、担使命、守国门、促发展、齐奋斗"工作要求，加强党的建设。年内召开党委会、党委理论学习中心组（扩大）学习会议、党总支会议，专题学习党的二十大报告，制订学习宣传贯彻党的二十大精神工作方案，开展专题学习研讨10次，班子成员带头交流学习体会、宣讲党的二十大精神6次、到所在支部讲授专题党课3次，组织青年理论学习小组交流学习心得3次；班子成员深入5个科室、6家重点企业开展调查研究26次。

武宿海关紧盯习近平总书记关注的疫情防控和促进外贸稳增长、安全生产、打击"洋垃圾"和野生动物及其制品走私、强化意识形态、促进贸易便利化等工作，年内共安排19次党委会、13次党委理论学习中心组（扩大）学习会、7次安全生产领导小组会议和专题会议、6次形势分析及工作督查例会、4次外贸形势分析会议进行重点学习和部署落实；落实意识形态工作责任制，加强思想政治工作，专题研究意识形态工作2次。

2022年，武宿海关根据统一安排部署，开展捍卫"两个确立"、做到"两个维护"、强化政治机关专项教育活动和"学查改"专项活动，围绕"没有离开政治的业务，也没有离开业务的政治"组织梳理武宿海关14个条线3个层面148条政治标准，排查3方面7个职能条线的7个问题并制定23条整改措施，全部完成整改。按照巡视整改的方法步骤开展审计集中整改和"回头看"工作，修订完善2项规章制度，46项审计整改措施已全部完成。按照"六对照、六查找"的要求开展业务和财务管理工作自查并配合相关部门开展复查复核，共发现和整改35类61个具体问题，结合政治机关建设专项教育开展提醒谈话11人次。

2022年，武宿海关召开廉政形势分析例会4次，班子成员开展提醒谈话14人次，与科室主要领导干部和新任职科级领导干部开展廉政提醒谈话7人次。按照"海关重点项目和财物管理以权谋私"专项整治要求，制订工作方案，梳理重点项目5个，自查发现并整改相关问题3个。支持配合党

▲武宿海关党委班子　（郭超　摄）

委第一派驻纪检组工作，年内报告重点工作12次，接受实地监督检查3次。通过政务"好差评"系统、特约监督员、关长接待日等打造公正执法外部监督矩阵，政务"好差评"系统运用以来好评率为100%。

【干部队伍建设】2022年，武宿海关提任正科级领导干部2人次，完成1人次副科级领导干部试用期期满考核；根据岗位需要和人员情况，交流调整干部岗位11人次；完成1名试用期公务员转正考核。执行民主集中制原则，妥善解决干部选拔任用工作中遇到的新情况、新问题。坚持德才兼备、以德为先，事业为上、注重实绩的原则，依托全国海关队伍建设综合管理平台，参考年度考核、平时考核、专项考核等结果，提高选人用人标准和质量。2022年度"一报告两评议"暨武宿海关班子评价结果中"干部选拔任用工作的总体评价"和"加强干部全方位管理和经常性监督情况的评价"好评率均为100%。所属综合业务科被共青团山西省委命名为2021年度山西省青年文明号。

加强干部日常监督管理，开展违规投资企业及在企业兼

▲2022年1月4日，武宿海关举行升旗仪式　（郭超　摄）

（任）职自查和干部配偶、子女及其配偶经商办企业等情况自查。充分运用监督执纪"四种形态"特别是"第一种形态"，对干部存在的苗头性倾向性问题早发现早提醒；开展内务规范督察，加大检查力度，点名通报等，加强准军事化纪律部队建设。

【口岸监管】2022年，武宿海关加强集成电路企业后续监管。建立料件、成品数据库，开展收付汇情况跟踪复核，开展申报出区成品抽样送检，组织开展行业性贸易调查，对高风险企业开展核查作业17件，暂停2家失联企业账册处置。

推进跨境电商"断链刨根"专项整治长效化建设，开展"一月一专题"专项行动，先后对企业资质、商品准入、促销报备等7个专题进行巩固强化。统一办理跨境电商进口包装物料出区补税，首次办理促销活动优惠券后续补税，移交问题线索3条。

加强单证、数据复查复核，集中组织大额修撤报关单复核。梳理辖区中欧班列企业存在伪、瞒报运费涉嫌偷逃税款业务风险，定期复核集成电路生产企业收付汇及办理延期情况，反馈职能部门，提出处置建议。

强化线索查发移交，向太原海关缉私局移交案件线索3起，移交1家新备案企业进口清单异常情况问题线索1起，2家企业涉嫌伪报瞒报、逃避物种证明监管证件、销售非正面清单药品商品、少报多出问题线索1起；开展联合研判，

梳理中欧班列回程运费低报风险。年内办理简易程序案件及简单案件5起，其中中欧班列领域4起，综保区二线进出区1起。

【检验检疫】2022年，武宿海关落实食品安全"四个最严"要求，年内对辖区4家出口食品企业开展风险评估和日常监管，检查企业食品安全卫生控制体系运行情况，督促企业整改不符合项；开展进出口食品化妆品监督抽检和风险监测，年内共开展进出口食品化妆品监督抽检和风险监测8批次132项次，涉及发酵乳、饼干、化妆品等产品；开展进口食品专项整治及供港澳食品专项整治，专项检查辖区供港澳食品生产企业，通过查看企业文件资料、现场实地检查、产品抽样检测3个方面保障供港澳食品安全；开展进出口食品安全宣传周，以"共担安全责任 共享美好生活"为主题，采取"线上+线下"形式开展形式多样的食品安全宣传活动，张贴海报标语、发放宣传资料，向辖区跨境电商平台企业及消费者普及食品安全知识，讲解进口食品有关规定。

开展"国门绿盾2022"行动，严格进境动植物及其产品检疫；开展2022年度国门生物安全监测，在辖区内布置10个实蝇监测点位、3个太阳能捕虫器，开展外来有害生物的收集、鉴定、疫情处置等工作；开展外来入侵物种普查工作，赴辖区4家企业及其周边开展外来杂草实地踏查、影像拍摄、标本制作、鉴定保存、数据整理、疫情处置等工作；开展"跨境电商寄递'异宠'综合治理"专项行动，联合山西省新经济促进会及辖区跨境电商网购保税企业，共同开展"双11"异宠主题宣传活动，向消费者发放宣传资料500余份；推进初筛鉴定室建设，为筑牢检疫防线、维护国门生物安全提供技术支持；开展国门生物安全宣传，在辖区进口粮食企业、监管场所（场地）运营单位、武宿综合保税区等开展国门生物安全宣传，明确各方责任，夯实工作基础。

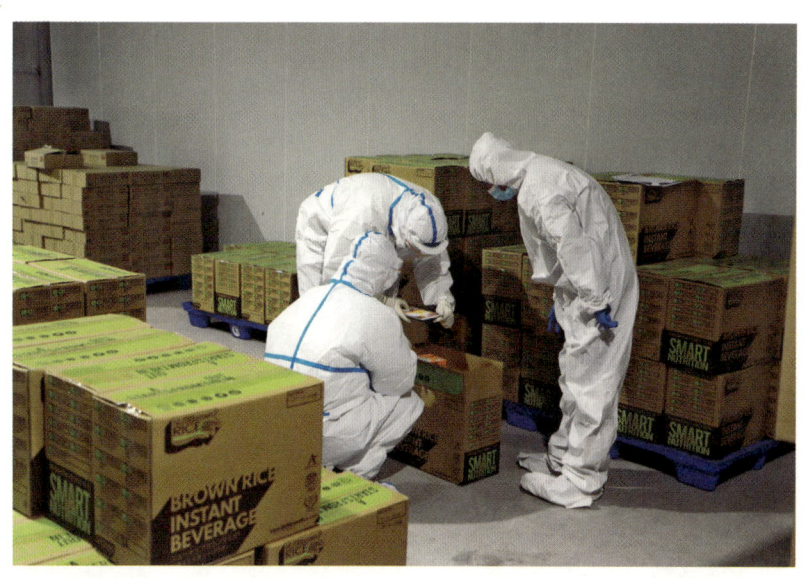

▲2022年2月15日，武宿海关关员查验进口冰鲜冷冻食品　（孙世龙　摄）

【风险管理】2022年，武宿海关分类处置虚假贸易等业务风险。实施业务起底专项行动，分类排查2021年以来区内业务，报送9家集成电路贴片烧录企业不实贸易案件线索、3家跨境电商B2B出口企业被口岸海关处罚等情况、4家企业无采购发票不办理退税情况、2家跨境电商企业涉嫌伪报瞒报和逃避监管证件管理线索风险信息并提出研判意见，对2021年以来合同到期未办理延期且未收付汇或失联企业涉及统计数据共计11.3亿元提请暂缓统计处置。

【财务及后勤保障】2022年，武宿海关每月组织学习《海关

▲2022年11月11日，武宿海关关员核对跨境电商网购保税出区包裹三单信息（郭超 摄）

网络与信息系统安全运行情况通报》，提升全员网络安全意识；严格按照《海关系统网络攻防活动应急处置预案（2022年版）》《海关信息系统故障管理规程》《海关信息系统变更管理规程》组织落实有关工作，为海关业务正常运转提供坚强科技保障。严格执行各项财务制度和规定，规范支付行为，加强资产精细化管理。组织完成预算"一上""二上"项目支出三年规划、住房改革支出预算决算、国有资产决算及各类快报、月报、季报、分析报表等编报工作。保障职工各项福利落实到位，疫情封闭管理期间保障保运转人员的工作和生活。

【新冠疫情防控】2022年，武宿海关召开20余次会议研究部署、检查推动疫情防控工作，发布疫情防控通知、倡议书等10余次，开展风险排查21次。定期采购更新疫情防护物资，加强物资管理，开展办公场所及业务场所的消毒消杀工作。常态化加强内部疫情防控，落实"戴口罩+扫两码+一米线"、来访登记、场所消毒、外出报备等制度要求。每日上报进口商品疫情防控工作开展情况，把住"外防输入"关口，坚持"人、物、环境"同防，开展货检环节查验人员防护服穿脱培训及职业暴露应急演练；完善制度建设，制订《武宿海关进口冷链食品口岸环节核酸检测和预防性消毒实施方案》《武宿海关进口高风险非冷链集装箱货物口岸环节新冠病毒检测和预防性消毒实施方案》等文件，迎接总署"百名科长百日督查"及总署疫情防控专项督查检查2次；克服人员紧张困难，派出11人次支援太原机场海关一线抗疫；疫情期间协助晋阳海关开展货物查验等工作，减少疫情对企业进出口业务影响。

【口岸营商环境优化】2022年，武宿海关落实总署促进外贸保稳提质十条措施和太原海关25条措施，确定重点项目和重点企业，建立完善企业联络、跟踪督办、"三专四优"等工作机制，细化制定48条支持举措。党委班子成员带队赴12家重点企业开展助企纾困专题调研，开展33次政策宣讲，涉及184家企业，解决企业反映的各类问题9个。

年内，受理企业预约通关249次，保障企业重点保税料件进出区189批次，顺利保障禧佑源3架境外入境飞机教学模块入区。在增值税一般纳税人资格试点方面，年内申报放行送货单6.86万份，主要进出轴承、轮对、化工机械、冷链肉类食品、危险化学品、熟食套餐、空气净化设备等。

2022年4月及11月太原市两次因疫情防控实施静态管理期间，武宿海关组建"保运转、保畅通"工作专班，通过"互联网+""线上办"等方式确保业务工作正常开展，建立急需货物应急通关机制，设立鲜活易腐产品优先查检和"5+2"预约查检绿色通道，"7×24小时"接受预约通关。疫情期间，保障富士康（新郑）科技工业园生产线转移至富士康（太原）科技工业园相关工作，保障电子组件等进出区业务166.3吨、货值3.66亿元；保障太原重工新能源装备有限公司一线进口"数控成型磨齿机"，货运量44.6吨、货值1694.1万元；第一时间为蒙牛公司签发检验检疫证书，便利企业供澳奶制品快速通关；保障厚生新材料生产线进口设备随到随验、随验随放，做到"防疫情、保运转"两不误。

【"口岸危险品综合治理"百日专项行动】2022年，武宿海关部署推进"口岸危险品综合治理"百日专项行动，制订专项行动实施方案，建立并动态更新武宿海关进出口危化品库、进出口危化品生产经营企业库，严格落实出口危险化学品100%查验要求，加强进出口危险品及其包装检验监管。年内共检验监管进出口危险化学品136批次，签发危险货物包装使用鉴定135份，未检出不合格情事。

【武宿综合保税区】2022年，武宿海关助力新兴业态，持续规范和支持跨境电商健康发展。成立工作专班保障大促活动平稳运行。"6·18"期间，受理企业6类促销报备申请，共监管出区包裹3535件，同比增长112.4%；"双11"期间，接收企业促销报备申请3家，共监管出区跨境电子商务包裹3076件，同比增长329%。开展跨境电商企业对企业出口业务，全流程完成本土首单9710（企业对企业出口）、9810（企业对企业出口海外仓）业务，初步实现零售监管与货物监管同步推进，B2C与B2B双轨运行的新业态业务格局。年内跨境电商网购保税进口货值1019.21万元，同比下降55.33%；出区进口零售商品总值1907.87万元，同比下降7.02%；放行出区进口申报清单4.69万份，同比下降7.41%；征收税款235.9万元，同比增长84.32%。运用综合保税区保税功能，指导相关企业办理关税保证保险，监管201件西班牙著名画家、雕塑家、陶艺家、版画家胡安米罗创作的文化艺术品开展保税展示业务，大幅降低企业保证金等资金成本。武宿综保区进出口46.5亿元，同比下降

▲2022年3月6日，武宿海关对入区飞机进行现场查验　（郭超　摄）

86.1%，在全国纳入绩效考核148个综合保税区中，排名由2021年同期的第32位下降至第121位。

【中欧班列】2022年，武宿海关组织开展中欧班列运行情况专题调研，修订完善《武宿海关中欧班列进出口业务"三专四优"通关服务机制》，实地指导晋欧公司等4家企业规范申报，协调口岸查验，持续压缩巩固整体通关时间。8月4日，受理首班中老（中国—老挝）铁路国际货运列车。年内共受理申报中欧班列93列、同比下降47.5%，其中进口2列、同比下降92.3%，出口91列、同比下降39.7%。进出口货值17.81亿元、同比下降31.4%，其中进口619.91万元、同比下降95%，出口17.75亿元、同比下降28.2%。

【"5·25"专案】2022年，武宿海关配合山西省纪委监委专案组开展"5·25"专案调查工作。系统梳理文件依据，从企业管理情况、电子账册设立情况、通关及口岸布控查验情况、武宿综保区日常监管情况（包括区内实货监管、核查作业和风险报告、工作专报、作业反馈等）、对外信息报送及联合监管情况和2022年复工复产监管情况6个方面全面盘点总结。汇总形成《武宿海关集成电路生产企业监管台账》，建立集成电路料件、成品数据资料库，配套梳理企业备案、生产工艺、验厂、核查等10个方面印证资料。先后22次按照资料调取工作流程向"5·25"专案组提供资料44份，主要包括报关单数据、情况报告（说明）、总署文件、核查档案、金二系统核放单和核注清单表头表体信息数据等。

【安全生产】2022年，武宿海关开展"安全生产月""安全生产大检查"等活动，赴辖区出口企业和监管作业场所开展安全生产集中宣讲10次，组织观看《生命重于泰山》专题片80人次，在通关大厅、监管作业场所、出口危险化学品企业、综保区各卡口张贴安全生产海报50余份，为辖区2家出口危险化学品企业进行《中华人民共和国安全生产法》宣讲，参加培训35人次。作为山西转型综改示范区安委会成员单位，与辖区应急管理、消防、市场监管等部门建立联系配合机制，开展联合检查，形成监管合力；分别在6月、9月与山西转型综改示范区应急管理部召开联合专题研讨会，就武宿综保区危险品货物联合监管、党的二十大期间安全生产等进行研讨，梳理明确各自职责范围。经山西转型综合改革示范区安全生产委员会考核，武宿海关获评2022度安全生产目标考核安全生产先进单位，张东同志获评2022年度安全生产先进个人。

撰稿人

郭　超

大同海关

【概况】大同海关于2002年10月27日建关，是隶属于太原海关的正处级海关，主要承担进出口商品检验、进出口食品安全监管、动植物检验检疫、征收关税和其他税费、查缉走私、卫生检疫等多项工作，业务辖区为大同市（稽查业务为大同市和朔州市），下设办公室、综合业务科、查检科、稽查科、旅检科5个科室，另有驻在单位大同海关缉私分局和太原海关党委第二派驻纪检组。

2022年，大同海关以习近平新时代中国特色社会主义思想为指导，深入学习宣传贯彻党的二十大精神，开展捍卫"两个确立"、做到"两个维护"、强化政治机关建设专项教育活动，强化基层党建和党风廉政建设。深化队伍建设，开展优秀年轻干部选拔和干部职级晋升工作，年内按期转正正科级领导干部3名、副科级领导干部5名，开展职级晋升8名，试用期公务员转正1名。履行法治建设责任，制修订制度15项，制定执法领域66个岗位的操作指引，开展法治宣传活动40余次。

2022年，大同海关统筹疫情防控和经济发展的关系，稳步推进安全生产、外贸保稳提质、优化营商环境等各项工作，深化业务改革与发展，强化监管优化服务，年内大同市进出口货物贸易总额达45.18亿元人民币（下同）、同比增长40.4%，其中进口12.36亿元、同比增长129.9%，出口32.82亿元、同比增长22.4%。

2022年，大同海关获得省直文明单位标兵、山西省文明单位荣誉称号，被国家机关事务管理局、中共中央直属机关事务管理局、国家发展和改革委员会、财政部联合授予"节约型机关"荣誉称号，在大同市年度目标责任考核中获评"突

▲大同海关办公楼　（郭文静　摄）

出贡献单位"。

【党建工作】2022年，大同海关加强思想政治建设，学习贯彻习近平新时代中国特色社会主义思想和习近平总书记重要指示批示精神，开展学习48次，研讨发言35人次。传达学习党的二十大报告，研究制订大同海关学习宣传贯彻党的二十大实施方案，党委班子成员到各自所在支部宣讲党的二十大精神4人次。开展捍卫

"两个确立"、做到"两个维护"、强化政治机关建设专项教育活动,召开推进会7次,开展"正确认识政治与业务关系"学习研讨3次,结合青年干部理论交流活动开展研讨会4次,交流发言28人次;梳理各业务条线、各工作岗位政治标准18项,查摆各条线、各领域、各岗位"四个是否"方面的问题8条,研究制定26项整改措施,年内全部整改完成。

加强基层党组织建设,结合干部人事调整,开展党总支换届选举工作,新发展党员2名,转接党员组织关系8人。坚持岗位需求与个人专长相契合,调整党委委员分工。推进"强基提质工程",擦亮党建品牌,7个党支部结合工作实际完善党建品牌;综合业务科党支部创建的"同关同兴、久久为功"党建品牌,被复核评为全国海关党建示范品牌,该党支部被评为太原海关"四强"党支部。各支部书记以党规党章党纪、政治机关建设专项教育为重要内容组织讲党课25次,举办主题党日活动12次;开展党史学习教育专题民主生活会。加强支部共建,查检科党支部与总署离退休干部局党支部联学共建,综合业务科党支部与太原海关技术中心大同分中心党支部结对帮扶。

加强党风廉政建设,年内召开廉政形势分析会4次,党风廉政建设工作例会2次,廉政党课9次,开展警示教育14次,运用"第一种形态"提醒谈话17人次;专题研究全面从严治党工作3次、意识形态工作2次。制修订《大同海关贯彻落实"三重一大"决策制度实施细则》《大同海关党委议事清单》等各类内控制度措施15项,细化全面从严治党年度重点任务39项。开展"海关重点项目和财物管理以权谋私"专项整治工作,召开工作部署会6次,查询纸质和电子资料800余份,梳理重点项目5大类100项;开展个人违规事项申报自查工作,报送个人剖析材料15份,梳理廉政风险3项。对"一把手"和领导班子加强监督,严格落实"一把手"重点事项监督自查报告工作,未发生不廉洁情事。党总支书记讲专题廉政党课,参加"书记组长谈责任"访谈活动,通过视频访谈的形式畅谈全面从严治党责任的落实;班子成员深入基层科室讲廉政党课,举办廉洁文化作品展,加强廉洁文化建设。

【巡察整改工作】2022年,大同海关配合太原海关党委巡察组开展常规巡察,认领3个方面13项31个具体问题。成立巡察整改工作领导小组,制订巡察整改方案,明确目标、措施、步骤、要求,各科室认领整改任务,细化整改措施73条。集中整改期间召开巡察整改推进会6次,研究、协调、

▲大同海关党委班子　(邱枫　摄)

推进整改情况，班子成员严把整改质量，加强督促指导。召开专题民主生活会对照检查，开展批评与自我批评。年内，73项整改措施已完成63项，9项"长期坚持"措施已完成阶段性任务，1条未到期措施正在推进，整改完成率98.6%。

【干部队伍建设】2022年，大同海关协调人员保障太原机场海关一线疫情防控工作，年内支援6轮次12人次；对参加一线疫情防控工作人员给予职级晋升政策的倾斜，落实关心关爱一线疫情防控工作人员措施8条；开展干部配偶、子女及其配偶2021年度从业情况的申报工作，填写自查表27人次。加强干部教育培训，全体干部100%完成学习内容和学习学分考核要求；组织干部职工参加太原海关各条线培训，提升理论水平和实操技能。

▲2022年9月20日，太原海关所属大同海关开展进出口食品安全"进超市"宣传活动 （郭文静 摄）

【法治建设】2022年，大同海关加强制度管理，制定制度11项、修订4项、废止6项，调整和完善"三重一大"决策、协管员管理、差旅费管理、公务用车管理等重要事项制度；制定执法领域岗位操作指引，涵盖执法领域4个业务科室66个岗位，内容包含岗位职责、政治标准和政治要求、操作流程和工作要点、相关作业表单、工作依据、岗位易发问题和风险隐患等，共计梳理工作依据300余个，岗位职责200余项。广泛开展法治宣传活动，聚焦执法工作实际，加强社会面普法，开展"8·8"海关法治宣传日等专项法治宣传教育活动，保证规定动作完成到位。深入企业加强法律法规和政策宣传，开展"送法入企"和政策宣讲会22次。面向广大市民群众开展精准普法，开展"国门安全进校园"

▲2022年1月4日，大同海关举行升旗仪式 （郭文静 摄）

宣传活动，介绍外来有害生物种类、危害、防范措施及进出境法律法规；进超市开展食品安全宣传活动，向群众宣传进出口食品安全相关法律和知识。

【业务改革与发展】2022 年，大同海关深化"放管服"改革，落实总署业务改革措施。巩固压缩整体通关时间成效，年内 0503 现场平均整体通关时间相比 2017 年整体通关时间压缩 96.62%，大幅优于国务院压缩平均整体通关时间 50% 的要求。持续推广提前申报、两步申报、自助打印等优惠便利措施，0503 现场提前申报率、两步申报率、汇总征税率均为 100%，0516 现场提前申报率 68.75%、两步申报率 8.3%；在报关大厅设立便民利企服务室，为全市所有企业提供自助打印所需的硬件设备，自助打印率 94.61%，《入境检验检疫证明》100% 实现电子化。压缩出口食品生产企业备案办理时限，帮助辖区 4 家出口黄花企业做好出口食品原料种植场备案，助力大同市冷冻黄花和干黄花实现出口"零"的突破。

【关税征管】2022 年，大同海关"两税"征收共计 1548.21 万元，同比上升 0.52%。其中关税 253.07 万元、同比下降 33.6%，进口环节税 1295.14 万元、同比上升 11.7%。年内，大同海关引导企业运用 RCEP 原产地证书享惠，开展线上线下宣讲、培训 10 余次；为企业签发 RCEP 原产地证书 104 份，货值超 400 万美元。

【卫生检疫】2022 年，大同海关结合大同市气候地理条件和进出口业务实际，制订《大同海关国门生物安全监测方案》，开展入境口岸监测调查和重点项目检疫性实蝇监测，在大同云冈机场周边、进出口货物集散地周边地区、果蔬种植基地等实蝇传入或发生风险较高的 8 个监测点设置诱捕器 24 个，监测期内未发现检疫性实蝇和其他外来有害生物。开展外来入侵物种普查，在机场口岸、保税物流中心（B 型）和 2 个保税仓库安装太阳能黑光灯，在云冈机场悬挂美国白蛾诱捕器、实蝇诱捕器、马铃薯块茎蛾诱捕器、粘虫板等，在进境原羊毛指定加工厂附近开展杂草人工踏查，共开展普查 16 次。加强疾病监测，开展口岸病媒生物监测工作，监测调查鼠类、蚊类、蚊幼虫、游离蜱，未发现相关阳性案例。全面落实太原海关口岸卫生监督工作计划和口岸食品安全监督抽检计划，加强对国境口岸、经营单位的卫生监督，督促企业落实主体责任。年内完成 4 次饮用水的卫生监督抽取工作，检测结果均为合格。

【动植物检疫】2022 年，大同海关严格检疫监管进出境动植物，严防动物疫病疫情传入传出风险。加强原羊毛及羊毛产品的检疫监管。3 月 4 日，40 吨澳大利亚进口原羊毛经海运由天津口岸入境，在大同海关成功申报后，进入大同国际陆港保税物流中心（B 型）仓库。4 月 13 日，经大同海关检验检疫合格，25 吨羊毛条首次搭乘中欧班列发往德国汉堡。大同海关与忻州海关就供港活牛检疫业务开展执法协助 2 次，保障忻州海关 3 批活牛顺利供港。对辖区出境宠物实施检疫并签发证书 1 次。受总署动植司委托，参加巴西口蹄疫疫情解禁风险评估工作，对巴西提供的补充材料开展风险分析，撰写风险分析报告。

【食品检验检疫】2022 年，大同海关落实食品安全"四个最严"要求，日常监管有实际业务的进出口食品生产企业。按照海关总署和太原海关进出口食品抽样检验和风险监测计划,抽样检验多类、多批次产品,结果均为合格。开展应急演练,制订《大同海关进口冷链食品及包装新型冠状病毒监测采样作业桌面推演方案(2022)》,开展网上桌面推演。围绕"共担安全责任 共享美好生活"主题开展食品安全宣传周活动,参加山西省食品安全周启动仪式,现场发放宣传资料,解答群众有关进出口食品安全方面的疑问;开展进出口食品安全"进超市"活动,在永辉超市进口食品区设立宣传点,向群众普及进出口食品安全相关知识,展示海关食品安全监管工作成效;在关企联系微信群推送食品安全宣传资料及海关食品安全监管案例;各类活动共发放纸质宣传资料1200余份,接受现场咨询200余人次。开展进口食品专项整治,实地检查有实际进口业务的进口食品进口商,检查是否存在违法违规进口食品情况、是否经营进口冷链食品和进口高风险非冷链集装箱货物、是否按照规定开展核酸检测及预防性消毒、是否填写承诺书、其存放场所是否符合总署有关规定等,未发现问题。

2022年,大同海关牢记习近平总书记在大同考察时提

▲2022年2月25日,大同海关关员对首批出口冻黄花进行出口前监管 (孙靓纯 摄)

出的"要将小黄花做成大产业"嘱托,持续完善出口食品监管模式,推进监管关口前移,帮助企业建立从原料到产品的"二维码"追溯体系,保障产品质量安全可追溯;随报随检,确保货物快速通关。了解订单和出货计划,提供"预约通关"服务,为食品农产品出口开通"绿色通道",最大限度提高验放效率,保障货物按期顺利抵港。

【商品检验】2022年,大同海关加强进出口商品检验,包括医疗器械、成套设备、药品及制药化学品、活性碳、机车轴等。

加强进出口危险化学品及其包装检验监管,对照进出口危险化学品生产经营企业库,结合业务实际,一对一定向开展进出口危险化学品及其包装检验监管宣传教育活动。

【口岸监管】2022年,大同海关推进大同航空口岸省级预验收发现问题整改工作。与市政府沟通,督促有关部门整改;定期派员前往施工现场监工,掌握最新施工进度,跟进解决新发现问题;与业务职能部门联系,掌握整改标准,向上级主管部门报告整改完成情况。5月,协助相关部门完成整改工作,为大同航空口岸正式开放验收做好准备。6月22日,山西省人民政府口岸办公室向国家口岸管理办公室做出对大同机场对外开放进行验收的

请示。

【企业管理和稽核查】2022年，大同海关加强企业管理，推进"放管服"改革，加大对"多证合一"改革的政策宣传力度，年内通过"多证合一"方式办理企业备案数量占同期备案总量的73%以上。制定并公布大同海关办事指南；开展海关高级认证企业培育工作，培育1家企业成为AEO海关高级认证企业。建立晋北片区稽查改革工作联合研判机制，根据稽查集约化原则成立晋北稽查片区联合研判组，组长单位为大同海关，副组长单位为朔州海关，强化和提升稽查高质量精准查发和综合处置能力。

【查缉走私】2022年，大同海关缉私分局强化专项打击，聚焦"国门利剑2022"总体目标和打击重点，研究制定辖区打私具体举措，重点打击"洋垃圾"、象牙等濒危物种及其制品、重点涉税商品、涉枪涉毒、农产品等走私行为，开展打击整治走私犯罪"百日行动"。强化全员打击，主要负责人落实打私"第一责任人"责任，全面部署打私工作，与各科室负责人签订打私工作责任书；年内缉私分局与海关业务科室召开业务联系、座谈会15次，协同走访辖区企业6次。强化综合治理，推动落实大同市打击走私综合治理联络员制度，将打私触角延伸到县、区基层，全年2次召开全市联络员会议，缉私分局联合各成员单位开展打击枪爆犯罪专项行动，联合印发4个实施方案；组织开展禁毒宣传活动；开展打击虚开骗税违法犯罪和清理整顿卷烟市场打击涉烟违法犯罪专项行动；开展打私医疗美容服务专项整治；联合开展反走私宣传。年内与各成员单位召开座谈、联合调研、联合宣传等活动30多次，开展反走私"五进"主题宣传活动11次，宣传覆盖4300多人次。

【对外开放平台建设】2022年，大同海关助力中国（大同）跨境电子商务综合试验区建设，印发《大同海关促进大同市外贸保稳提质16条措施》《大同海关关于成立促进跨境电商发展工作专班的通知》《大同海关促进大同市跨境电商发展措施》支持发展；建立工作专班，多次实地调研跨商货物仓库及跨商企业，了解企业发展需求，开展政策宣讲，帮助企业备案为跨境电子商务企业，设立跨境电商网购保税进口电子账册并"一对一"指导企业规范申报；专人对接国药集团威奇达药业有限公司和天镇县博诚蔬菜有限责任公司等大同市龙头企业，发挥示范效应，提升跨境电子商务贸易额；推动大同国际陆港保税物流中心

▲2022年7月6日，大同海关向大同市第二家海关高级认证企业颁发证书　（郭文静　摄）

（B型）跨境电商网购保税进口业务（"1210"模式）开展，协助相关企业对接太原海关监管部门、科技部门，掌握查验场地建设要求、查验软件系统配置、查验数据安全管理等相关要求，助力分拣线实现海关作业系统"网通"、视频监控安全防范"无盲区、全覆盖"，分拣线于2022年5月顺利建成并投入使用。年底，大同市"1210"进口模式、"9710"出口、"9810"出口海外仓模式等业务均已开展。帮助大同国际陆港保税物流中心（B型）拓展业务，推动因资金周转困难、影响生产扩线的重点纺织企业和货源短缺、"中心"仓库长时间闲置的大同国际陆港保税物流中心（B型）达成合作共识并签订协议，为大同市外贸发展和海关业务提供新增长点。年内，经大同国际陆港保税物流中心（B型）进口的原羊毛达2550吨，是一般贸易进口羊毛量的2倍，大幅降低企业缴税和货款负担，实现物流中心运营企业和毛纺生产企业的"双赢"。

【政务管理】2022年，大同海关正式发文103份。未收到依申请公开信息，未发生因政府信息公开被信息申请人申请行政复议、提起行政诉讼的情况。信息宣传工作稳步推进，宣传稿件被省部级以上媒体采用30篇。

【财务管理】2022年，大同海关全面加强经费管理，进一步落实"过紧日子"要求，优化报销审批程序，确保每一笔经费都能用到实处。加强预算管理，提高预算执行率；加强决算管理。开展财务管理专项大检查自查工作，共查摆财务问题30个，年内已全部整改完成。

【督察内审】2021年12月20日—24日，太原海关审计工作组对大同海关开展经济责任审计。年内，大同海关主动认领审计查发的16个问题，细化制定整改措施33条，已全部整改完成。

2022年，大同海关加强内控建设，召开内控工作例会4次，开展、参加内控工作培训2次；落实内控通报机制，定期通报评估HLS2017内控平台应用情况和绩效，建立落实"工作通报考评"工作机制；制定制度规范，推动内部管理制度的立、改、废工作。大同海关办公室被评为太原海关关区"内控示范科室"。

【"四强"党支部建设】2022年，大同海关深化拓展"强基提质工程"，推进基层党建"双提升"行动，争创"政治功能强、支部班子强、党员队伍强、作用发挥强"的"四强党支部"。11月，大同海关综合业务科党支部被评为太原海关"四强"党支部。

【安全生产】2022年，大同海关制定《大同海关安全生产职责清单》，建立"关科岗"三级安全生产责任制，一级抓一级，层层抓落实；制订《大同海关安全生产大检查工作方案》，深入排查安全隐患，落实岗位每日自查、科长定期巡查、关长经常抽查机制，全面压实安全生产责任。年内开展安全检查工作12次，排查安全隐患4项，其中3项整改完成，1项持续整改中。

【跨商网购保税进口"1210"模式落地】2022年6月9日，大同海关为辖区一家跨境电商企业顺利开设大同市首份跨境电商网购保税进口电子账册，标志着跨境电商网购保税进口"1210"模式正式在大同跨境电商综试区落地实施。

【培育全国毛纺行业首家AEO高级认证企业】2022年，大同海关协助太原海关企业管理和稽查处对大同承接东部产业转移的中银纺织公司开展信用培育，帮助企业提升内部控制、财务状况、守法规范、贸易安全等管理水平。7月6日，太原海关为大同市中银纺织科技有限公司颁发AEO高级认证企业证书，这标志着我国毛纺行业首家AEO高级认证企业落地山西。

【首次进口高风险非食用动物产品】2022年，大同海关主动牵线搭建沟通平台，召集政府有关部门、银行、企业等单位会商，解决大同国际陆港保税物流中心（B型）缺乏进出口货源、大同市毛纺企业资金周转压力大等难题。3月4日，大同国际陆港保税物流中心（B型）进口羊毛重40吨，首次成功实现太原海关高风险非食用动物产品进口。

【知识产权海关保护企业备案】2022年，大同海关加强知识产权海关保护，指导一家出口石墨电极企业在总署知识产权海关保护备案子系统完成备案。

【助力大同农业国际贸易经验在全国推广】2022年，大同海关围绕贯彻落实《国家乡村产业振兴战略规划》和山西省"南果中粮北肉"布局，以小杂粮为重点优势产品，与天镇县政府及农业部门开展深入合作，发挥天镇县国家级小杂粮质量安全示范区的示范引领作用，推动当地小杂粮规模化、标准化发展。山西天镇县通航粮贸有限公司联合体成为山西省2022年唯一入选农业农村部"农业国际贸易高质量发展基地建设案例"的企业，其成绩和经验将在全国推广。

【农产品新增出口】2022年2月28日，大同海关保障500箱货值6.75万元的冷冻黄花出口至加拿大，实现辖区冷冻黄花菜首次出口；4月24日，共800箱货值16.8万美元的干黄花出口至日本东京，实现山西省干黄花菜产品首次出口日本。9月20日，天镇博诚蔬菜有限责任公司2吨脱水黄洋葱装车出口日本，实现大同市首次出口脱水黄洋葱。

【大同市首家RCEP项下经核准出口商通过认定】2022年，大同海关持续宣讲RCEP项下关税减让和原产地规则，把便民利企保稳提质措施"点对点"送到企业，6月17日，由大同海关推荐，经太原海关审核认定，AEO高级认证企业国药集团威奇达药业有限公司成为山西省第三家、大同市首家经核准出口商。

撰稿人

王凌云

临汾海关

【概况】临汾海关是隶属于太原海关的正处级海关，其前身为2002年设立的侯马海关，2019年1月22日更名挂牌，辖区范围为临汾市，主要承担卫生检疫、动植物检验检疫、进出口商品检验、进出口食品安全监管、征收关税和其他税费、查缉走私、编制海关统计等工作职责，下设办公室、综合业务科、查检科、保税监管科4个科室。

2022年，临汾海关以习近平新时代中国特色社会主义思想为指导，以迎接党的二十大胜利召开和学习、宣传、贯彻党的二十大精神为主线，贯彻党中央"疫情要防住、经济要稳住、发展要安全"工作精神，落实总署、太原海关和山西省委省政府、临汾市委市政府的各项工作部署和安排，践行铸忠诚、担使命、守国门、促发展、齐奋斗的工作要求，统筹疫情防控和外贸稳增长，统筹发展和安全，年内各项工作有序推进，取得明显成效。

经统计，2022年1—12月份临汾市实现外贸进出口总值27.2亿元，在全省11个地市中排名第7位。2022年，临汾市进出口贸易企业数共58家，贸易国家（地区）增加到84个，进出口产品种类共154种，机电产品出口、铁矿砂进口均实现大幅增长，同比分别增长14.2%、5.1倍，"一带一路"共建国家（地区）进出口总值快速增长，同比增长59.1%。年内共受理报关单1146票，同比增长4.9%；税收入库764.0万元，同比下降62.6%；检验检疫出入境货物218批，同比下降35.5%，货值5059.6万元，同比下降69.2%；签发各类原产地证书1743份；实有备案企业386家，同比增长14.2%。

年内，临汾海关获评"精

▲临汾海关办公楼　（陈丽雪　摄）

品海关"建设先进集体,"奋楫者先"党支部继续被授予全国海关党建示范(培育)品牌,临汾海关连续获评省级文明单位和省直文明标兵单位,被国家机关事务管理局、中共中央直属机关事务管理局、国家发展和改革委员会、财政部联合授予"节约型机关"荣誉称号。

【基层组织建设】2022年,临汾海关党总支下辖办公室党支部、综合业务科党支部、查检科党支部、保税监管科党支部4个科室支部,党员19人。围绕总支"领航舰"党建品牌,打造办公室"笃行致远"、综合业务科"奋楫者先"、查检科"亮剑护航"、保税监管科"扬帆先锋"4个子品牌,形成一轴四极党建布局。

【党的建设】2022年,临汾海关扎实开展政治机关专项教育活动,履行主体责任,确保学习提高、查找问题、整改落实、拓展巩固各个环节落实到位。先后通过关务会、形势分析例会等形式部署专项教育工作29次。制订《开展捍卫"两个确立"、做到"两个维护"、强化政治机关建设专项教育活动实施方案》,明确各阶段工作任务和学习安排,确定责任部门及完成时限,确保按进度按要求完成规定动作。成立专项教育领导小组,明确由主要领导亲自抓、分管领导具体抓的工作机制,主要负责同志履行第一责任人职责,靠前指挥,带头示范;班子成员认真履行"一岗双责",抓好分管领域的专项教育活动,确保专项教育活动稳步推进。

建立完善党委会及时学、中心组(扩大)深入学、形势分析例会贯通学、党支部常态学、党员干部及时主动学的学习架构,开展政治理论学习共37次,各科室支部围绕"正确认识政治与业务的关系"开展专题研讨共计4次,结合业务实际开展学习研讨共计12次,开展党员集体学习共计27次,开展党课宣讲共计8次,开展主题党日活动共计24次。成立青年理论学习小组,结合中国共产主义青年团成立100周年,组织开展"青年跟党走、建功新时代——强化政治机关建设"青年干部职工学习研讨会。以庆祝中国共产党成立101周年为契机,开展党员共忆初心、重温入党誓词、社区联合党日、参观"翰墨颂党恩"书画展、到红色教育基地体验学习、"清廉侯马"签约等系列活动,党委书记和各支部书记围绕"走好第一方阵 我为二十大做贡献"为党员讲专题党课,推动全体党员持续把讲政治从外部要求转化为思想自觉和行动自觉。

推进党风廉政建设和反腐败斗争。落实总署"清廉海关"建设部署要求,一体推进"三不腐",扎实开展"五廉临关"建设;坚持责任传导,党委履行党风廉政建设主体责

▲临汾海关党委班子　(陈丽雪　摄)

任，党委书记承担起第一责任人的职责，全面落实党风廉政建设责任制，不断推动党风廉政建设和反腐败工作走深走实。年内召开党风廉政建设会议4次，开展集体提醒谈话2次，14人次。

【意识形态工作】2022年，临汾海关专题学习习近平总书记关于意识形态工作的重要论述，旗帜鲜明坚持党管宣传、党管意识形态，强化正向引领，营造清朗的网络空间，发挥斗争精神，确保临汾海关意识形态工作向上向好的总体态势。年内专题研究意识形态工作2次，向太原海关党委汇报1次。

【队伍管理】2022年，临汾海关贯彻落实党管干部原则，选人用人突出政治标准，配合太原海关党委，完成1名副处级领导干部选任，1名四级高级主办的选任；推动临汾海关超编和二级主办职数超配情况扭转，年内完成科级领导干部选拔任用2人次，一级主办晋升2人次，科长转正1人次，副科长转正1人次，推荐1名年轻同志到武宿海关交流任职，同时注重提升干部业务素质，6名同志获得危险化学品监管相关资质。

【法治建设】2022年，临汾海关坚持严守国门安全，深化依法把关，营造依法监管从严把关法治环境。组织开展"弘扬宪法精神 推进国家治理体系和治理能力现代化"法治专题讲座，邀请市委党校专家讲授"习近平总书记关于法治建设的重要论述"，组织开展"国家宪法日"主题宣传活动，在室外人流集中地点向群众开展法治宣贯，散发彩页、接受现场咨询，现场接受咨询100余人次，散发彩页200余张。聘请法律顾问，对执法、合同事项进行法律指导，确保实现法无授权不可为，法定职责必须为。

【业务改革与发展】2022年，临汾海关持续推行"提前申报""两步申报""先放行后改单""多证合一""24小时预约通关"等举措，引导和帮助企业用足用好政策；开展报关单规范申报筛查工作，指导企业规范申报。召开促进外贸保稳提质座谈会，细化制定落实促进外贸保稳提质16条具体措施，"一企一策一专员"助企纾困，服务临汾市外贸发展。加强与政府相关部门的协调配合，与临汾市商务局签订全面深化合作备忘录，与曲沃县政府、吉县果业局等部门开展座谈，就优化临汾外贸发展达成共识，为有力有效服务临汾市外向型经济融入国内国际双循环注入新的活力。

【特殊监管区域管理】2022年，临汾海关跟进服务临汾（侯马）综保区申建工作，开展申建评估，向政府解读《综

▲2022年1月4日，临汾海关举行升旗仪式　（相小曼　摄）

▲2022年4月22日，临汾海关联合侯马市市场监督管理局及侯马市公安局开展知识产权集中宣传 （潘婕 摄）

合保税区设立指标评估体系》指标情况，分享综保区政策学习资讯共15次；成立综保区政策业务咨询小组，专门解答业务问题。稳步推进方略保税物流中心迁址工作，配合太原海关新址建设和验收工作专班，督促企业建设新址。年内，卡口设施、隔离设施、查验平台、监管仓库建设、信息化设施已基本完成。

【风险管理】2022年，临汾海关重点关注涉检业务、重点行业、敏感商品风险，通过各种渠道主动发现辖区企业存在的风险并作出相应处理；整改巡视整改及业务专项大检查排查出的风险隐患，按规定进行整改；指定专人做好税收征管指标监控、加强属地纳税人管理及税收风险信息收集报送，充分利用HLS2017内控平台、可视化监控平台等系统加大风险分析力度，完成年内考核指标。

【原产地管理】2022年，临汾海关有序推进RCEP相关工作，开展RCEP政策预期应用情况摸底，收集问题和建议，反馈RCEP实施以来的情况；与重点企业开展一对一座谈，为企业分析对比不同优惠贸易协定下关税减让及原产地规则，鼓励企业根据实际需求择优适用RCEP及其他已签订的各类优惠贸易协定。年内，新增产地证备案企业6家，新增产品5项，签发原产地证书1743份，其中RCEP原产地证书14份，助力出口企业享受相应关税减免待遇。山西华翔集团股份有限公司成为山西省首家经核准出口商，自主出具RCEP原产地声明18份，涉及货值42.6万美元。

【动植物检疫】2022年，临汾海关加强象牙等濒危物种及其产品、固体废物进境监管，严厉打击禁止"洋垃圾"入境；参加动植物检疫和外来入侵物种普查技能培训，赴方略保税物流中心（B型）及中储粮洪洞直属库开展外来入侵物种实地踏查；开展国门生物安全宣传活动，加大进境货物查验力度，严防非洲猪瘟等重大动植物疫情疫病传入传出；开展临汾海关"国门绿盾2022"专项

▲2022年5月31日，临汾海关查检科开展国门生物安全检测悬挂诱捕器 （秦旭 摄）

行动,制订《临汾海关严防动植物疫情疫病传入和外来物种入侵"国门绿盾2022"行动方案》,严防动植物疫情疫病及其他禁止进境物传入;开展国门有害生物监测,在辖区2个县区的132个监测点开展监测工作,防范外来生物入侵和重大动植物疫情传播;主动收集境内外植物疫情动态信息,年内共收集报送境外动植物疫情动态信息59条,其中31条被采用。

【商品检验】2022年,临汾海关开展"口岸危险品综合治理"百日专项行动工作。坚持以严治乱、以快防患、依规履职、综合治理的原则,全面落实《临汾海关"口岸危险品综合治理"百日专项行动实施方案》工作要求。严抓"源头"治理,动态更新辖区进出口危化品库、进出口危险化学品生产经营企业库,排查高风险企业和"影子"商品,坚决防止危化品伪瞒报行为发生。与运城海关推动联合试点划片执法协作改革,形成执法合力。全面强化进出口危险品检验监管。一方面,严格落实出口危险化学品100%查验要求,加大不合格查发力度,年内检出出口危险化学品不合格3批,检出不合格率达23%;另一方面,严格落实进口危险化学品检验模式改革要求,强化进口危险化学品目的地检验工作,确保守住安全底线。年内辖区出口危险品及其包装41批,同比增长5%。严格落实进出口商品检验监管工作任务,不断加强辖区内进出口商品质量安全风险预警工作,查发进出口商品检验不合格批次4批,上报4条进出口商品风险信息。

【统计分析及政策研究】2022年,临汾海关发挥海关统计职能,定期开展进出口情况分析,提升分析研判能力,向临汾市政府报送临汾关情9期分析山西省贸易、醋业出口等政府关注数据,向政府建言献策;撰写全国能源监测预警分析6篇,被总署采用;完成政府约稿3篇——《临汾市2021年铸件类企业出口存在困难问题及对策》《外贸企业面临困难问题及意见建议》《临汾市进出口形势分析及走势研判》;参加全球监测预警小组工作1次;参与撰写署级课题2个、关级课题3个。

【查缉走私】2022年,临汾海关扎实开展"国门利剑2022"联合专项行动,推动临汾市政府成立打击走私综合治理办公室;参与开展第一届全国大学生反走私创作大赛和反走私"五进"宣传活动,营造全社会关注反走私工作的良好氛围。

【政务管理】2022年,临汾海关坚持"精品"理念,提升办文办会质效,组织召开党委会15次、党委理论学习中心组扩大学习会12次,关务例会45次、外贸形势分析会5次,年内收文2312份,发文67份,印发红头文件36份,会议纪要32期;信息宣传工作大幅

▲2022年7月27日,汾西县某公司向临汾海关赠送锦旗 (秦旭 摄)

提升，总分排名关区第三，年内完成1期工作交流、2篇总署政工网工作简报，在《山西日报》《山西经济日报》《中国国门时报》等主流媒体发表各类工作信息9篇，展示临汾海关形象、营造良好舆论氛围；按时完成2021年度文书档案的收集、整理、归档工作，整理档案共计3盒66件，其中永久1盒27件，30年1盒12件，10年1盒27件。

【财务预算管理】2022年临汾海关强化预算绩效管理，圆满完成财政预算"一上、二上"编报；坚持"过紧日子"，加强预算执行刚性约束，提高资金使用效益，每季度开展数据评估。全面推进节约型机关创建工作，被国家有关部委授予"节约型机关"荣誉称号。

【科技发展】2022年，临汾海关围绕HLS2017内控平台、单兵设备的实操应用等开展信息化应用能力提升活动，增强执法科技支撑能力和规范化水平。结合工作实际新建内控节点20个，应用内控节点关联处置联系单41份。HLS2017内控平台授权人数6人，人均使用天数42天，处置异常数据量238条，有效数232条。持续强化检测品牌建设，助力海关实验室平台作用发挥，检测能力达到3300余项。年内完成4123批次28847项检测任务，服务辖区生产企业保证食品质量安全、保障老百姓"餐桌上的安全"，为海关执法把关和服务地方检测提供有力的技术保障。

撰稿人

相小曼

运城海关

【概况】运城海关于 2016 年 3 月 31 日建关，辖区范围为运城市（稽查业务辖区为运城、临汾），是太原海关党委第三派驻纪检组派驻监督单位。下设办公室、综合业务科、查检科、稽查科、旅检科，另有太原海关技术中心（运城分中心）。

2022 年，运城海关坚定不移以习近平新时代中国特色社会主义思想为指导，深入学习宣传贯彻党的二十大精神，坚决落实习近平总书记重要指示批示精神，认真贯彻上级决策部署，围绕"铸忠诚、担使命、守国门、促发展、齐奋斗"要求，积极践行"求实、扎实、朴实"海关文化，旗帜鲜明讲政治，攻坚克难求突破，砥砺奋进勇争先，较好完成年度工作任务。

2022 年，运城海关先后获得第四批社会主义核心价值观建设示范点称号，获得太原海关"'精品海关'建设先进集体"称号，获得山西省直机关精神文明建设委员会"2021 年度省直文明单位标兵"称号，被国家机关事务管理局、中共中央直属机关事务管理局、国家发展和改革委员会、财政部联合授予"节约型机关"称号。运城海关综合业务科党支部"南风之窗"党建品牌获得中共海关总署委员会"2022 年度全国海关党建培育品牌"，获得太原海关"四强"党支部称号。

【党的建设】2022 年，运城海关学习贯彻习近平新时代中国特色社会主义思想，认真落实"第一议题"制度，年内组织"第一议题"学习 53 次，系统全面学习习近平总书记重要讲话和重要指示批示精神、《习近平谈治国理政》第四卷等。学习宣传贯彻党的二十大精神，党总支以及各支部制订《关于认真学习宣传贯彻党的二十大精神的工作计划》，党委示范引领先学、深学，开展

▲运城海关办公楼　（高洋　摄）

交流研讨。通过线上观看、"三会一课"、"每日晨诵"、开展专题测试等多样方式，提升学习质效。以点带面，紧密结合辖区实际，研讨如何发挥海关职能优势，提升通关便利，推动航空口岸开放平台建设，优化营商环境，做到学思践悟、融会贯通。运城海关研究制订《运城海关开展捍卫"两个确立"、做到"两个维护"、强化政治机关建设专项教育活动实施方案》，涵盖4个阶段13项工作任务。统筹运用多种学习方式，准确把握党中央关于政治机关建设的具体要求，对照"四个是否"深入剖析问题风险，排查梳理出5个方面6条问题，制定整改措施18项，以较真碰硬的态度抓好整改，所有问题均已整改完毕。运城海关巩固拓展基层党组织规范化建设专项整治成果，党总支开展换届选举，办公室、查检科党支部增补选支部书记。开展基层党建"双提升"行动，查检科党支部书记与太原海关其他基层科室党支部书记（一线科长）进行交流研讨；旅检科党支部基于人员分散、多批次支援机场实际，创新线上学习形式，保证"党建不断档、工作不断档"。

▲运城海关党委班子　（高洋　摄）

强化党建品牌建设，党总支、综合业务科党支部开展年度"四强"党支部自评申报工作，获得太原海关"四强"党支部称号；稽查科党支部以"顺势、借势、乘势"三步深入筑基工程，推动支部建设全面过硬；办公室党支部通过"每日晨诵"开展《习近平谈治国理政》第四卷专题学习。多形式多载体组织开展学雷锋志愿服务、植树节、五四青年朗诵、缅怀革命先烈、全民阅读等主题活动。通过"三会一课"、主题党日活动等持续开展思想道德和党纪国法教育，加强海关廉政文化建设，营造尊廉崇廉敬廉的浓厚氛围。坚持廉政教育日学习制度，开展警示教育月活动，以发生在身边的违纪违法案例为反面教材，引导党员干部知敬畏、存戒惧、守底线。推进"内务规范强化月""警示教育月"活动，开展内务督查和考核评比，形成"抓在日常、严在平时"长效机制。通过日常谈心谈话、发放调查问卷等方式及时掌握党员思想动态，运用监督执纪"四种形态"，年内开展提醒谈话10人次。

【疫情防控和外贸稳增长】2022年，运城海关提高政治站位，及时传达学习上级有关精神，同步优化调整内部疫情防控措施，完善应急指挥体系，细化应急预案，开展应急演练，科学精准做好人员、场所、物资管理，加强教育引导督促干部职工当好自己健康的第一责任人。开展防疫物资库专项检查12次，建立健全台账16册。加强进口冷链食品、进口高风险非冷链集装箱货物等重点领域工作，牵头制订《运城市进口高风险非冷链集装箱货物检测和预防性消毒及从业人员健康管理工作方案》，组织开展桌面推演。持续派员支援太原机场海关分流航班监管工作。疫情防控工作得到总署"百名科长百日督查"督查组的肯定。2022年10月运城市静默管理期间，运城海关第一时间启动应急预案，主要关领导带头值班值守、抽调业务骨干24小时在岗备勤，业务不断、秩序不乱；主动对接辖区企业困难和诉求，通过关企微信群、远程视频查验、开辟农产品绿色通道等方式保障监管通关业务运行，外贸出口"不断档"。开展"察实情、鼓实劲、办实事"活动，从贯彻落实省委省政府专项任务及重点交办工作、深化政关企合作、保障产业链供应链安全、支持国际物流通道建设、支持打造高水平对外开放平台、深化通关便利化改革、升级惠企便民服务7个方面制定《运城海关促进运城市外贸保稳提质20条措施》。精准确定"三重企业"9家，关领导送政策上门，切实推行"问题清零"。

▲2022年1月4日，运城海关举行升旗仪式 （高洋 摄）

免除14家水果包装厂、39家果园提供无污染源证明材料，采信企业承诺书，从简从速办理手续，提升进出口农食产品备案效率。面向辖区82家果品出口企业开展业务培训，开通鲜活易腐农食产品属地查检绿色通道。利用关企微信群发布政策解读364条、解答企业疑问284次。

【"海关重点项目和财物管理以权谋私"专项整治】2022年，运城海关明确重点项目23项，对照重点问题清单，梳理排查问题3个，认真研判廉政风险；组织19人按时完成个人违规事项申报和个人剖析材料撰写，汇总报送，同时做好问题清单、廉政风险清单汇总报送工作；与第三派驻纪检组建立联络对接机制，联合召开宣传动员推进会议，配合做好完成资料查询、谈心谈话、座谈了解、问卷调查等工作，坚决扛起管党治党主体责任。

【巡视巡察整改】2022年，运城海关按照太原海关党委"上下联动、举一反三"工作要求，结合巡视整改"回头看"、"学查改"、专项整治、督察审计等事项，全面建立检查责任制，严格按照"六对照、六查找"要求，扎实开展业务和财务管理大检查工作。围绕7个方面重点检查内容，对照检查重点指南，累计查阅数据5500余条、及单证、账册、案卷4300余份，共发现问题47个，其中业务领域31个、财务领域16个；年内已整改46个，其余1项为历史遗留问题，正在协调解决。

【安全生产工作】2022年，运城海关安全生产工作领导小组及时传达习近平总书记关于安全生产重要指示批示精神，建立安全生产职责清单，覆盖"处科岗"三级23个岗位113项职责。修订完善《运城海关安全生产工作会议制度》等7项制度并汇编成册，开展"安全生产大家谈"主题党日和警示教育活动，探索总结形成三级责任制为核心、六查为抓手、零事故为目标的"360"工作法，全面压实安全生产责任。推进安全生产专项整治三年行动，聚焦9个重点领域开展安全生产大检查，深入开展"安全生产月"和"口岸危险品综合治理"百日专项行动，严格落实出口危险货物及其包装"产地检验、口岸查验"要求，防范遏制危险品伪瞒报行为，坚决守护国门安全。

【干部队伍建设】2022年，运城海关充分发挥党委"把方向、管大局、保落实"作用，修订完善《中共运城海关委员会工作规则》，落实重大事项请示报告制度，及时向太原海关党委报告党委委员分工情况。及时调整保密委员会、安全生产工作领导小组、统筹口岸疫情防控和促进外贸稳增长工作指挥部成员。完成5名副科级领导干部转正任职、6人次岗位调整，配合人教处完成8人次干部调动。加大教育培训力度，开办7期"运关大讲堂"，学用考结合提升业务水平和执法能力。按照"能考尽考"原则和"一专多能"要求，全体关员取得各业务条线岗位资质15种，总计93人次。修订完善运城海关执法领域、非执法领域岗位操作手册，增加政治标准和政治要求，结合历次检查查发的问题列明岗位易发问题和风险隐患。

【业务改革与发展】2022年，运城市进出口总值112.5亿元，位居全省第2位，增速居全省第1位。开展优化属地查检工作课题研究，针对性解决属地查检业务点多、面广、外勤任务重与人力资源紧缺的突出矛盾，对照课题目标要求，制订任务分工和推进计划，进行数据分析和政企调研，研究如何通过科技赋能、业务整合和制度创新，提升属地查检工作质效，形成阶段性报告成果《科技手段支持查检业务的企业预约和海关任务派单，提高属地查检工作效率》。推进属地查检业务改革课题成果转化，全面参与属地查检"互联网+"作业试点，科技赋能现场查验助推快查快放。联合运城市果业发展中心，研究开发"一站式出口报检预约平台"，借助科技手段实现线上预约、随机派员、路线规划、自动提

▲2022年8月2日，运城海关与运城出入境边防检查站签订口岸安保合作协议书
（高洋　摄）

醒、标准发布等功能。整合优化企业查验诉求，落实"双随机"派员，并公开查验信息，确保管得住、放得快。

参与署级课题1项"海关数据安全管理机制研究"、完成关级课题3项"RCEP框架下山西省开放发展新格局的构建研究""从一瓶果汁出口映射新形势下进出口食品安全监管""从出口水果监管谈属地查检业务存在问题及对策"。

【特殊监管区域管理】2022年，运城海关积极支持运城保税物流中心（B型）申建工作，充分解读保税物流中心建设标准、入驻企业条件、国家优惠举措，多次与职能部门联系协调、实地查看指导，支持运城做大做强国际物流产业，带动、辐射周边产业链延伸。通过政策解读、专题培训、企业座谈、部门联动等方式，助推建立立足运城、服务全省、辐射黄河"金三角"的跨境电子商务发展格局，2022年11月，国务院正式批复同意设立运城跨境电子商务综合试验区。

【关税征管】2022年，运城海关加强税收形势研判和风险严控，征收"两税"合计9328.16万元，同比增长44.9%。办理原产地签证1280份，货值1.5

▲2022年6月17日，运城海关关员对出口危险化学品进行检验监管　（高洋　摄）

亿美元，同比分别增长14.8%、33.4%。1月1日签发山西省首份RCEP证书，年内累计签发RCEP证书190份，货值2829.8万美元。充分发挥减免税政策激励作用，支持先进技术设备和零部件进口，减免关税、增值税合计1601.1万元。

【检验检疫】2022年，运城海关开展外来入侵物种普查、国门生物安全监测，布点154个；强化日常监管，开展进口食品"国门守护"行动，防范化解进口食品安全风险；明确进出口商品监管重点，查发不合格情事18起，已进行有效

▲2022年8月10日，运城海关在出口葡萄果园开展田间监管　（高洋　摄）

处置。扶持新的农产品出口，充分发挥职能优势，成立工作专班，实行"一对一"上门服务，指导企业强化自检自控能力，提升产品质量，整理更新包含28个国家或地区的44份检验检疫标准要求的《出口水果检验检疫要求汇编》，督促企业按要求生产。依托太原海关技术中心的国家温带果蔬检疫重点实验室（运城），指导企业做好新产品第三方检测工作，从源头保证产品质量。2022年新增苹果浆、香椿、红枣汁、山楂汁、苹果汁、葡萄罐头、梨罐头7种产品代表山西首次出口。水果出口国家和地区累计76个，品种累计13种。大幅出口中药材助力抗疫，助推运城仁果、核果类水果恢复出口俄罗斯。

【口岸监管】2022年1月，运城机场航空口岸接受省级预验收组实地查看口岸改扩建工程建设情况、设施设备配置情况，现场检验口岸通关保障能力，征求联检单位各方意见——省级预验收工作组同意运城机场航空口岸对外开放，并要求做好向国家申报正式验收准备。积极督促协调相关部门进行整改，持续推进仪器设施设备安装调试，加强培训、完善制度，基本满足正式开放验收条件。开展口岸监管环节突发恐怖事件应急处置演练，实地进行核辐射监测报警模拟的处置演练和发现疑似枪爆物的模拟处置演练，有效提高口岸一线人员反恐意识及反恐经验。

【企业管理和稽核查】2022年，运城海关新增备案企业同比增长90.6%，通过"多证合一"进行备案的企业占比72.83%。办结稽查作业5起，稽查查发率100%，同比增长37.5%。接收并办结核查指令41起，同比增长36.67%；查发问题作业31起，查发率75.61%。构建稽查"数据大、分析强"的格局，与临汾海关签订《晋南片区稽查改革工作联合研判机制（试行）》，累计接收风险线索2条，风险线索转化率50%。拓宽对外信息获取渠道，与外汇管理局临汾市中心支局建立长效联系协作机制，调取临汾市进出口企业收付汇数据231条，涉及企业13家，为摸清临汾市存疑企业底数、掌握相关及风险点提供了参考，实现了跨部门优势互补和良性互动，不断提升稽查工作的查发能力和水平。参与总署核查事项和标准化作业表优化等集中工作。

【全员打私】2022年，运城海关深入推进打击走私"国门利剑2022"联合行动。严厉打击"洋垃圾"走私，扩大稽查线索来源。持续强化全员打私整体合力，实现全链条打击。推进更高水平平安山西建设，推进运城市政府成立打私办，为山西省内第5个市级打私办。

【政务管理】2022年，运城海关落实精文简会部署，提高办文办会办事水平。年内发文22份，通知16篇，收文HB 3258份、纸质137份，用印366次。组织召开党委会15次，党委理论学习中心组学习14次，外贸形势分析会12次，关务会24次，党总支会议12次，安全生产领导小组会6次，廉政形势分析会4次。加强调查研究，聚焦重点工作、重大改革，拓展新闻宣传的深度和广度，提升信息报送质效，妥善做好舆情应对处置。年内，《山西日报》《山西经济日报》采编23篇，《山西新闻联播》采用1篇，总署门户类网站采用2篇，新媒体类采用5篇。

【督察审计自查自纠】2022年，运城海关按照总署以及太原海关党委部署安排，聚焦业务执法和内部管理领域潜在的问题风险，坚持以点带面、查改并举，排查梳理风险涉及20个领域、320条风险，共发现问题18项，均已整改完毕。

【内控建设】2022年，运城海关严格实行内控节点分级管理，加强岗位、业务与对应风险识别的准确性，结合工作实际新建内控节点5个，实现署级—关级—隶属级三级全覆盖。强化节点刚性执行，应用内控节点关联处置联系单51份，录入节点台账查发问题6个。HLS2017内控平台累计授权人数9人，人均使用天数47.89天；警示风险移出率100%、审核率100%；共制发处置联系单52份；处置异常数据量250条，有效数238条，有效率95.2%。在日常执法、管理过程中加强内控机制建设，持续规范权力运行，形成风险"排查—研判—处置—反馈"闭合回路。运城海关办公室被评为太原海关"内控示范科室"，并被择优推荐参加全国海关"内控示范科室"创建评选。

撰稿人

申梦童

晋城海关

【概况】晋城海关建于2016年10月9日，管辖范围为晋城市，是党委第四派驻纪检组派驻监督单位，下设办公室、综合业务科、查检科、稽查科；监管辖区内进出境的运输工具、货物、人员、行李物品、邮递物品和其他物品，承担卫生检疫、动植物检验检疫、进出口商品检验、进出口食品安全监管工作，征收关税和其他税费，查缉走私，编制海关统计等职责。

▲晋城海关办公楼　（赵宇桐　摄）

【党的建设】2022年，晋城海关在太原海关党委的正确领导下，按照太原海关工作会议暨全面从严治党工作会议安排部署，深入学习贯彻习近平新时代中国特色社会主义思想和党的二十大精神，坚持以党的政治建设为统领，增强"四个意识"、坚定"四个自信"、做到"两个维护"，坚持不懈把全面从严治党向纵深推进，为晋城海关各项工作取得新进展、获得新成效提供有力的政治保证和纪律保证。

晋城海关党总支坚决贯彻落实习近平总书记重要指示批示精神，全面深入学习宣传贯彻党的二十大精神。通过党委会、中心组学习会、外贸形势分析会组织开展"第一议题"学习35次。年内共开展党的二十大精神专题学习4次；制订党的二十大精神支部学习计划，各支部学习共12次；组织全体干部职工参加党的二十大精神应知应会知识测试、撰写心得体会文章、记录读书学习笔记，开展检查评比。

扎实开展政治机关建设专项教育活动和"学查改"专项工作。研究制订专项教育活动方案，召开专题会议3次；开展党委中心组专题学习4次，各党支部开展集体学习共计25次；对照"四个是否"深入剖析问题风险的思想根源，共排查梳理5方面9个问题，制定整改措施29条，均已整改完成。

▲晋城海关党委班子　（赵宇桐　摄）

【党风廉政建设】2022年，晋城海关认真落实全面从严治党工作责任制，细化职责分工，切实层层传导压力。严格落实中央八项规定及其实施细则精神，紧盯"关键少数"，推动处科两级领导干部自觉担当领导责任。依托"内控示范科室"建设、业务规范化建设和审计整改等工作，全面规范科室管理、加强岗位监督，通过制度和科技手段，深入防范管理风险、执法风险和廉政风险。开展党风廉政建设和反腐败工作，主动接受监督、积极配合监督，重要会议、重要工作及时报告党委第四派驻纪检组，共同研究加强党风廉政建设，按月上报全面从严治党工作开展情况。年内召开廉政形势分析会议4次，廉政学习会12次，观看廉政教育视频3次，在节假日等关键节点开展廉政警示教育，开展提醒谈话5人次，全体干部职工无违法违纪、酒驾醉驾等情事。

【巡视巡察整改】2022年，晋城海关统筹推进业务和财务大检查、"海关重点项目和财物管理以权谋私"专项整治和审计整改工作。业务和财务大检查78个问题已全部整改完毕；专项整治工作自查重点项目清单13项，对照廉政风险清单6个问题全面排查，未发现廉政问题；总署对太原海关审计中涉及晋城海关的5个问题，晋城海关关长离任审计提出的4方面10个问题，全部整改完毕。

【疫情防控】2022年，晋城海关加强疫情防控工作，从严从实从细落实各项疫情防控要求，召开专题会议5次，开展专项检查6次，应急演练1次，支援太原机场口岸疫情防控11人次；从严落实日常办公、出差出行、疫苗接种工作要求，安排3次静默管理时期的居家隔离、健康检测、应急值守工作。

▲2022年1月4日，晋城海关组织开展升旗仪式　（赵宇桐　摄）

【安全生产】2022年，晋城海关开展安全生产专项整治三年行动和平安山西建设专项行动，制定《晋城海关安全生产职责清单》等5项制度，明确"关、科、岗"三级责任。严格落实危化品批批查验，切实保障危化品安全监管；召开安全生产工作会议2次，开展企业安全生产现场工作会议2次，联合企业开展安全生产应急演练1次；以"四不两直"方式开展安全检查8次，排除办公楼外墙皮脱落、楼内用电及消防安全等隐患，有效防范安全生产事故发生。

【通关运行管理】2022年，晋城海关持续巩固压缩货物通关时间成果，进口整体通关时间12.41小时，居全省第4位，同比压缩40.45%，推行"互联网+"预约通关，受理企业节假日通关需求，进一步提高通关效率，年内共接受企业预约通关18次。

【知识产权海关保护】2022年，晋城海关开展知识产权宣传周和"知识产权保护调研暨送法进企业"主题党日活动，成功培育知识产权海关保护权利人1家。开展高认企业宣传推广，成功培育山西省第13家、晋城市第3家高级认证企业。

▲2022年11月7日，晋城海关向企业宣讲海关政策　（赵宇桐　摄）

【助企纾困】2022年，晋城海关制定《晋城海关促进外贸保稳提质13条措施》，入企宣讲调研，联合晋城市商务局深入调研35家重点外贸企业。建立《助企纾困问题清零结果清单》，针对企业急难愁盼的问题，因企施策，持续跟进问题解决进度。

【关税征管】2022年，晋城海关完成山西某科技实业有限公司进口铁矿砂补税工作。在太原海关党委领导和相关职能处室的指导下，完成该公司进口

▲2022年7月20日，晋城海关积极开展高级认证企业培育工作　（赵宇桐　摄）

铁矿砂补税工作。落实落细减免税政策，与综合业务二处专家联合指导晋城市光机电产业研究院了解进口设备减免税优惠政策，与南京市鼓楼区税务局、晋城经济技术开发区税务局、代理进口公司沟通，退还企业已征税款119.02万元。年内共出具征免税证明34票，减免税款1594.94万元。

【原产地管理】2022年，晋城海关宣传推广RCEP原产地政策，3月24日签发晋城市第一票RCEP原产地证书。年内签发各类原产地证书86份，货值437.43万美元，其中RCEP证书签发7份，货值22.38万美元。

【动植物检疫】2022年，晋城海关开展严防动植物疫情疫病传入和外来物种入侵"国门绿盾2022"行动、国门生物安全监测、外来入侵物种普查和防控工作。对进境粮食加工企业、保税物流中心进行外来入侵物种普查，采集外来物种并制作标本41样次。对木质包装加施企业开展日常监管4次，并受理行政审批延期申请1件。4月15日，开展国门生物安全宣传活动。开展境外疫情信息监控，总署采纳境外植物疫情信息7条、境外动物疫情信息2条。

【食品监管】2022年，晋城海关完成省抽计划3类产品、5批次、检测项目共计40项次，出口产品食品安全质量稳定。全面落实晋城市关于食品安全的相关要求，配合晋城市创建全国食品安全示范城市。

【商品检验】2022年，晋城海关货值同比上涨103%。组织2批次、6名关员参加总署进出口危险货物及其包装检验监管人员培训，通过率分别为75%、100%。

【监管查验】2022年，晋城海关开展进口目的地事中查验44次，货值901.3万美元。持续做好兰花保税物流中心（B型）卡口监控工作，年内运营平稳。

【卫生检疫】2022年，晋城海关开展进境B级特殊物品后续监管60批次。跟进指导企业生物安全控制体系运营管理，企业完善在进口B级特殊物品使用计划、实验记录、加工工艺、耗损比例、废弃物处置及销售情况等方面的记录表格。

【企业管理和稽核查】2022年，晋城海关实施市场主体倍增计划，新增备案86家，通过"多证合一"方式申请备案企业62家，占比72.1%，高于全国海关"多证合一"备案占比20%指标，大幅缩减备案申请材料，缩短企业备案时间和人力成本。

稳步开展海关稽查改革，制定《晋东南片区稽查改革工作联合研判机制（试行）》，组织召开联合研判会议3次。年内办结稽查作业5起，核查

▲2022年10月11日，晋城海关组织观看内务规范示范片　（赵宇桐　摄）

作业10起。办理"两简"案件5起。

【政务管理】2022年，晋城海关统筹推进政务管理各项事宜。严格按照规定收文发文，重视信息宣传工作，探索实行"科室轮值"制度，持续跟踪督办，坚决整治推诿扯皮情况；强化微信群日常管理。强化档案管理，派员赴太原海关办公室跟班作业，学习档案整理规范，夯实档案管理基础。推进信息宣传工作，4篇稿件被总署采用，信息宣传分数排名太原海关第9位，隶属海关第4位。

撰稿人

赵宇桐

坚持用制度管人管事。年内共修订制度11项，制定制度5项，涉及党委规范化建设、公有住房管理、办公用品采购管理、"三重一大"、安全生产等。

长治海关

【概况】长治海关于2019年9月20日正式开关，内设办公室、综合业务科、查检科等3个科室。2022年，在太原海关的正确领导下，长治海关坚持以习近平新时代中国特色社会主义思想为指导，以党的二十大精神为指引，对照"三实"工作要求，紧紧围绕"铸忠诚、担使命、守国门、促发展、齐奋斗"要求和"12个必"重点工作，立足工作实际，推进各项工作有序开展，取得良好成效。

2022年，长治市进出口总值14.8亿元，同比增长7.4%，高于全省整体增速24.1个百分点，进出口总值在全省11市中排名第9位，增速居第4位。其中，出口13.1亿元，同比增长4.1%；进口1.7亿元，同比增长40.8%。

【党建工作】2022年，长治海关坚持以党的政治建设为统领，全面推进党建工作标准化规范化。召开党委会和形势分析例会，坚持"第一议题"组织学习习近平总书记重要讲话和重要指示批示精神，年内组织党委理论学习中心组学习12次，各类研讨6次，撰写心得体会3次。动态调整疫情防控政策，做好物资储备；通过进校园、进企业、进社区、进市场、进村屯等方式，开展打击走私工作，充分发挥打击走私办公室的职能优势，在2021年全省平安治理考核中首次被评为Ⅰ类。制订强化政治机关建设专项教育实施方案，排查提出10项整改任务，明确到科、到岗、到人。坚持把"学查改"贯通起来，开展研讨2次。

抓好党的二十大学习，制定细化措施，层层落实责任。3个党支部提升支部品牌创建质量，建设支部阵地，分别总结提炼出夯基提质"三色"党支部、诚心向党"三加"党支部、进益求精"匠心"党支部等党建品牌。查检科党支部获

▲长治海关办公楼　（马艳芳　摄）

评太原海关"四强"党支部称号。14名党员定期开展交流学习心得，开展"过政治生日"、参观红色教育基地、"一起走进图书馆"等特色活动。每月召开支委会研究推进党建、业务、政务的具体工作。坚持支部书记、支部委员带头讲党课；建立党建工作交流群，坚持任务压给支部，责任压给委员，落实压给党员，督促压给书记。开展"入企巡讲——党员在行动"活动，深挖潜力企业，送政策、送技术、送信息，为企业出口保驾护航；再细化、再分解太原关稳外贸促增长25条措施中的18条，合并推出12条落实措施。

每半年研究一次清廉海关建设工作，每季度召开一次廉政形势分析会，分析研判廉政工作，细化分解廉政责任到每个领导、责任科室、责任人，形成责任网络。严格按要求填报领导干部报告个人有关事项，从严开展领导干部配偶、子女及其配偶从业行为等自查工作，加强因私出国（境）证照管理工作。以案释纪、以案释法，组织开展廉政教育主题党日活动。形成问题清单和廉政风险清单，结合财务和业务大检查排查出的38个风险点，

▲长治海关党委班子　（马艳芳　摄）

修改完善制度规则7项。

【宣传思想文化】2022年，长治海关党委会开展意识形态工作会议2次，开展关员思想动态分析4次。细化意识形态工作职责，发现问题隐患，提升舆论引导能力。关领导带头发动全体干部职工旗帜鲜明讲政治，守好舆论阵地。

【服务地方经济发展】2022年，长治海关推进太原海关与长治市政府"合作备忘录"签署，已经过市政府常务会议审议。完成实验室改造及电力扩容工程，满足辖区检验检测需求。承办太原关区首次出口危险化学品泄漏应急演练和安全生产现场会，总结提炼危险化学品检验"四齐八看"和"三三工作法"。完成山西规模最大的进口活动物隔离检疫。成功认证1家AEO高级认证企业，实现"零"的突破。定期向长治市政府汇报海关工作，开展外贸分析，报送海关专报。组建工作专班，编制太原海关首份《海关惠民利企政策汇编》，向进出口企业和政府相关部门发放宣讲。牵头设立长治市打击走私办公室，2021年度平安建设考核首次获评Ⅰ类。开展党史学习教育、"我为群众办实事"活动，制定的22项26条重点民生项目全部完成。完成西北侧围墙护坡的改造工程，消除安全隐患。

【干部队伍建设】2022年，长治海关严格执行《党政领导干部选拔任用工作条例》和《海关领导干部选拔任用工作实施细则》有关规定，组织开展选人用人工作，选拔任用正科级

▲2022年1月4日，长治海关举行升国旗仪式　（马艳芳　摄）

领导干部1人，科长交流轮岗1人，职级晋升2人。进行任前谈话、任前教育，用理论上武装干部队伍，加快关员适应角色转变。"一报告两评议"获得3个百分百满意。

【进出境植物检疫】2022年，长治海关开展"国门绿盾2022"专项行动。每月向动植检处上报进展情况，加强检疫防控工作，严厉打击非法夹带外来物种进境行为，严防动植物疫情疫病和外来物种及其他禁止进境物传入，保障农业生产安全、生物安全、生态安全及人民生命健康。开展外来入侵物种普查工作。组织学习《太原海关外来入侵物种普查和防控工作实施方案》，安排部署外来入侵物种普查及防控相关工作，推荐1名关员参加太原海关外来入侵物种普查专项工作组。组织监测人员对中央储备粮襄垣直属库有限公司开展杂草普查1次。开展国门生物安全监测。根据《太原海关2022年度国门生物安全监测方案（植物检疫部分）》要求，制订《长治海关2022年度国门生物安全监测实施方案》，按照方案要求，赴辖区相关蔬菜水果种植基地布检疫性实蝇监测点75个，规范进行虫害收集、鉴定、留存标本等工作，每月按时向动植处上报《国门生物安全监测和安全风险监控统计表》及《实蝇监测结果汇总表》。

【食品检验检疫】2022年，长治海关严格把控进出口食品安全，落实食品安全"四个最严"要求。制订《长治海关2022年度出口食品备案企业年度监管计划》，根据计划开展日常监管。根据《太原海关关于加强境外食品安全预警信息监测收集工作通知》要求，搜集上报境内外食品预警信息。根据太原海关《关于开展2022年度进出口食品、食用农产品、化妆品安全监督抽检和风

▲2022年11月12日，长治海关关员对出口食品原料养殖场备案实施现场审核（马艳芳　摄）

险监测计划的通知》要求，对辖区进出口食品开展监督抽检和风险监测工作，检测2类产品、2个样本数。

【商品检验】2022年，长治海关站在讲政治的高度，充分认识到危险品检验工作的极端重要性。严守"批批检验、双人执法、持证上岗"的底线和红线，2个业务科室6名业务人员全部具有危险化学品检验资质。梳理安全生产清单，建立健全处科岗安全生产三级责任体系。制订《长治海关危险化学品及其包装学习方案》，按照"日、周、月、季"的工作思路，常态化组织危险化学品学习，每日编发业务学习简报，每周组织业务研讨，每月开展"人人讲业务"活动，每季组织危险品知识考试。探索开展危险化学品检验实训基地建设。对照巡视、巡察、审计、业务大检查的相关要求，坚持"日清点、周复核"，定期开展检查，整改事件管理平台录入的问题。研究制定长治海关出口危险品及其包装相关工作规范3项和工作流程3项，组织关员学习，向企业宣传解读。制定《长治海关属地查检随机选人工作规范》，细化"双随机"选人模式，界定

▲2022年8月10日，长治海关对出口危险品进行查验　（马艳芳　摄）

双人执法责任分工。推行"三集中"查验模式，通过企业每周一在检验预约微信群报送出口计划、将危险化学品生产企业地理位置划分为3个片区、对全关6名危险化学品监管持证关员实施统筹管理等措施，实现时间、空间和查检力量上的"三集中"。

【统计分析及政策研究】2022年，长治市进出口总值14.8亿元，同比增长7.4%，高于全省整体增速24.1个百分点，进出口总值在全省11市中排名第9位，同比增速居第4位。其中，出口13.1亿元，同比增长4.1%；进口1.7亿元，同比增长40.8%。进口整体通关时间22.18小时（关区平均32.18小时，14个业务现场排名第8位）；征收两税合计13.33万元，同比下降98.42%。办理原产地签证143份，金额853万美元。办理收发货人备案企业107家，企业信息变更30家，注销4家，实际在册数340家；出口食品生产企业备案2家；出口食品原料种植场备案1家；出口食品原料养殖场备案1家；办理加工贸易进料加工手册结案1本，按期核销率100%；办理核查作业8起，办结8起，其中企业信息核对核查作业6起，出口备案食品生产企业核查1起，出口食品原料种植场核查1起。

【企业管理和稽核查】2022年，长治海关"两步申报"应用率88.6%，较2021年提高9.9个百分点；制定《长治海关稳外贸促增长12条措施》；推动加

工贸易提档升级，成功推广辖区加贸企业成为太原海关首家开展企业集团加工贸易监管企业；开展助企纾困，与市场监管局、税务局开展联合执法核查，实现"进一次门、办多项事"，减少多头下厂；实现RCEP原产地优惠改革推广"零"的突破，帮助企业享受政策红利；知识产权海关保护工作取得新进展，"沁州黄"小米通过知识产权海关保护备案；探索跨部门协同监管，与长治市外汇管理局、税务局就不实贸易管控达成合作共识，共同推进长治市不实贸易管控工作；通过《长治海关专报》《长治市2020年开放型经济发展调研报告》为政府相关部门外贸发展决策提供参考；释放政策红利，指导企业办理征免税证明16份，货值487.8万美元，减免两税552.6万元。

【政务管理】2022年，长治海关规范值班管理，确保值班应急渠道畅通，应对和处置各类突发事件。严格审核把关，提升公文质效，共收太原海关、

▲2022年10月20日，长治海关深入企业宣讲党的二十大精神 （马艳芳 摄）

市级机要档案241份。加强档案管理，完成2021年度文书档案的收集、整理、归档工作，整理档案共计3盒32件，其中永久1盒17件，30年1盒3件，10年1盒12件。

【财务管理】2022年，长治海关严格遵守国务院、总署、总关严格控制财政支出的相关要求，狠抓预算执行，包括但不限于行政运行成本的持续压控、公务出行的标准、办公用房的管理等方面，开源节流、增收节支，压减一般性支出，积极争取属地政府财政支持，进一步压控非刚性、非必要支出。

【离退休干部工作】2022年，长治海关离退休人员2名，安排节日慰问、开展主题党日活动等，切实做到关心关爱老同志。

撰稿人

马艳芳

阳泉海关

【概况】阳泉海关于2019年1月正式挂牌成立，业务辖区为阳泉市，由太原海关直接领导，按授权负责阳泉市辖区范围内海关各类管理工作，设有办公室、综合业务科、查检科3个科室。2022年，阳泉海关在太原海关党委的领导下，坚持以习近平新时代中国特色社会主义思想为指导，深入贯彻落实习近平总书记重要指示批示精神，推进总署和太原海关各项决策部署，努力提升工作成效。

按经营单位所在地口径统计，阳泉市货物贸易（下同）进出口总值10.62亿元，同比下降19.1%。其中出口6.66亿元，同比增长42.3%，进口3.96亿元，同比下降112%，贸易顺差2.7亿元。

征收关税124.31万元，进口环节税195.73万元，"两税"合计320.04万元，同比增长210.96%。

共计签发原产地证书255份，货值774.19万美元，其中RCEP证书签发32份，货值97.22万美元。

【党的建设】2022年，阳泉海关统筹发挥关党委、党总支、基层支部的作用，构建人人参与、人人有责的党建工作机制。采取总支集中、支部轮值、支部联合等形式全面推进"四强"党支部建设。深入学习宣传贯彻党的二十大精神，研究制订学习方案和计划，细化学习进度，确保学习效果。组织廉政教育活动16次，开展党风廉政形势分析4次，召开党风廉政工作例会2次。强化内控管理，紧盯"重点人、重点事、重点岗位、重点环节"的廉政风险研判和防控，

▲阳泉海关办公楼 （冯青霞 摄）

▲阳泉海关党委班子 （冯青霞 摄）

堵塞漏洞。开展政治机关建设专项教育活动和"学查改"专项工作，成立领导小组，印发实施方案，梳理12个方面政治标准清单，查摆发现问题8个，形成24条具体整改措施，已完成整改。

【思想政治工作】2022年，阳泉海关认真落实意识形态工作责任制，坚持抓早抓小，抓常抓细，从小事抓起，从日常管起，加强干部队伍日常管理监督，注重日常引导。通过谈心谈话，及时了解掌握职工思想动态，化解矛盾，增强队伍凝聚力。

【政治机关建设专项教育活动和"学查改"专项工作】2022年，阳泉海关制订印发专项教育实施方案，成立专项教育活动领导小组。建立"班子成员带头学、理论研讨强化学、支部党建融中学、指导实践做中学"的"四学"模式，梳理政治标准清单，涉及12个方面，通过"上级查、领导点、互相提、自己找"4种渠道相结合查摆发现问题8个，制订整改方案，统筹执法和非执法领域政治风险隐患排查，形成24条具体整改措施，已完成整改。

【专项整治】2022年，阳泉海关制发《阳泉海关"海关重点项目和财物管理以权谋私"专项整治工作实施方案》，成立专项整治领导小组，组织召开专题会议5次，专题学习3次，测试2次，完成"专项整治个人剖析材料"的撰写10人次，全面排查重点项目和财物管理方面的风险和问题4个，并完成整改。

【干部管理】2022年，阳泉海关通过参加总署、太原海关各项培训以及自主培训、实操培训等多途径加大关员基本能力

▲2022年1月4日，阳泉海关举行升旗仪式 （冯青霞 摄）

的培训，提升业务素质。开展1名正科级领导干部选拔任用、1名正科级领导干部试用期满转正工作，激发队伍活力。严格落实离退休老干部待遇，组织开展主题党日活动。

【法治建设】2022年是党的二十大召开之年，也是深入实施"十四五"规划和"八五"普法的关键之年。阳泉海关创新普法形式，加强人员宣传教育。线上线下同频共振创新法治教育形式，调整普法依法行政工作领导小组成员，把党内法规列入党委理论学习中心组学习内容和党支部"三会一课"学习内容，组织开展国门生物安全系列宣传教育活动。开展"美好生活·民法典相伴"民法典主题宣传活动，在线学习法律法规，开展执法现场宣传；组织开展"情系女职工，法在你身边"普法宣传活动，引导女职工知法、守法、懂法、用法。健全完善内控组织，调整优化内控管理机构，明确各个专项风险防控的职责分工；修订《阳泉海关政府采购管理办法》，明确岗位职责，做到管采分离；制定《业务操作手册》，促进行政管理和业务执法工作更加科学、规范、统一。

【政务服务和管理】2022年，阳泉海关统筹推进政务管理各项事宜。严格按照规定收文发文，做到及时传阅，督促落实。重视信息宣传工作，推进政府信息公开工作，做好会议管理工作，规范值班管理，确保值班应急渠道畅通，应对和处置各类突发事件。强化档案管理，整理2021年文书档案7盒92件，其中永久4盒52件，30年2盒23件，10年1盒17件。

【财务管理】2022年，阳泉海关严格遵守国家财经法律和政策，狠抓预算执行，深入落细落实"过紧日子"要求，开源节流、增收节支、压减一般性支出，争取属地政府财政支持；开展"节能宣传周"活动，被授予"节约型机关"荣誉称号；进一步规范税费财务、政府采购、关务保障、银行账户管理。

【疫情防控】2022年，阳泉海关调整口岸疫情防控和促进外贸稳增长指挥部成员和主要职责，持续压紧压实疫情防控主体责任，坚决做到疫情防控工作与业务工作"同研究、同部署、同督促"。制订《阳泉海关进口冷链食品口岸环节核酸检测和预防性消毒实施方案》《阳泉海关进口高风险非冷链集装箱货物口岸环节新冠病毒检测和预防性消毒实施方案》《阳泉海关进口非冷链物品口岸环节新冠疫情防控措施优化方案》，不断建立健全疫情防控管理体系。做好查验物资储备，提前储备采样管、送样箱等核酸采样物资。开展疫情防控自查，梳理排查进口冷链食品和高风险非冷链集装箱货物的核酸检测和预防性消毒监督工作，查找问题和薄弱环节，及时完善整改，堵塞风险漏洞。高标准做好安全防护工作，完善安全防护体系，持续推进新冠疫苗接种，接种率96%，每月开展安全防护自查，防范化解风险。严格执行进口商品新冠病毒核酸检测"日报告、零报告"制度；提高疫情防控应急响应与处置能力，组织开展内部疫情应急演练1次，组织开展职业暴露感染应急演练2次，食品条线疫情防控应急演练1次，个人防护实操演练1次。持续派员支援太原机场国际航班疫情防控工作。

【安全生产】2022年，阳泉海关严格按照习近平总书记"三个必须"的重要指示要求，统筹发展和安全，把安全发展理念贯穿到海关工作的各领域和全过程,牢牢守住安全底线。党委会每季度专题研究部署安全生产工作,召开安全生产专题会1次,安全生产领导小组会议3次,安全生产领导小组办公室会议3次,专题研究部署安全生产工作。建立健全责任体系,制定阳泉海关安全生产职责清单,明确处、科、岗三级安全生产责任,将安全生产责任压紧压实到部门、到岗位、到个人。建立安全生产日常监督检查机制,按要求开展自查。制发《阳泉海关2022年安全生产工作实施方案》《阳泉海关安全生产会议制度》《阳泉海关安全生产宣传教育培训制度》《阳泉海关安全生产监督检查制度》等制度。持续开展安全生产学习教育,开展关领导专题讲安全、科室互动讲安全活动,多次组织学习习近平总书记关于安全生产的重要指示批示精神,提高安全生产意识。深入开展重点领域安全生产整治集中攻坚,开展进出口危险品检验、进出境动植物检疫、进出口食品安全、办公场所安全防范等重点领域自查整改,开展安全生产大检查、"口岸危险品综合治理"百日专项行动、安全生产月等活动,按月报送安全生产专项整治三年行动突出问题隐患整改进展情况,持续动态调整两个清单,推动问题隐患动态清零,年内发现问题11个,均已整改完成。

【进出境动植物及其产品检疫监管】2022年,阳泉海关开展国门生物安全监测。在阳泉市平定县、盂县、郊区设置6个实蝇监测点,投放20个诱捕器,定期检查和维护诱捕器,收虫鉴定及保存标本。积极参与外来入侵物种普查集中工作。建立健全生物安全组织领导和体系,制订《阳泉海关生物安全体系方案》。持续开展国门生物安全宣传,开展"国门绿盾2022"行动,严防外来物种和动植物疫情疫病传入。加强对出口货物木质包装检疫监管,强化出口羽毛制装饰品检疫监管,保障非食用动物产品出口安全。加强与发改委、农业农村局联系,落实粮食安全责任。密切关注境外植物疫情信息,报送境外植物疫情信息被日报采用2篇,周报采用13篇。

【进出口商品质量安全保障】2022年,阳泉海关落实总署进口危险品试点改革。强化资质管理,考取进出口危化品检验监管资质5人次。强化监管,保障辖区进出口商品安全,严防"洋垃圾"入境。协助晋阳海关危险化学品属地查检工作。向总署商检司主办月报投稿,被采用1篇。

【进出口食品安全监管】2022年,阳泉海关向出口食品备案企业宣讲出口政策,开展出口食品备案企业、原料种植场日常监管,不断提升企业自检自

▲2022年5月18日,太原海关派员赴阳泉市某公司调研　(尹国强　摄)

控能力。开展进口食品"国门守护"行动，强化进口食品安全专项整治，督促进口商落实进口台账及销售记录，参与总署进口食品境外生产企业注册审核。开展食品安全周宣传活动，宣传海关食品安全监管成效，引导公众提高食品安全意识。密切关注境外食品安全政策和动态，年内报送食品安全信息37条，被总署采用2条。

【助企纾困】2022年，阳泉海关根据《海关总署关于印发促进外贸保稳提质十条措施》和《太原海关促进山西省外贸保稳提质25条措施》，制定《阳泉海关助企纾困 促进外贸保稳提质15条措施》及实施方案，成立工作专班。组织开展入企服务工作，实地走访辖区外贸企业，收集意见建议书10余份。通过微信平台，组织开展微信直播3次，及时向企业宣讲关政策法规和助企便民措施。撰写《阳泉海关15条措施促外贸保稳提质》，在阳泉日报等媒体进行宣传报道。组织召开4次月度外贸形势分析会，简要分析阳泉市对外贸易形势，提出针对性的工作意见和建议。

【保障RCEP落地生效】2022年1月12日，阳泉海关为阳泉市五金矿产进出口有限公司出口至澳大利亚的镁合金板签发了RCEP原产地证书。这是《区域全面经济伙伴关系协定》生效实施后阳泉海关签发的辖区首份RCEP原产地证书，标志着RCEP在阳泉正式落地实施。2022年，RCEP经核准出口商原产地声明模式实施后，阳泉海关成立工作专班，运用大数据平台筛选出符合申请条件的外贸企业，制订详细的培育计划，做实项目前期，提高项目成熟度。要求协调员下沉一线抓落实，对符合条件的企业进行"一对一"的政策宣讲和业务指导，阳泉市中嘉磨料磨具有限公司一次性通过太原海关经核准出口商审核认定，成为山西省第2家、阳泉市首家RCEP项下经核准出口商。

【推进AEO国际互认合作】2022年，阳泉海关将辖区内多家公司纳入辖区重点信用培育企业名单。持续打造辖区外贸标杆企业，所推荐的阳泉市中嘉磨料磨具有限公司入选首批AEO互认观摩企业名录库，成为山西省首家AEO互认观摩企业。

【优化营商环境】2022年，阳泉海关制定《阳泉海关2022年优化营商环境具体措施》，解决企业通关环节急难愁盼问题，制定《阳泉海关助企纾困 促进外贸保稳提质工作方案》，细化15项具体措施。开展"三实"活动，创新政策宣

▲2022年1月12日，阳泉海关签发关区第一份RCEP原产地证书　（尹国强 摄）

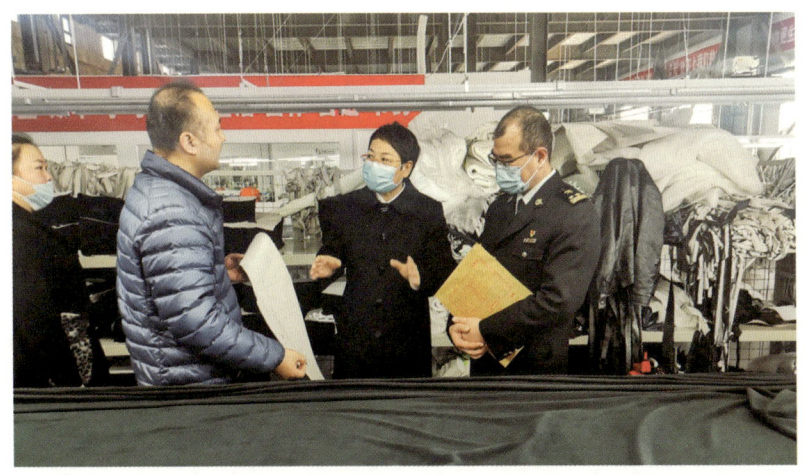

▲2022年3月1日，阳泉海关赴辖区某服装服饰有限公司调研 （尹国强 摄）

讲方式，结合前期调研企业会议软件应用情况，采用微信平台群直播的方式开展线上惠企政策宣讲会，充分利用公告栏、电子屏等多种载体进行海关政策宣传解读。

【知识产权海关保护】2022年，阳泉海关在全国知识产权宣传周期间，开展关企联系群推送相关内容、报关大厅滚动播放活动主题等线上宣传，向外贸企业进行线下宣传，营造浓厚的知识产权文化氛围。与阳泉知识产权主管部门绩效考核对接3次，报送工作动态3条，其中被《山西省知识产权工作动态》刊发1条；确定本年度重点培塑"龙腾企业"1家，已指导山西尊特智能科技有限公司备案成为海关知识产权权利人。

撰稿人

祁浩南

朔州海关

【概况】朔州海关于2019年1月17日在原朔州出入境检验检疫局和大同海关朔州监管组的基础上组建成立，辖区范围为朔州市，下设办公室、综合业务科、查检科。

2022年，朔州海关党委以习近平新时代中国特色社会主义思想为指导，深入贯彻党的十九届历次全会精神和党的二十大精神，增强"四个意识"、坚定"四个自信"、做到"两个维护"，在太原海关党委的领导、朔州市委市政府的指导、各部门单位的支持下，全体干部职工坚定初心、牢记使命、履职尽责，不断巩固精品海关建设成果，服务朔州市外向型经济发展，先后获评省直文明单位标兵、山西省青年文明号、促进朔州经济发展突出贡献单位等荣誉称号，完成年内工作任务。

累计征收税款3246.54万元，同比增长7.38%，其中进

▲朔州海关办公楼　（曹泽宇　摄）

口货物增值税1621.96万元，进口关税1624.58万元。办理加工贸易手册备案2份，手册变更20份，核销结案手册5份，无在执行手册。签发原产地证书468份、同比下降11%，签证金额1310万美元、同比减少11%。其中自助打印238份、同比增加20%，金额867万美元、同比增加97%。办理海关进出口收发货人新备案企业22家，企业信息变更11家，企业注销12家；办理出口食品生产企业备案1家。

据统计，2022年，朔州市进出口总值7.18亿元人民币，位居全省第11位，同比下降4.8%，增速位居全省第6位，高于全省平均增速（-16.7%）9.9个百分点。其中，出口4.48亿元，同比增长7%；进口2.7亿元，同比下降19.6%；贸易顺差1.78亿元。

朔州市一般贸易进出口7.08亿元，同比下降6.1%，其中出口4.36亿元，同比增长8.6%；进口2.71亿元，同比下降22.8%。一般贸易占进出口总值的98.6%。同期，加工贸易进出口1296万元，同比下降27.1%。

【学习宣传贯彻党的二十大精

神】2022年,朔州海关组织全体干部职工通过广播、电视、网络等多种形式收听收看党的二十大开幕会盛况,研究制订学习贯彻实施方案,党委班子带头示范,组织开展党委理论学习中心组(扩大)专题学习,通过"三会一课"、主题党日、青年理论学习小组等形式,全面学、深入学、逐句学,深刻领悟"两个确立"的决定性意义,切实把党员干部的思想统一到党的二十大精神上,把力量凝聚到党的二十大确定的目标任务上。党委班子成员坚持先学一步、深学一层,带头深入所在基层党支部、执法一线、进出口企业开展党的二十大精神集中宣讲,以党的二十大创新理论武装头脑、指导实践、推动工作,确保朔州海关各项工作始终沿着党中央指引的正确方向前进。

【统筹口岸疫情防控和促进外贸稳增长工作】2022年,朔州海关学习总署、山西省委省政府及太原海关疫情防控会议精神及属地防疫要求,严格落实"日报告、零报告"制度,建立出行台账、核酸检测台账、来访登记台账"三本台账",细化错峰就餐、通风消毒、疫苗接种、物资保障"四项措施";合理安排关员静默管理、交通管制、AB轮岗等疫情特殊时期上岗和居家办公。选派4名业务骨干轮流支援太原机场口岸入境航班一线疫情防控,服务全国抗疫大局。落实"疫情要防住、经济要稳住、发展要安全"重要要求,坚决贯彻落实总署10条、太原海关25条等稳外贸政策措施,朔州海关党委研究制定助企纾困16项具体任务,确保党中央重大决策部署在朔州海关落地见效。先后4次向朔州市党政领导汇报外贸情况,2次参加朔州市促进外贸保稳提质座谈会,联合市商务局赴怀仁市、应县开展专题入企调研,与商务局、促投局及14家重点企业交流研讨,实地调研企业10余家。全年税收入库3246.54万元。

【党建工作】2022年,朔州海关扎实开展基层党建"双提升"行动。发挥党总支牵头抓总作用,指导2个党支部持续深化拓展"强基提质工程",突出支部政治功能,累计召开支委会、党员大会25次,开展"青年心向党、建功新时代"等主题党日活动12次,为5名党员过"政治生日",严格落实组织生活会、民主评议党员等组织生活制度。突出支部品牌创建效应。做优做强"一主两翼"党建品牌架构,发挥党总支"初心、匠心、坚心"品牌引领作用,总结提炼"蓝天执法,暖心服务"和"桑源心桥"2个支部品牌创新案例,查检科党支部获评太原海关"四强"党支部。推动党建业务融合互促。树立"一个党员一面旗帜、一个支部一

▲朔州海关党委班子　(苏南　摄)

座堡垒"的鲜明导向，切实将党建优势转化为执法把关、服务发展的内在主动。

【党风廉政建设】2022年，朔州海关带头严格执行中央八项规定精神。始终将纠治形式主义、官僚主义、享乐主义、奢靡之风摆在突出的位置，关党委持续推进作风建设的重点任务，树正气、易俗气、遏邪气；主动接受太原海关党委第二派驻纪检组监督，特别是对"一把手"和领导班子的监督，报告涉及"三重一大"等重要事项的情况。弘扬海关清廉文化。年内开展"廉政教育日"活动12次，发挥典型案例的警示教育作用，筑牢拒腐防变的思想防线，一体推进不敢腐、不能腐、不想腐；开设廉政文化长廊，举办"朔关清风"廉政文化作品展，切实增强"防"的长效性。注重教育和引导党员干部牢固树立党章意识。自觉学习党章、遵守党章、贯彻党章、维护党章，用党章党规党纪约束自身，增强纪律意识、规矩意识。

【"海关重点项目和财物管理以权谋私"专项整治】2022年，朔州海关传达学习太原海关"海关重点项目和财物管理以权谋私"专项整治工作动员部署会会议精神。成立专项整治领导小组，印发《朔州海关关于开展"海关重点项目和财物管理以权谋私"专项整治工作实施方案》，建立工作机制，细化责任分工，确定整治重点，明确方法步骤、完成时限和具体要求；张贴专项整治活动海报；组织相关人员完成专项整治个人违规事项申报表填写工作；梳理重点项目企业名单，形成重点项目清单，配合党委第二派驻纪检组向企业开展宣传动员14次，畅通举报渠道，主动接受监督；加强纪法教育，深化警示教育，结合廉政教育日学习活动组织全体干部职工开展警示教育，开展《"海关重点项目和财物管理以权谋私"专项整治领导小组关于10起违纪违法案例的通报》专题警示教育学习，引导全体干部职工以案为鉴、深刻反思、引以为戒，强化廉政风险防范意识，增强明纪法、知敬畏、守底线的政治自觉、思想自觉和行动自觉，积极参与太原海关组织的专项整治学习教育答题测试2次，自行组织专项整治教育答题测试1次，达到"以考促学、以学促用"的目的；开展"海关重点项目和财物管理"领域违规事项个人申报工作，撰写"海关重点项目和财物管理以权谋私专项整治"个人剖析材料9份。

【政治思想工作】2022年，朔州海关严格执行意识形态工作责任制，将意识形态工作与业务工作同部署、同落实，形成齐抓共管的意识形态工作格局。召开专题会议研究意识形态工作2次，推动意识形态工作落地、落实、落细。强化党员干部的政治理论学习，结合"两个确立"专项教育重点工作，以"三会一课"、主题党日活动等多种方式深入学习党章、党规和习近平总书记系列重要讲话精神，围绕党章党规开展专题研讨。坚持正确舆论导向，宣传朔州海关执法把关、服务发展的工作成效，增强新时代海关的荣誉感、归属感、幸福感。

【干部队伍建设】2022年，朔州海关坚持党管干部原则，突出政治标准，加强业务培训。深入开展选人用人专项整治工作，提升选人用人工作科学化、制度化、规范化水平，为事业发展提供坚强的组织保障。按《2022年海关培训学时学分统计规则》统计，全员均达到规定学时学分要求。年内，按照干部管理权限，完成

▲2022年10月8日，朔州海关举行升旗仪式　（苏南　摄）

正科级领导干部转正2名，职级晋升2名，试用期干部转正1名。

【服务辖区外贸企业发展】2022年，朔州海关深入贯彻党中央、国务院关于加大力度稳住经济大盘的决策部署，全面落实总署和太原海关助企纾困降成本相关措施，持续创新工作机制、优化通关工作流程，推进通关便利化水平，综合运用两步申报、提前申报、担保放行等作业模式，持续压缩进出口货物整体通关时间，两步申报应用率达100%。设立专人对辖区重点企业通关单采取票票盯、票票跟的作业模式应对报关单数量少、进口企业单一、报关单特殊的情况，通过强化通关时效动态监控，完善监管作业和通关模式，建立"一企一策"助企纾困台账。为企业提供24小时、无节假日应急通关服务，保障企业通关；通过"朔州海关关企微信联系群"向企业开展政策宣讲50余次，为辖区10余家企业开展政策讲解，为辖区8家企业解决了通关、检验检疫、原产地证书签发、加工贸易等领域的8个实际困难和问题；参加朔州市培训、自评考核等会议20余次；承办朔州市优化外贸环境座谈会1次，召集6个县区14家进出企业开展优化营商环境、提高跨境贸易便利度座谈；开展对美加征关税排除清单商品退税和市场化采购排除专项工作，让企业充分享受政策红利。

【助力打造"中国北方日用瓷都"金字招牌】2022年，朔州海关安排专人负责对接在海关注册登记的20家陶瓷出口企业，掌握企业困难与需求，做好服务保障；引导企业合理运用RCEP以及现有自贸协定减税政策红利，扩大贸易规模，提升国外市场占有率。全市现有全链条陶瓷制造企业108户，各类陶瓷生产线141条，具有年产日用瓷38亿件、建筑瓷7200万平方米、卫浴瓷2万台、工业瓷2万吨的生产能力；现有陶瓷产业工人5万人。到"十四五"末，朔州市日用陶瓷产能预计达到40亿件，产值突破100亿元。年内，朔州海关共为陶瓷出口企业审核签发各类原产地证书52份，金额192.43万美元，惠及5家企业，同时实现陶瓷出口企业原产地证书自助打印100%全覆盖；第3次派员参加"山西朔州陶瓷产品进出口交易会"，与多家陶瓷企业交流外贸情况，宣传政策，摸清底数，助力企业扩大出口，打造全国重要的高端陶瓷生产出口基地。

【"放管服"改革】2022年，朔州海关认真落实党中央、国务院关于深化"放管服"改革优化营商环境的决策部署，严格实行总署和太原海关行政许可事项清单管理，做好辖区行政审批及企业资质管理工作，加强行政许可事前事中事后全链条全领域监管，不断提高海

▲2022年5月30日，朔州海关赴某公司调研　（曹泽宇　摄）

关审批效率和监管效能。严格按照行政审批流程及企业资质管理工作规范办理辖区相关业务。24小时跟踪重点企业申报、通关、征税等进度，推行政务服务事项"不见面"办理。加强"一个窗口"建设，推行"一窗受理、集成服务"。推进"互联网+"政务服务，引导群众和企业"网上办"，实现办理政务服务事项"零跑动"。安排专人对接朔州市开发区引进的一家重点企业，解决其在办理进出口业务过程中产生的疑问。严格按操作规程办理，推进"产业链+市场主体"培育模式。2022年，共为企业提供政策咨询10余次，办理出口食品原料种植场备案1家，指导1家进口粮食储备企业办理相关业务。

【动植物检疫】2022年，朔州海关实施"国门绿盾2022"专项行动，联合朔州市卫健委、朔州电视台创新开展"云访谈""视频展播"等5项国门生物安全特色宣传活动，在5个县区布置17个监测点同步开展检疫性实蝇、外来有害杂草等专项监测和外来入侵物种普查。重点完成朔城区外繁种植基地、平朔保税仓库、应县进境粮食加工厂和怀仁、朔城进境粮食储备库等5个重点区域的外来入侵物种普查，开展山西茁壮种子有限公司输欧外繁青椒种子番茄褐色皱果病毒检测3批次，均为阴性。全力保障国家粮食安全战略，帮助2家储备库企业从快办理储备粮检疫审批和储备库考核手续；强化与天津海关的执法协作，通过"进境粮食检验检疫管理系统"审核调运核销单9份；加强调运和后续监管，指导企业落实运输、装卸、仓储等环节防疫措施，严防外来有

▲2022年6月23日，朔州海关做好国门生物安全监测虫样收集和药剂更换工作（曹泽宇　摄）

害生物通过进境粮食传入我国，有效保障48104.76吨进境玉米顺利接转收储、实现颗粒归仓。

【进出口食品检验监管】2022年，朔州海关开展硬质糖果、脱水小香葱2类出口食品6个样品33个项次的监督抽检，1家备案出口羊肉企业羊肝中兽药残留（驱虫剂7项次）的风险监测，全部合格；深化进口食品"国门守护"行动，对1批西班牙橄榄油实施目的地查验，查发进口预包装食品标签不合格问题，依法移交进行后续处置，这是朔州海关成立以来首次在进口货物检验中查发不合格情况。会同朔州市市场监管、卫健等部门，开展食品安全宣传周集中宣传活动。

【商品检验】2022年，朔州海关对中煤平朔集团45类2400余件采煤设备和关键零部件实施入境查验，全力支持企业有效扩大产能，服务全国煤炭保供稳价。加强出口危险化学品、危险货物及其包装检验监管，聚焦"口岸危险品综合治理"百日专项行动，先后查发4起出口危险货物包装使用鉴定不合格案例，有效管控海关监管风险，其中2个案例先后被总署商检司采纳并印发全国

▲2022年6月16日，朔州海关派员到某碳素有限公司调研　（曹泽宇　摄）

海关学习借鉴，这是太原关区报送的典型案例首次被总署采用。

【属地查检】2022年，朔州海关结合历次巡视、巡察、审计、督查等发现的问题，研究建立查检业务审核重点和风险清单，初步明确商检、食检、动植检、属地查检4个领域28个易发风险点。探索实施查检业务"复盘复核"工作机制，通过建立"双审核、周盘点"工作台账，推进建立查检领域业务风险"事前识别、事中纠正、事后整改"的长效机制。学习贯彻《海关属地查检作业安全指引》，落实安全生产管理要求，强化关员安全防范意识，提升属地查检作业安全防护水平，防范属地查检作业安全隐患，切实保障关员人身安全和作业安全。

【政务管理】2022年，朔州海关规范值班管理，确保值班应急渠道畅通。做好日常文秘档管理，年内共收发、拟办、传阅、办结系统内收文3082条，各类拟稿数量139条；加强档案管理，完成2021年度文书档案的收集、整理、归档工作，整理档案共计8盒138件，其中永久5盒58件，30年1盒30件，10年2盒50件；强化信息宣传，编写政务信息252条，上报省部级以上报刊类18篇。

撰稿人

苏　南

忻州海关

【概况】2022年监管货运量10220吨，货值2355万美元、同比增长47.4%，集装箱数量511箱次、同比增长8.0%。监管出口危险化学品42批，货值655.4599万美元，危险品包装使用鉴定44批次。为3家食品出口企业开展风险评估，完成食品安全抽检2类产品、2批次，检测18项次。监测到外来有害生物1次、13个种类外来入侵物种。开展供港澳陆生动物疫病监测和安全风险监控2次，采集样品127份，保障供港澳活牛28批，装运活牛692头。完成2760.10吨饲料用加工用大麦监管，指导忻州市进口储备粮入库25913吨。开展打击走私"国门利剑2022"行动，协助太原海关缉私局移交走私案件线索一件。忻州市打私工作考核连续2年（2021、2022）位于全省前列。

【党的建设】2022年，忻州海关组织召开党委理论学习中心组专题学习党的二十大精神2次，各支部党员开展集体学习6次，全体关员共12人参加党的二十大精神研讨交流和应知应会知识测试，撰写心得体会文章12篇。完成总支委员补选，发展预备党员1人，查检科党支部被评为太原海关"四

▲忻州海关党委班子　（张家维　摄）

▲忻州海关办公楼　（张家维　摄）

强"党支部。牵头成立忻州海关专项教育活动领导小组,党委理论学习中心组开展专项教育学习9次,围绕深刻理解"两个确立"、自觉做到"两个维护"组织开展研讨6次。对照"四个是否""六对照六看六查"系统查摆问题,统筹建立整改工作台账,形成问题整改清单"一本账",共梳理问题7个,制定完成整改措施20项。召开2次全面从严治党专题会议对全面从严治党工作进行安排部署,制定具体措施31项。

【队伍管理】2022年,忻州海关领导班子始终坚持"一盘棋"思想,树牢系统化思维,以全方位领导、全局性谋划、全过程把关,确保各项工作严格按照规定要求有序推进,通过干部配置科学化、干部交流制度化、主要负责同志年轻化不断增强干部队伍整体功能,锻造忠实践行习近平新时代中国特色社会主义思想、堪当时代重任的坚强领导集体。年内,开展科级领导干部选拔任用工作1次,涉及人员1人次,职务、职级任免2次,涉及人员4人次。

【巡视巡察】2022年,忻州海关党委高度重视,切实担负起落实巡察整改的政治责任,制定整改措施61项。制修订《忻州海关贯彻落实"三重一大"决策制度实施细则》《忻州海关档案工作管理办法》《忻州海关个体防护装备管理制度(试行)》《忻州海关协管员假期管理规定(试行)》等制度机制,4项"立行立改并长期坚持"措施持续推进整改、不断巩固整改成效。

【疫情防控】2022年,忻州海关贯彻坚持"外防输入,内防反弹"总策略,共参与支援太原机场口岸疫情防控工作6轮次,保障航班18架次。出台内部疫情防控制度及防疫物资管理制度3项,开展个人防护实操培训和应急演练1次,累计排查病例活动轨迹25次,排查825人次。持续开展常态化核酸检测,对普通工作人员开展核酸检测34轮次,对重点人员开展核酸检测63轮次,推进加强针接种,符合加强针接种条件人员均已接种。

【口岸监管】2022年,忻州海关监管货运量10220吨,同比下降0.3%;货值2355万美元,同比增长47.4%;集装箱数量511箱次,同比增长8.0%。推进各监管作业现场各项安全工作,开展山西永旺能源集团物流配送有限公司保税仓库及出口配送型出口监管仓库的盘查作业1次。强化企业管理和稽核查,规范企业备案登记,办结6家核查作业。坚决落实总体国家安全观,开展安全生产专项整治三年行动。制订《2022年忻州海关安全生产工作实施方案》《"关

▲2022年5月4日,忻州海关全体人员举行升旗仪式 (张家维 摄)

▲2022年4月22日，忻州海关关员对出口红芸豆采样 （张家维 摄）

科岗"安全生产职责清单》。开展出口危险化学品综合治理专项行动，对出口危险化学品企业进行政策宣讲2次，制定进出口危险化学品及其包装检验监管操作指引1项。不断加强进出口食品安全监管，开展食品出口企业风险评估3家次，完成食品抽检工作，共抽样送检2类产品、2批次，检测18项次，检测结果均符合要求。开展"国门绿盾2022"行动，制订《忻州海关外来入侵物种普查和防控工作实施方案（试行）》。开展供港澳陆生动物疫病监测和安全风险监控2次，采集样品127份，保障供港澳活牛28批，装运活牛692头。完成2760.10吨饲料用加工用大麦监管，指导忻州市进口储备粮入库25913吨。开展打击走私"国门利剑2022"行动，协助太原海关缉私局移交走私案件线索1件。召开忻州市2022年打击走私综合治理工作会议，压实各成员单位打击走私具体职责。忻州市打击走私工作成效第2次进入山西省第一梯队，为忻州市继续创建全国文明城市作出海关贡献。

【优化服务】2022年，忻州海关落实《海关总署关于印发促进外贸保稳提质十条措施》，制定忻州海关促进忻州市外贸保稳提质实施细则12条措施。签发原产地证书372份，签证金额2185.00万美元，其中，RCEP原产地证书2份，签证金额15.87万美元。落实减税降费政策，办理减免税证明23份，减免金额130.11万元。新增进出口企业备案38家，将辖区8家重点企业纳入海关高级认证企业培育库。大力推行"提前申报"，优化进口"两步申报"通关模式，完善"两段准入"，实现提前申报和两步申报全覆盖，2022年进口货物整体通关时间1.69小时，"单一窗口"应用率为100%。制定《出口食品原料种植场备案流程》《出口食品生产企业备案流程》《原产地备案审核流程》等各项操作指引，推进网上行政审批，全流程网上办理。参加忻州市"双随机、一

▲2022年5月19日，忻州海关关员对出口甜椒种子进行检测 （张家维 摄）

公开"联席会议,在执法对象名录库认领企业30余家,维护执法人员名录库5人次,维护随机抽查事项清单10条。通过实地调研25家重点进出口企业和线上调研200余家企业,收集到通关、关税、出口退税、检验检疫、产地证办理、资金、物流、成本及其他9个领域33个问题,全部予以解决。五台山机场监管职责有序交接,为下一步规范开展监管工作做好能力储备。

【关税征管】2022年,忻州海关征收税款1780.16万元,同比增长7.86%。加强属地纳税人管理,持续推进税收征管方式改革,执行减税政策,办理减免税证明23份,减免金额130.11万元,同比增长2728.4%。推广关税保证保险、汇总征税、自报自缴等措施。

【供港澳陆生动物疫病监测】2022年,忻州海关在保障供港澳活牛工作中,通过强化源头管理,专人对接,在用药和饲料管理、疫病防控等环节提出改进管控;定期开展疫病监测、安全风险监控,指导帮扶企业完善落实溯源管理,确保每一头活牛健康安全。疫情期间落实国务院《扎实稳住经济的一揽子政策措施》方针,设立出口鲜活易腐农食产品属地查检绿色通道,提供预约查验、优先查验等便利化措施,有效压缩货物整体通关时间,督促企业结合疫情形势发展,制订防疫运输方案,确保运输过程安全,在防止疫情叠加的同时有效保障港澳地区"菜篮子"肉类供应。

▲2022年8月31日,忻州海关关员对减免税设备进行检查 (张家维 摄)

撰稿人

周轩德

第八篇

事业单位

太原海关后勤管理中心

【概况】2022年,太原海关后勤管理中心(以下简称"后管中心")以习近平新时代中国特色社会主义思想为指导,按照太原海关党委决策部署和关领导要求,加强政治建设、队伍建设,统筹安全、保障和发展,开展专项整治、疫情防控、财务大检查、节约型机关建设、企业监督管理等重点工作,真抓实干,推动各项工作上台阶、见成效。在疫情内部防控上发挥中坚力量,在巩固落实中央八项规定精神上发挥职能作用,在保障机关高效运行上发挥支撑作用,在节约型机关创建上发挥引领作用,确保各项后勤服务和保障工作圆满完成。

【政治建设】2022年,后管中心深入开展捍卫"两个确立"、做到"两个维护"、强化政治机关建设专项教育活动,成立主要负责人任组长的专项教育活动领导小组。采取集中学习、自学、讲党课、听专题讲座等多种形式,多次围绕疫情防控、制止餐饮浪费、为民办实事等题目组织研讨会。

【党建工作】2022年,后管中心推进"四强"党支部建设。后管中心党支部深入学习党的二十大和十九届六中全会精神,各支委带头讲党性、守初心,采取领学、集中学习与自学、线上学与线下学等多种学习方式。年内组织开展集中学习和研讨18次,主题党日活动12次。严明政治纪律和规矩,狠抓党员队伍建设,强化党员先进性和纯洁性。把党风廉政建设摆在重要位置,集体提醒谈话2次、个别提醒谈话4人次,公开作检查2人次。加强公务接待、公务车辆和办公用房管理,重要节日前开展反对"四风"教育,年内结合系统内外案例,共组织警示教育6次,运用"四种形态"谈心谈话11人次。

【新冠疫情内部防控】2022年,后管中心强化进入办公区人员管控,严格落实公共区域消毒通风、垃圾日清日运、公务车辆通风消毒等防控措施;疫情期间完成机关返岗人员的吃、住等保障工作。保障隔离酒店监管秩序稳定运行,督促隔离酒店严格执行生活保障人员封闭隔离、医疗垃圾和生活垃圾处置、公共区域消毒等防疫措施。定期收集生活保障方面的意见和建议,现场监督隔离酒店11次。

【财务管理】2022年,后管中心开展财务专项大检查,共梳理排查内控管理、财务管理、会计基础、涉案财物、税费管理、公务用车管理等9个领域,发现32个问题。针对发现的问题,查明事实、分析原因、建立问题清单和销账清单,分类、分部门召开自查整改专题会议,逐项整改,逐项销账,年内全部整改完成。开展"海关重点项目和财物管理以权谋私"专项整治工作，成立主要负责人任组长的领导小组，先后召开3次推进会、5次分析研判会。完善内控制度修订三级框架，加强非执法领域风险管控，紧盯重点领域、重点岗位、重点环节和权力运行关键节点，完善管办分离、留痕机制。推进重点排查和全面排查工作运行，按照"操作指引"通过数据模型和人工分析对排查出的3个重点项目进行风险隐患分析研判，专项整治工作小组对资金管理、资产管理、经营管理、涉案财物等方面进行全面的梳理和排查，未发现《重点问题参考提纲》所列的廉政风险问题。将内控建设与内控执行紧密结合，开展内控自查与内控检查，定期组织廉政风险分析会，推动后勤管理工作标准化。年内发现的1个问题整改完成。

【安全生产工作】2022年，后管中心进一步修改完善《太原海关后勤管理中心三级责任制》《太原海关值班及巡查管理办法》等制度，明确处、科、岗位三级安全责任。加大对维保公司上岗人员资质、维保效果、运行值守的监督检查和考核的频次，建立惩罚机制。实行双休日、节假日安全巡查值班制度，加强对聘用人员、服务单位的监督管理，提高非工作日安全管理力度。要求保洁、保安、值守人员履行"吹哨人"职责和节能职责，及时报告设施设备故障，形成聘用人员、维保单位、后管人员人人参与安全管理的机制。

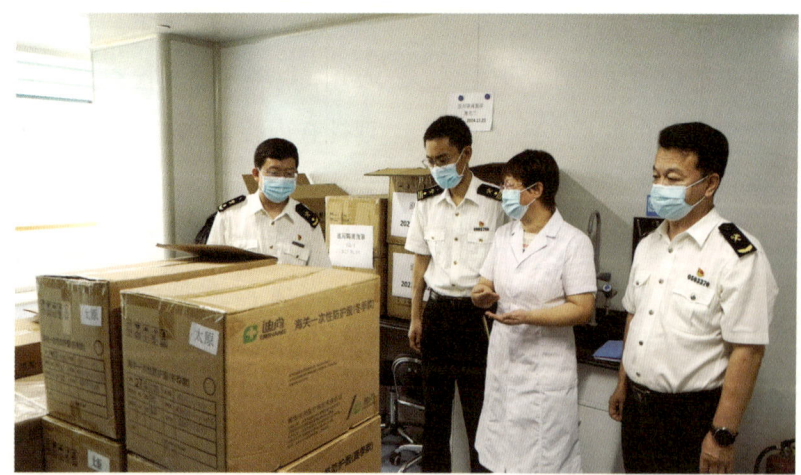

▲2022年9月8日，办公室、后管中心组织开展节前安全生产检查 （高瀚林 摄）

天然气锅炉和消防监控室落实持证、24小时值守，安装天然气燃气报警器和燃气泄漏截断阀，停车楼厂家技术员24小时常驻办公区。年内，学府街办公区共巡查1035次，长风办公区巡检9500余次，累计维修690余次。举办消防讲座，现场讲解消防基本知识，组织实地灭火演练。不定期对办公区内消防、用水、用电、燃气、电器使用、车辆停放、易燃易爆物品等项目进行重点检查。坚持节前开展安全大检查，经常化排查隐患。组织人员整体排查附楼外墙；改造机关关警员餐厅和海翔员工餐厅的燃气泄漏自动关火灶头及燃气泄漏报警系统，在燃气房安装燃气泄漏切断阀；开展交通安全教育培训和典型交通事故案例分析12次，公务车辆安全检查12次，建立车辆基本信息台账、机动车安全检查登记表、驾驶员违法、记分、审验信息台账、重点驾驶人道路交通安全培训教育登记表，年内安全行驶27275千米。

【资产管理】2022年，后管中心盘活存量资产，完成机关本级固定资产的清查、调配、调拨以及报废工作。年内调拨固定资产58次，执法执勤车2/3

调拨到隶属关使用，保障隶属海关执法执勤的正常运转。根据机关人员调整情况，累计调整办公家具类资产35件；清查全关各类资产共计3387件；为各隶属海关调拨各类资产共103件；报废达到年限的各类固定资产共计40件。盘活闲置房产，采用招租的形式，推进闲置房产出租利用。

【节约型机关建设】2022年，后管中心召开3次节约型机关创建推进会，起草制订8项制度及相关台账。10月25日，太原海关机关被国家机关事务管理局、中共中央直属机关事务管理局、国家发展和改革委员会、财政部联合授予"节约型机关"荣誉称号，并获颁获奖证书。精心谋划全国节能宣传周活动，开展能源短缺体验活动，加快分户分区计量，加大节能降耗和新能源推广力度，及时将每月汇总用电量、各楼层当月用电耗量与上月耗电量进行对比，通报每月增加和降低的耗电量，督促提醒全体关警员节约用能。加强办公用品和消毒用品的领用定额管理，定期核算各处室的办公用品费用使用情况，年内共计入库29批次，出库224批次，与2021年相比有所下降。

【企业监督管理】2022年，后管中心推进企业脱钩和公司制治理，推动企业持续盈利。加快推进内部和公司决策审批程序、总署审批程序，将第三方承担的审计和评估工作上报总署审核备案。按照总署统一安排，向产权交易所提交相关资料，开展挂牌转让工作。推进工商公司制注册和改制工作，注销口岸卫生处理业务范围。修改完善公司制度，制修订《员工管理办法》《采购管理办法》《员工培训制度》等制度。开展为民办实事活动，完成服务保障公务员考录面试、总署疫情防控白日督导、总署审计组等任务。

▲2022年6月15日，太原海关开展"落实'双碳'行动，共建美丽家园"全国低碳日主题活动 （高瀚林 摄）

撰稿人

李俊革

太原海关技术中心

【概况】2022年,太原海关技术中心(以下简称"技术中心")以习近平新时代中国特色社会主义思想为指导,在太原海关党委的领导下,开展政治机关建设工作,开展新冠疫情防控安全管理,持续提高实验室检测能力和管理水平,提升执法保障技术支撑和服务山西开放型经济保稳提质能力,做好法定检验和委托检测服务,开展口岸食品安全检测,做好口岸食品安全监督抽检和进境商品风险监测服务工作,为严把国门生物安全做出贡献。

【党的建设】2022年,技术中心落实"第一议题"制度,坚持用习近平新时代中国特色社会主义思想凝心铸魂,捍卫"两个确立",做到"两个维护",增强"四个意识",坚定"四个自信",走好"第一方阵"。建立技术中心党总支,完成两次换届选举工作,配齐配强党总支班子委员;组织开展政治理论集中学习42次,每周开展两次政治理论集中学习研讨,21名同志结合工作实际浅谈心得体会;开展"三会一课"、主题党日、学习研讨、谈心谈话等党建活动20次,加强思想学习和交流,1名同志被确定为入党积极分子培养对象;组织开展"深入学习二十大 向党说句心里话""学习二十大 歌唱我的国"等特色主题党日活动12次;制订《技术中心关于认真学习宣传贯彻党的二十大精神实施方案》。

【队伍建设】2022年,技术中心推进事业单位改革。班子进行调整,在充分开展谈心谈话基础上,完成高、中、初级专业技术岗位和七级、九级管理岗位的选拔聘任工作。推进基层党组织建设,强化纪律作风廉政建设,用好监督执纪"四种形态"。加强廉政教育和风险排查,推进清廉海关建设。

▲2022年5月25日,技术中心开展2022科技周培训 (高媛惠 摄)

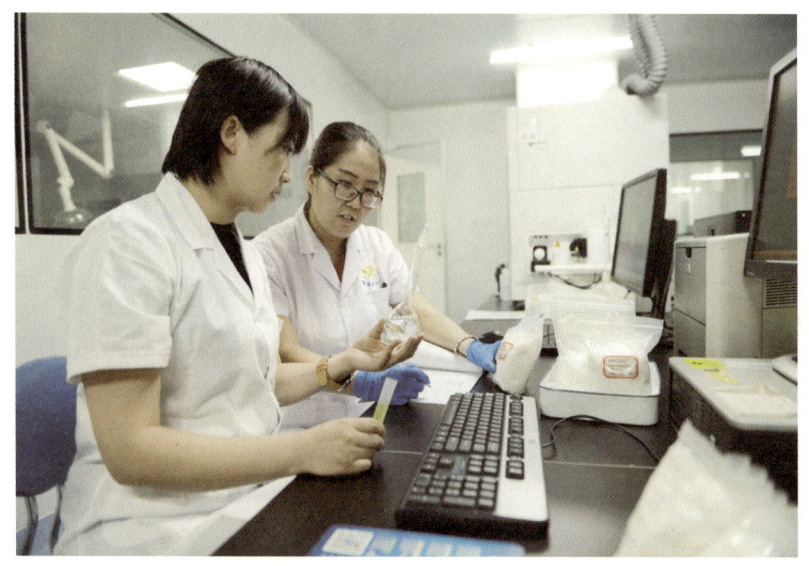

▲2022年6月15日，技术中心食品实验室开展样品检测　（延大海　摄）

开展"海关重点项目和财物管理以权谋私"专项整治工作，聚焦重点领域环节，查阅资料凭证400余份，集体研究填报实验室建设类重点项目5大类200余项明细清单自查内容，严格组织开展个人申报、问题剖析、谈心谈话、调查问卷和测试答题等规定动作，配合开展监督抽查、材料报送、视频质询、电话问询等任务。严格考勤制度和请销假管理，不定期抽查岗位考勤，每月公布出勤情况；按照《海关内务规范》要求做好内务管理和监督检查工作。

【履职把关】2022年，技术中心与太原海关业务职能部门多次沟通研讨，制定保障化肥出口措施，全力服务市场主体，努力提升技术水平，获得CNAS肥料检测能力紧急扩项认可，为促进山西省肥料出口奠定基础；各部门着力压缩检测流程，提高检测效率，对法检商品检验检疫、各类监控、机场截获检疫进行综合协调，减少传递时间，在巩固压缩整体通关时间方面增加助力；梳理外贸检测需求，对照中心检测能力找差距、查不足，针对性地开展扩项工作。在做好疫情防控的基础上，加强岗位技能培训，通过标准学习、技术培训、质量控制等方式持续不断提高检测技术水平。组织全国性能力验证3次，涉及项目14个；参加全国性能力验证63次，涉及项目106个，反馈的结果均为满意；首次获得山西省2022年度检验检测机构能力验证项目实施机构的资格，具体承担食醋检测能力验证项目的组织实施，29家检测机构参加本次活动。

【体系管理】2022年，技术中心按照国家认可委要求对体系

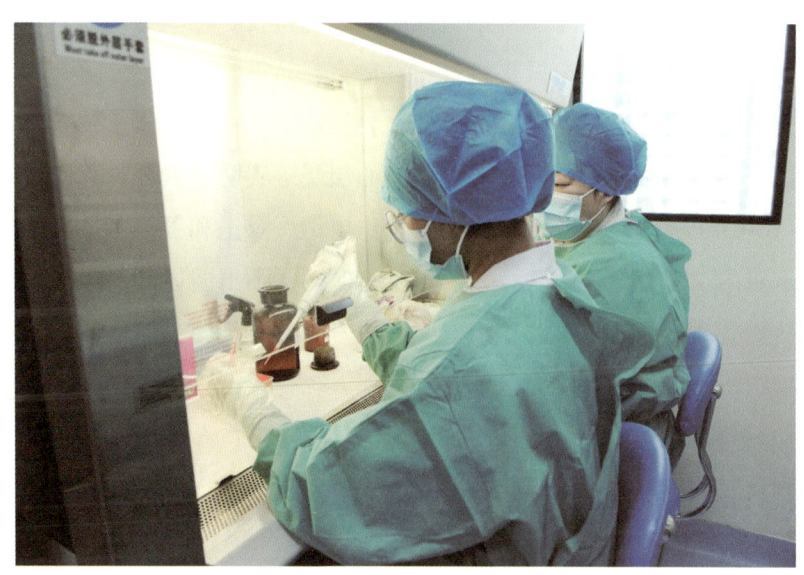

▲2022年7月15日，太原海关技术中心开展供港活猪非洲猪瘟病毒核酸实验室检疫工作　（延大海　摄）

▲2022年7月29日,技术中心通过CNAS复评审 (高媛惠 摄)

▲2022年8月26日,技术中心食品实验室开展样品检测 (延大海 摄)

文件和程序性文件进行修订。7月,获得第三次全国土壤普查实验室资格;通过CNAS和国家认证认可监督管理委员会(CNCA)委派的39名专家评审组的"复评审+扩项评审",质量管理体系运行规范有效,组织机构合理,各项条件满足检测要求,符合CNAS认可准则及其在相关领域应用说明,扩项的9大领域,2001个检测项目、535个检测标准被予以推荐认可,涉及食品、饲料、动植物检疫、环境与场所、化矿金产品等。

【疫情防控】2022年,技术中心层层落实防控责任,落实外出申请、登记和管控制度,坚持非必要不出门原则,减少聚集和集会;建立防疫物资专库,统一登记、统一调配、统一管理防护物资;开展谈心谈话,鼓励动员疫苗接种,要求全体人员执行技术规范,做好个人防护;派员参与太原海关新冠疫情防控一线工作。

【安全生产】2022年,技术中心全面开展安全生产大检查16次,对发现的安全隐患及时处理,防范实验室安全事故发生;修订印发《技术中心处、科、岗安全生产责任清单》,以制度的形式层层压紧安全责任,落实安全任务;通过观看纪录片、悬挂安全标语、组织安全培训演练、加强监督检查、排查安全隐患等方式加强安全教育。

【科技发展】2022年,技术中心在开展检验检测工作的同时,注意收集各项检测数据,加以提炼总结并开展科研、制标及专利申请工作。申报科研项目5项,3项科研项目通过验收;行业标准立项2项,实用新型专利2项,核心期刊发表科技论文10篇。10月,1名同志获得山西省政府"第一届山西省标准化创新贡献奖个人奖",1篇论文获得中国海关传媒中心第四届传播奖科技论文类"三等奖"。

撰稿人

高媛惠

山西国际旅行卫生保健中心（太原海关口岸门诊部）

【概况】2022年，山西国际旅行卫生保健中心（太原海关口岸门诊部）（以下简称"保健中心"）坚持以习近平新时代中国特色社会主义思想为指导，深入学习宣传贯彻党的二十大精神，在太原海关党委领导下，践行"铸忠诚、担使命、守国门、促发展、齐奋斗"工作要求，推进全面从严治党，以"白衣卫士，守护国门"的党建品牌创建为抓手，履行国境口岸卫生检疫技术支撑、出入境传染病监测体检及预防接种、国际旅行健康服务职责。

【党的建设】2022年，保健中心深入学习贯彻习近平新时代中国特色社会主义思想，坚持"第一议题"制度，认真学习宣传贯彻党的二十大精神，深刻领悟"两个确立"决定性意义，增强"四个意识"、坚定"四个自信"、做到"两个维护"，系统推进政治机关建设专项教育活动和"学查改"专项工作，聚焦整改清单中5方面问题抓好整改落实，通过"三会一课"、主题党日活动等形式，开展专题学习17次，专题研讨7次，开展"加强党建业务融合 强化政治建关意识""学习二十大 永远跟党走 奋进新征程"等主题党日活动。夯实基层党建工作，创新运用好"三三三"党建工作法，紧密结合党建品牌创建与"四强"党支部建设，推进党支部标准化规范化建设，深化"强基提质工程"，参加太原海关2022年党务专题培训，完成支部换届选举。开展党员发展工作，批准转正预备党员1名，2名同志提交入党申请书。

【队伍建设】2022年，保健中心完善班子配置，加强对中青年干部的培养和使用，新提任副主任1人、综合科科长1人，严格按照事业单位岗位设置规范完成管理岗位和专业技术岗位选拔聘用工作，优化干部队伍人员结构。强化纪法学习教育、对党忠诚教育等，正确理解和规范运用监督执纪"四种形态"，开展思想、业务等方面的提醒谈话8次，锻造准军事化纪律部队，完成队列训练、"内务规范强化月"各项工作，引导和教育干部职工熟知熟记《海关内务规范》。

【口岸疫情防控】2022年，保健中心坚持"外防输入、内防反弹"总策略和"动态清零"总方针不动摇，确保规定动作100%做到位，科学专业规范开展各项工作，做到"打胜仗、零感染"。严格组织领导，成立新冠疫情防控工作组，制订完善疫情防控工作方案和各重点岗位突发应急处置预案，压紧压实工作责任，在总署"百名科长百日督查"工作组疫情防控督导检查、"防风险 保稳定 迎二十大"新冠病毒检测实验室生物安全检查、山西省卫健委开展的实验室生物安全专项检查、医疗机构院感防控督导、疫情防控专项督导、核酸检测实验室风险排查等检查中，落实各项检查要求，严格遵守医疗机构管理规定，坚持问题导向，检查意见建议整改到位，确保各项工作安全有效。注重健康管理，合理编制值班工作计划，做好调整轮休，设置专用休息室，解决节假日、夜晚等时间段值班工作就餐问题。加强谈心谈话，了解解决工作生活中的困难。增配1台基因测序仪，保障包括新冠病毒在内的口岸重点关注传染病病原体、未知传染病病原体基因测序、溯源等工作开展，实施24小时不间断工作机制，高效完成口岸和属地新冠病毒核酸、抗体检测等工作。年内，共检测入境重点商品样本45份，完成太原海关"应检尽检"工作人员新冠病毒核酸检测43841人次，开展属地疫情防控新冠病毒核酸检测25397人次，完成口岸鼠蚊等病媒生物携带病原体检测19份。作为山西省国境口岸唯一卫生检疫技术支撑单位，为山西省国境口岸出入境160架次航班提供卫生检疫技术保障。加强对猴痘、黄热病、中东呼吸综合征等其他传染病的口岸防控，增强实验室检测能力，防范多种疫情输入造成叠加风险，实现多病共防。

【严格质量控制】2022年，保健中心严格安全防护，树立"安全第一，预防为主"理念，落实"培训考核、监督管理、健康监测"三位一体安全防护制度体系，将"处、科、岗"三级专兼职安全防护监督员队伍与安全防护"挑毛病"专家组有机融合，利用视频监控、现场检查及业务督查等形式全面落实"3+2"安全防护监督制度，紧盯实验室核心检测区域，避免发生交叉污染等质量事故。夯实实验室生物安全风险管控和院感管理，规范消毒工作，处置医疗废物，严格阳性样本保存和转运，采取切实可行措施防范和化解职业暴露及感染风险。发挥CNAS 17025认可体系作用，通过"复评审+扩项"远程评审，实验室管理体系和技术能力满足CNAS认可要求。定期对提取试剂、扩增仪等组成的检测系统进行必要性能验证，先后参加国家级和省级临检中心组织的新冠核酸检测室间质评16次，开展设备校准维护，确保关键检测设备正常稳定运行。根据新冠疫情流行情况，对标院感质控标准，发挥预检分诊的"哨点"作用，安排有经验的医务人员落实"一看一测三查四问"工作法，守好医疗机构入口关。工作中实施"一人一检一室、一人一物一换、一人一用一消"，落实"一米线、间隔坐、随手消"，防止交叉感染。增加高频率接触的物体表面或重点部位消毒频次，按要求开展紫外灯管、高压灭菌器、医疗污水的监测及消毒效果评价，完善消毒工作全链条管理。落实新冠医疗废物与普通医疗废物的分类贮存、转运，把好疫情防控最后一环。加强学习培训和实战演练，组织培训学习总署、国家卫健委印发的最新版新冠疫情口岸防控技术方案等技术规范文件，累计开展新冠疫情防护、实验室检测、生物安全、质量控制等培训30余次，培训人员200余人，取得核酸检测资质14人，取得特种设备作业人员证书5人，加强检测上岗实操，组织开展职业暴露、标本溢洒、压力容器事故等应急演练，注重提高队伍的应急处置能力和实战操作能力。

【国际旅行健康服务】2022年，保健中心严格落实医疗质量管理相关文件要求，遵守医疗质量安全制度，夯实医疗质量安全工作基础，严格医疗执业操作规范，有效运行医疗安全与风险管理体系，加强日常管理和监督检查，贯彻落实医院感染管理相关制度和规范，形成感染重点部门、重点环节的安全风险监控和管理长效机制，年内未发生违反医疗操作常规行为。强化预检分诊管理，研究推进常态化国际旅行健康服务工作，严格执行出入境人员传染病监测体检和预防接种工作程序。严格预防接种管理，完成预防接种严重不良反应处置演练，未发生严重不良反应；加强传染病疫情管理工作，规范疫情档案管理，按照《中华人民共和国传染病防治法》要求，开展流行病学调查，填写记录，按照规定时限通过中国疾病预防控制信息系统、智慧卫生检疫系统上报。年内，监测体检出入境人员3643人次，预防接种3199人份，签发《国际旅行健康证明书》《疫苗接种或预防措施国际证书》等各类证书、外文表格、证明7744次份，检出并报送传染病36例。加强健康教育，做好出入境人员传染病监测把关服务；推进国际传病防控知识宣教，注重国际旅行咨询服务内容和形式，针对目的地较为常见和多发易感的传染病，从传染病流行情况、临床症状、预防控制等方面进行讲解；在体检公共区域制作黄热病、新冠疫情、登革热等6种传染病宣传展板，张贴流感、疟疾等知识海报，电子屏滚动播放全球传染病疫情动态信息；加强重点人群的健康宣教和咨询工作，发放霍乱、流脑等传染病宣传册，"全国疟疾日""科技活动周""世界艾滋病日"期间开展系列宣传活动和艾滋病资源咨询检测工作。多次受邀到山西省疾控中心、卫健委等部门培训授课，为山西省医疗机构、疾控中心等部门近500人开展疟疾防治技术培训。

【安全生产】2022年，保健中心压紧压实安全生产主体责任，严格落实处、科、岗三级安全生产责任，排查安全风险隐患并推进问题整改，强化执业操作规范，严格消毒操作，加强疫苗、试剂存储监控，明确实验室安全管理责任，细化完善管理制度，紧盯实验室核心检测区域，严格执行技术规范和操作规程，加强实验室人员教育，做好个人防护，定期进行实验室环境监测、人员健康监测等，增强安全意识，切实加强海关实验室安全管理。

【财务管理】2022年，保健中心遵守国家财务制度，履行财

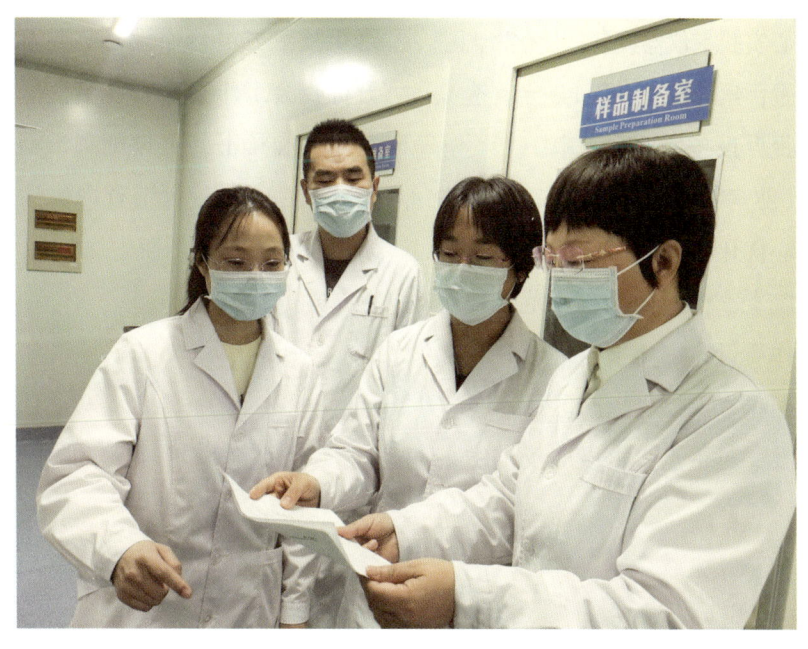

▲2022年10月20日保健中心开展实验室生物安全检查　（王文娟　摄）

务工作职责，严格执行预决算管理，根据太原海关事业单位监督管理委员会工作规程，严格重大经济活动审议审批程序，严格执行支出程序和报销审核，进一步落实"过紧日子"要求，窗口严格区分法定和非法定体检及预防接种业务，落实非法定体检及预防接种业务收费公示制度，全面贯彻落实法定体检及预防接种免收费政策。开展"海关重点项目和财物管理以权谋私"专项整治工作，根据总署重点项目清单分析指引，深入排查疫情防控保障重点项目、实验室建设仪器设备、试剂耗材采购等关键环节存在的问题风险，共排查专项整治问题2个，涉及项目2项。年内，保健中心全面梳理朔州、运城分中心实验室仪器设备，优化资源配置，累计搬迁设备145台（套），提升设备资源利用率。

【业务拓展】2022年，保健中心优化体检流程，聘用三甲医院专家体检团队，规范体检工作质量，细化检后健康评估和回访机制，强化检中健康宣教，对重点人群及时反馈结果

▲2022年5月23日保健中心开展科技活动周活动　（王文娟　摄）

并电话回访。发挥健康体检对疾病初期的预警作用。完成社会健康体检1203人次，驾驶员体检551人次。

【科研制标】2022年，保健中心推进山西省口岸卫生检疫标准化技术委员会建设，定期召开标委会工作会议和年会，修订章程和秘书处工作细则，调整标委会委员，吸纳省内疾病预防控制、三甲医院、医学会等专业机构消毒、应急管理、传染病防控、检验、病媒等方向的专家，与太原海关相关专家共同组建标委会，对口全国卫生检疫标委会，发挥标委会在卫生检疫标准化工作中的引领作用，2项山西省地方标准获发布并实施，3项山西省地方标准获批准立项，1项山西省科协健康科普课题完成验收工作，完成7项关级课题。

撰稿人

王文娟

中国电子口岸数据中心太原分中心

【概况】2022年,中国电子口岸数据中心太原分中心(以下简称"数据分中心")在新一届领导班子的带领下,聚焦优化口岸营商环境、促进贸易便利化、加快推进国际贸易"单一窗口""互联网+海关"等重点项目运维服务,全面推广"单一窗口"各项应用,拓展"关银一KEY通"代理点的验收,强化内部管理和综合保障,为企业提供高水平高质量的服务。

【政治建设】2022年,数据分中心领导班子落实"一岗双责",深刻把握新形势下全面从严治党、党风廉政建设的新任务新要求,落实全面从严治党主体责任,"一把手"严格履行"第一责任人"职责,班子成员集体研究部署、一体推进"三不腐"工作,组织梳理数据分中心政治标准3条,制定整改措施6条,全部整改完毕。抓实抓细学习贯彻党的二十大精神,班子成员发挥头雁作用,参加科技处支部活动,提交交流材料2份,始终把学习贯彻习近平新时代中国特色社会主义思想作为长期重要政治任务,定期组织数据分中心职工开展政治理论学习。

【网络数据安全保障】2022年,数据分中心逐步完善电子口岸专网太原分节点网络安全软硬件设施,制定二级节点机房安全运维技术文件11项,完善机房管理制度,重点完成2022年北京冬奥会和冬残奥会、全国"两会"和党的二十大等重要时期网络安全保障任务,确保电子口岸专网和信息系统安全稳定运行。

【中国国际贸易单一窗口服务和保障】2022年,数据分中心紧盯电子口岸和"单一窗口"热线服务,2022年热线接通率

▲2022年11月15日,数据分中心为"关银一KEY通"项目承办单位——建行河西支行办理延期授权业务 (孟涛 摄)

98.3%，答复准确率97.5%，完成数据中心"接通率96%以上、答复准确率95%以上"的工作目标。总署每月口岸简讯国际贸易单一窗口服务月报中，数据分中心地方客服绩效考核1—12月均为100分；完成1次涉及27家企业56人的"单一窗口"应用及常见问题网络培训。年内通过热线电话解决企业"单一窗口"问题1445个，录入单证184份。

【"关银一KEY通"业务推广】2022年，数据分中心探索电子口岸认证制发卡业务方便快捷流程，开展线上申领入网卡、缩短领卡周期，制定疫情期间远程评估代办点现场评估准则，持续推进"关银一KEY通"合作。在太原、大同、运城、长治等地区已有合作代理制卡建设银行网点10个，为山西150多家企业发放共享盾1700余个。对建设银行长治分行进行验收，对晋阳支行进行授权延期。为建设银行代理点70人开展1次网络技术培训。

【跨境电商企业服务】2022年，数据分中心为山西跨境电子商务平台运维提供技术支持。根据数据中心的要求，对跨境MQ数据传输系统做出修改，为太原、大同、运城、晋城等43家企业配置跨境传输ID，提供企业端热线技术支持826次，报运管平台解决问题16个。

年内，在武宿综合保税区省级跨境电子商务通关服务系统和通关管理系统运维方面，数据分中心解决8家区内企业反映的关于"1210"业务运行过程中客户端故障、报文收不到回执、报文有误、账号登录异常等问题38个。开展业务及软件使用、数据流向等知识培训，涉及入区企业3家。进行入区流程以及入区前需要准备的资料讲解，涉及企业2家。与省商务厅外贸处、数据中心东方物通公司协调上线跨境电商模块"9710""9810"，试运行结果正常。

撰稿人

孟　涛

第九篇

统计资料

山西省进出口商品年度总值表

年度	人民币（亿元）			美元值（亿美元）		
	进出口	出口	进口	进出口	出口	进口
2007	890	503	386	116	65	50
2008	1017	653	364	144	93	51
2009	584	194	390	86	28	57
2010	855	320	535	126	47	79
2011	959	354	605	147	54	93
2012	950	443	507	150	70	80
2013	980	496	484	158	80	78
2014	997	549	448	162	89	73
2015	912	523	389	147	84	63
2016	1100	655	445	167	99	67
2017	1163	690	473	172	102	70
2018	1369	810	559	208	123	85
2019	1448	807	641	210	117	93
2020	1504	874	630	218	127	92
2021	2230	1366	864	343	209	134
2022	1846	1212	634	277	182	95

山西省2022年进出口商品月度总值表

月份	进出口				出口				进口			
	人民币(万元)	同比(%)	美元值(万美元)	同比(%)	人民币(万元)	同比(%)	美元值(万美元)	同比(%)	人民币(万元)	同比(%)	美元值(万美元)	同比(%)
合计	18455958	-16.7	2773249	-19.1	12114447	-10.3	1818104	-13	6341511	-26.6	955145	-28.5
2022年1月	1636858	-12.3	256760	-10.1	969680	-15.6	152114	-13.4	667178	-7.2	104646	-4.9
2022年2月	1211520	-18.8	190267	-17.2	759970	-11.2	119352	-9.5	451550	-29.0	70915	-27.6
2022年3月	1707681	3.7	268808	5.2	1043111	7.1	164161	8.6	664570	-1.4	104647	0.1
2022年4月	1536901	-30.2	241244	-28.9	966246	-31.3	151697	-29.9	570655	-28.4	89547	-27.0
2022年5月	1296086	-31.7	202418	-30.6	861229	-30.6	134484	-29.5	434856	-33.9	67934	-32.8
2022年6月	1699478	-18.9	254048	-22.0	1241995	6.7	185660	2.6	457484	-51.0	68389	-52.9
2022年7月	1572731	-16.6	233105	-20.7	1079195	-12.5	159979	-16.9	493536	-24.2	73126	-28.0
2022年8月	1659317	-0.8	245934	-4.8	1113791	8.5	165079	4.1	545526	-15.6	80855	-19.0
2022年9月	1563176	-12.5	230202	-16.4	1049458	-4.8	154596	-9.0	513718	-24.6	75606	-28.1
2022年10月	1480412	-8.9	213436	-15.2	916451	-8.0	132191	-14.3	563961	-10.4	81245	-16.7
2022年11月	1662198	8.9	234228	-1.5	1140802	25.7	160788	13.6	521396	-15.2	73440	-23.4
2022年12月	1429599	-19.8	202798	-27.2	972518	-14.0	138003	-21.9	457081	-29.6	64795	-36.1

山西省2022年进出口商品国别（地区）前30位总值表

进口原产国（地）出口最终目的国（地）	进出口 人民币（万元）	同比（%）	出口 人民币（万元）	同比（%）	进口 人民币（万元）	同比（%）
美国	3870125	-4.3	3776049	-5.6	94076	101.3
中国台湾	1314034	-26.2	121341	-33.0	1192693	-25.4
韩国	967545	25.2	510899	92.5	456646	-10.1
日本	886985	-63.5	615684	-39.2	271301	-80.8
印度尼西亚	741708	99.0	149660	39.6	592048	123.0
澳大利亚	715669	-38.3	247153	-16.4	468516	-45.8
荷兰	671212	-26.8	668049	-26.8	3163	-18.3
捷克	595900	267.6	589619	273.5	6281	48.4
印度	571283	4.1	515805	35.9	55478	-67.3
加拿大	504819	0.0	416134	20.8	88684	-44.8
巴西	477301	12.8	311576	13.7	165725	11.3
墨西哥	468519	39.0	337514	76.8	131005	-10.3
新加坡	456626	-2.1	385831	3.3	70796	-23.8
英国	445066	2.0	440419	2.6	4647	-36.4
越南	419247	-50.2	191557	-31.1	227690	-59.6
意大利	391247	76.8	361151	117.9	30096	-45.8
南非	384376	34.6	72830	59.3	311546	29.9
新喀里多尼亚	367724	98.7	71	11008.4	367653	98.7
哥伦比亚	306642	137.0	91467	111.8	215174	149.7
俄罗斯联邦	289487	-45.8	249695	-49.2	39792	-6.2
土耳其	289444	-16.7	280811	-17.1	8634	-0.5
泰国	260953	-13.4	249573	-11.7	11380	-39.4
德国	260178	-47.2	138679	-63.0	121499	2.9

续表

进口原产国（地）出口最终目的国（地）	进出口		出口		进口	
	人民币（万元）	同比（%）	人民币（万元）	同比（%）	人民币（万元）	同比（%）
智利	234624	-31.4	99403	-11.5	135221	-41.1
阿联酋	188906	57.3	188876	62.0	30	-99.2
秘鲁	180846	332.4	34814	3.4	146032	1692.4
沙特阿拉伯	164014	58.2	146633	41.5	17381	72404.2
中国香港	162728	-87.7	162716	-87.7	12	-83.3
菲律宾	161814	-12.0	19074	-36.3	142740	-7.2
马来西亚	106099	-61.3	58232	-68.8	47867	-45.2

山西省2022年进出口商品贸易方式总值表

贸易方式	进出口		出口		进口	
	人民币（万元）	同比（%）	人民币（万元）	同比（%）	人民币（万元）	同比（%）
进出口贸易总值	18455958	-16.7	12114447	-10.3	6341511	-26.6
一般贸易	8010033	7.9	4086434	7.6	3923600	8.2
国家间、国际组织无偿援助和赠送的物资	1374	-46.8	1374	-46.8	0	—
华侨、港澳台同胞、外籍华人捐赠物资	70	—	70	—	0	—
加工贸易	10078863	-20.2	7916067	-10.1	2162796	-43.4
补偿贸易	0	—	0	—	0	—
来料加工装配贸易	23538	-90.3	10590	-77.4	12948	-93.4
进料加工贸易	10055325	-18.8	7905477	-9.7	2149848	-40.8
寄售、代销贸易	0	—	0	—	0	—
边境小额贸易（边民互市贸易除外）	0	—	0	—	0	—
加工贸易进口设备	3599	-22.9	0	—	3599	-22.9
对外承包工程出口货物	18596	-91	18596	-91	0	—
租赁贸易	102	—	0	—	102	—
外商投资企业作为投资进口的设备、物品	0	-100	0	—	0	-100
出料加工贸易	0	—	0	—	0	—
易货贸易	0	—	0	—	0	—
免税外汇商品	0	—	0	—	0	—
保税仓库进出境货物	125799	-69.1	77743	-23	48055	-84.3
保税区进出境仓储或转口货物	205118	-85.9	4701	-99.2	200416	-76.9
出口加工区进口设备物品	80	-96.7	0	—	80	-96.7
免税品	0	—	0	—	0	—
其他	12326	-15.1	9463	-15.6	2863	-13.5

山西省2022年进出口企业性质总值表

企业性质	进出口		出口		进口	
	人民币（万元）	同比（%）	人民币（万元）	同比（%）	人民币（万元）	同比（%）
进出口贸易总值	18455958	-16.7	12114447	-10.3	6341511	-26.6
国有企业	4158212	9.9	1395796	8.0	2762415	10.8
外商投资企业	8393629	-21.0	8042504	-3.8	351125	-84.5
中外合作企业	0	-98.2	0	-98.2	0	-97.4
中外合资企业	8316357	-21.0	7974711	-3.7	341646	-84.7
外商独资企业	77272	-24.4	67793	-5.0	9479	-69.3
民营企业	5894006	-23.7	2668078	-30.8	3225928	-16.7
集体企业	188219	-30.2	18437	-2.8	169782	-32.3
私营企业	5693699	-23.5	2637553	-31.0	3056146	-15.6
个体工商户	12088	9.4	12088	9.4	0	—
报关单位	0	-91.5	0	—	0	-100.0
其他	10111	-23.7	8069	-25.4	2042	-16.0

2022年进出口商品运输方式总值表

运输方式	进出口		出口		进口	
	人民币（万元）	同比（%）	人民币（万元）	同比（%）	人民币（万元）	同比（%）
合计	18455958	-16.7	12114447	-10.3	6341511	-26.6
水路运输	7591241	5.1	3804845	2.7	3786397	7.6
铁路运输	177392	47.6	87730	77.9	89662	26.5
公路运输	1049368	-77.2	76851	-93.5	972517	-71.5
航空运输	9622067	-5.1	8135314	-4.5	1486753	-8.6
邮件运输	10139	-23.7	8069	-25.4	2069	-15.7
其它运输	5751	-86.3	1637	-96	4113	297.5

山西省2022年进出口商品类章总值表

商品类章	进出口		出口		进口	
	人民币（万元）	同比（%）	人民币（万元）	同比（%）	人民币（万元）	同比（%）
总值	18455958	-16.7	12114447	-10.3	6341511	-26.6
第一类　活动物；动物产品	95825	169.3	7741	70.7	88084	183.8
01章 活动物	0	-100.0	0	-100.0	0	—
02章 肉及食用杂碎	83960	169.0	519	-43.0	83441	175.4
03章 鱼、甲壳动物、软体动物等	4085	4852.4	0	—	4085	4852.4
04章 乳、蛋、蜂蜜；其他食用动物产品	4702	801.0	4461	6493.8	241	-46.9
05章 其他动物产品	3079	-16.5	2762	-20.7	317	55.1
第二类　植物产品	165363	38.4	81062	1.0	84301	115.0
06章 活植物；鳞茎、根；插花及装饰用叶	615	-8.8	615	-0.7	0	-100.0
07章 食用蔬菜、根及块茎	28924	27.6	28924	28.6	0	-100.0
08章 食用水果及坚果；水果或甜瓜的果皮	60730	-29.6	47103	-12.5	13627	-57.9
09章 咖啡、茶、马黛茶及调味香料	261	300.9	214	228.4	47	—
10章 谷物	783	46.8	464	-13.0	319	
11章 制粉工业产品；麦芽、淀粉；菊粉；面筋	2	-81.2	2	-81.6	0	
12章 果实、果仁、工业或药用植物；稻草、饲料	73359	736.5	3051	39.8	70308	967.4
13章 虫胶；树胶、树脂及其他植物液、汁	615	36.1	615	36.1	0	
14章 编结用植物材料；其他植物产品	75	-12.6	75	-12.6	0	
第三类　动、植物油、脂、蜡及其分解产品	22405	41.5	32	-46.3	22373	41.8
15章 动、植物油、脂、蜡及其分解产品	22405	41.5	32	-46.3	22373	41.8
第四类　食品、饮料、酒及醋；烟草及制品	38075	6.8	33948	5.3	4127	21.6
16章 肉、鱼、甲壳动物、软体动物及制品	0	—	0	—	0	—
17章 糖及糖食	1491	220.1	804	72.8	686	—
18章 可可及可可制品	189	182.5	0	—	189	182.5

续表

商品类章	进出口 人民币（万元）	进出口 同比（%）	出口 人民币（万元）	出口 同比（%）	进口 人民币（万元）	进口 同比（%）
19章 谷物、粮食粉淀粉或乳的制品；糕饼点心	1644	-41.8	1360	-43.2	284	-33.9
20章 蔬菜、水果、坚果或植物其他部分的制品	20206	28.1	20206	28.9	0	-100.0
21章 杂项食品	688	-56.3	195	1.8	493	-64.3
22章 饮料、酒及醋	7465	-8.2	6668	-8.1	797	-9.0
23章 食品工业的残渣及废料；配制的动物饲料	6383	-6.1	4705	-24.8	1678	210.1
24章 烟草、烟草及烟草代用品的制品	9	—	9	—	0	—
第五类　矿产品	1999162	-9.5	251087	59.6	1748076	-14.8
25章 盐、硫磺、泥土、石料、石膏料、石灰、水泥	58307	48.3	56721	44.9	1586	785.7
26章 矿砂、矿渣及矿灰	1582626	-13.8	2	-93.2	1582624	-13.8
27章 矿物燃料、油及其蒸馏产品；沥青；矿物蜡	358229	7.8	194364	64.5	163866	-23.5
第六类　化学工业及其相关工业的产品	695527	1.2	666801	2.7	28727	-24.6
28章 无机化学品；稀贵金属．放射性元素	151642	8.4	151255	14.9	387	-95.3
29章 有机化学品	272462	13.1	269243	14.0	3219	-32.8
30章 药品	51878	-26.9	49157	-29.2	2721	87.5
31章 肥料	23013	-66.0	23013	-66.0	0	-100.0
32章 鞣料、染料、颜料、漆、胶粘剂、墨水、油墨	27049	-3.9	23866	-1.1	3183	-20.4
33章 精油及香膏；芳香料制品及化妆盥洗品	622	-33.8	247	-48.5	374	-18.5
34章 肥皂、洗涤剂、润滑剂、光洁剂、蜡、活性剂	6074	20.5	5231	70.2	843	-57.1
35章 蛋白类物质；改性淀粉；胶、酶	4437	11.8	944	81.8	3493	1.2
36章 炸药、烟火制品；火柴、引火合金、易燃料	2637	122.4	2637	122.4	0	—
37章 照相及电影用品	223	32.2	132	3.3	91	122.5
38章 杂项化学用品	155491	21.0	141075	22.8	14416	5.6
第七类　塑料及其制品；橡胶及其制品	180912	-40.6	138607	-44.8	42305	-20.5
39章 塑料及其制品	117047	-32.5	88263	-38.5	28784	-4.1
40章 橡胶及其制品	63865	-51.2	50345	-53.3	13521	-41.7
第八类　生皮、皮革、毛皮及其制品	9996	-51.2	9967	-51.2	29	-59.1
41章 生皮（毛皮除外）及皮革	159	-85.3	159	-85.3	0	—
42章 皮革制品、旅行用品、手提包及类似容器	4616	-71.5	4588	-71.6	28	-60.5
43章 毛皮、人造毛皮及其制品	5221	62.9	5220	62.9	2	-2.8
第九类　木及木制品；其他编结材料制品	8542	-6.3	3720	-27.6	4822	21.2
44章 木及木制品、木炭	8126	-6.2	3484	-27.1	4642	19.6

续表

商品类章	进出口 人民币(万元)	进出口 同比(%)	出口 人民币(万元)	出口 同比(%)	进口 人民币(万元)	进口 同比(%)
45章 软木及软木制品	180	84.3	0	—	180	84.3
46章 稻草、秸秆、柳、滕等编结材料制品	236	-33.5	236	-33.6	0	—
第十类 纸浆；纸、纸板及其制品	16788	-37.5	8810	-59.0	7978	48.0
47章 木浆及其他纤维素浆；回收纸或纸板	2165	360739.5	2	162.5	2163	—
48章 纸、纸板、纸浆、纸或纸板制品	14391	-45.7	8645	-59.1	5746	7.3
49章 书籍、报纸、印刷图画及印刷品；手稿	233	-39.3	164	-52.9	69	93.7
第十一类 纺织原料及纺织制品	110270	-3.8	101795	-6.6	8475	49.8
50章 蚕丝	0	-91.0	0	-91.0	0	—
51章 羊毛、动物毛、马毛纱线及其机织物	9788	234.0	2790	80714.0	6998	139.1
52章 棉花	62382	30.0	62372	34.2	9	-99.4
53章 其他植物纺织纤维；纸纱线及其织物	2215	135.2	1605	141.5	610	119.9
54章 化学纤维长丝	4233	28.1	4233	28.1	0	-83.7
55章 化学纤维短丝	4477	33.1	4271	44.0	205	-48.2
56章 絮胎、毡呢及无纺织物；线、绳、缆及制品	641	-68.5	638	-68.6	3	25.3
57章 地毯及纺织材料的其他铺地制品	179	-47.7	177	-48.3	2	13531.4
58章 特种机织物；花边、装饰毯.带、刺绣品	1193	-33.3	1187	-33.4	5	-1.1
59章 浸、涂、包或层压的纺织物；工业用纺织制品	426	-39.9	233	-64.6	192	284.4
60章 针织物及钩编织物	925	-38.5	924	-38.4	1	-58.9
61章 针织及钩编的服装及衣着附件	8631	-52.0	8521	-52.1	110	-42.7
62章 非针织及钩编的服装及衣着附件	7983	-55.5	7662	-56.6	321	17.7
63章 其他纺织制成品；成套物品、旧纺织品	7198	-47.8	7181	-47.9	17	105.0
第十二类 鞋帽伞杖鞭；羽毛制品；人造花	7708	-72.4	7595	-72.7	113	-5.0
64章 鞋靴、护腿和类似品及其零件	6483	-46.6	6377	-47.0	106	9.1
65章 鞋类及其零件	373	-79.5	370	-79.6	3	-69.4
66章 雨伞、阳伞、手杖、鞭子、马鞭及其零件	193	-69.6	189	-70.0	4	30.7
67章 羽毛、羽绒及制品；人造花、人发制品	659	-95.1	659	-95.1	0	-100.0
第十三类 石料及其制品；陶瓷玻璃及制品	125825	-31.4	123601	-31.2	2224	-41.3
68章 石料、石膏、水泥、石棉、云母及类似制品	13353	-52.2	13112	-52.5	241	-26.1
69章 陶瓷制品	26924	-57.3	25010	-58.3	1914	-38.2
70章 玻璃及其制品	85548	-7.5	85479	-7.2	69	-81.1
第十四类 珍珠、宝石、贵金属；仿首饰；硬币	2678	-25.9	2610	-26.6	67	21.9

续表

商品类章	进出口		出口		进口	
	人民币(万元)	同比(%)	人民币(万元)	同比(%)	人民币(万元)	同比(%)
71章 珍珠、宝石、贵金属；仿首饰；硬币	2678	-25.9	2610	-26.6	67	21.9
第十五类 贱金属及其制品	3182856	38.3	1530328	31.0	1652528	45.8
72章 钢铁	2250717	45.5	865534	34.7	1385183	53.2
73章 钢铁制品	283186	3.0	259639	2.7	23547	5.5
74章 铜及其制品	20517	-31.0	6421	32.4	14097	-43.4
75章 及其制品	205689	18.3	93	102.5	205596	18.2
76章 铝及其制品	46894	127.7	23662	77.3	23232	220.1
78章 铅及其制品	1	-59.2	1	-59.2	0	—
79章 锌及其制品	51	146.1	49	143.9	2	219.2
80章 锡及其制品	56	181.6	14	—	42	112.2
81章 其他贱金属、金属陶瓷及其制品	360909	62.1	360876	62.2	33	-67.1
82章 贱金属工具、器具、利口器、餐匙.餐叉	10499	-21.8	10106	-22.1	393	-12.3
83章 贱金属杂项制品	4336	-77.5	3934	-79.0	402	-20.6
第十六类 机器、电子产品、电气设备及零件	11186404	-25.4	8765070	-14.1	2421333	-49.6
84章 核反应堆、锅炉、机器、机械器具及零件	583710	7.5	428258	20.7	155452	-17.3
85章 电机电气设备、电视音像设备及零部件	10602694	-26.7	8336813	-15.3	2265881	-50.9
第十七类 车辆、航空器、船舶及运输设备	260495	22.9	230707	39.8	29788	-36.4
86章 铁道电车道机车及其固定装置的零件	103960	33.3	75565	135.6	28395	-38.2
87章 车辆及其零件、铁道及电车道车辆除外	155208	23.2	155084	23.7	124	-77.2
88章 航空器、航天器及其零件	1281	221.4	12	—	1269	218.3
89章 船舶及浮动结构体	45	-99.4	45	-99.4	0	—
第十八类 光学、检测、医疗设备；钟表、乐器	222427	-54.7	29011	-73.6	193416	-49.2
90章 光学、计量、检验、医疗设备及零件	221891	-54.6	28636	-73.5	193255	-49.2
91章 钟表及其零件	334	-63.5	212	-76.2	122	402.9
92章 乐器及其零件、附件	202	-75.5	163	-80.3	40	—
第十九类 武器、弹药及其零件、附件	0	—	0	—	0	—
93章 武器、弹药及其零件、附件	0	—	0	—	0	—
第二十类 杂项制品	114323	-65.8	113692	-63.8	631	-96.9
94章 家具、寝具、褥垫、照明装置、活动房屋	23732	-81.0	23368	-77.7	364	-98.2
95章 玩具、游戏品、运动用品及其零件、附件	55519	-68.5	55487	-68.5	32	160.6
96章 杂项制品	35072	4.6	34837	4.7	235	-8.8

续表

商品类章	进出口 人民币（万元）	进出口 同比（%）	出口 人民币（万元）	出口 同比（%）	进口 人民币（万元）	进口 同比（%）
第二十一类　艺术品、收藏品及古物	3	-99.2	0	-100.0	3	128.1
97章 艺术品、收藏品及古物	3	-99.2	0	-100.0	3	128.1
第二十二类　特殊交易品及未分类商品	10373	-23.1	8263	-24.9	2110	-15.0
98章 特殊交易品及未分类商品	10373	-23.1	8263	-24.9	2110	-15.0
*机电产品	11901231	-26.1	9231693	-14.7	2669538	-49.3
*高新技术产品	10253640	-28.2	8083142	-16.3	2170498	-53.1
*农产品	329804	56.0	123237	5.1	206567	119.5

山西省2022年进出口商品经营单位所在地总值表

经营单位所在地	进出口		出口		进口	
	人民币（万元）	同比（%）	人民币（万元）	同比（%）	人民币（万元）	同比（%）
总值	18455958	－16.7	12114447	－10.3	6341511	－26.6
太原市	14670712	－20.2	9718169	－14.6	4952544	－29.2
大同市	517602	－25.6	361019	－21.8	156583	－33.0
阳泉市	105585	－19.4	65972	40.9	39613	－53.0
长治市	148385	7.4	130955	4.1	17430	40.8
晋城市	420086	－18.6	181517	48.3	238569	－39.4
朔州市	71821	－4.8	44784	7.0	27037	－19.6
忻州市	235577	31.4	177081	33.5	58496	25.5
吕梁市	445201	－17.0	247781	4.2	197420	－33.9
晋中市	408105	20.6	347303	12.6	60802	103.7
临汾市	308068	0.3	265096	－10.8	42972	328.0
运城市	1124815	31.5	574771	62.8	550044	9.4

附

录

2022年太原海关荣获"光荣在党50年"纪念章人员名单

刘明生　张日斌　于明月

2022年度太原海关授衔名录

《海关总署关于授予、晋升和选升董辉等538名同志关衔的命令》
（署衔令〔2022〕8号）

（一）授予以下8名同志三级关务监督关衔

廉慧锋　太原海关办公室主任、一级调研员
王　苓　太原海关综合业务一处二级调研员
王瑞琛　太原海关动植物检疫处二级高级主管
王怡敏　太原海关财务处处长
张向锋　太原海关财务处二级调研员
邹　萍　太原海关财务处二级调研员
杜　伟　太原海关监察室二级调研员
王建洪　太原海关监察室二级调研员

（二）以下3名同志关衔选升为三级关务监督

刘燕云　太原海关统计分析处二级调研员
苏　健　太原海关科技处二级高级主管
高　旭　太原海关法规和督察内审处二级调研员

《海关总署关于2022年第一次关衔集中调整的命令》
（署衔令〔2022〕10号）

（一）授予以下3名同志一级关务督察关衔

韩　峰　太原海关卫生检疫和进出口食品安全处副处长、三级调研员
吴永升　太原海关动植物检疫处副处长、三级高级主管
郭彤国　太原海关所属太原机场海关四级高级主办

（二）以下5名同志关衔晋升为一级关务督察

于文芳　太原海关综合业务二处副处长

崔旭升　太原海关财务处副处长

史新天　太原海关财务处四级调研员

陈　萍　太原海关法规和督察内审处副处长

卫海明　太原海关所属运城海关副关长

（三）授予以下 3 名同志二级关务督察关衔

郑　罡　太原海关办公室副主任

常亚琦　太原海关动植物检疫处副处长

石腊梅　太原海关所属阳泉海关二级主办

（四）以下 1 名同志关衔晋升为二级关务督察

靳斌斌　太原海关所属运城海关科长、一级主办

（五）以下 2 名同志关衔晋升为三级关务督察

李建鸿　太原海关所属太原机场海关办公室主任

张鹏雁　太原海关所属朔州海关副关长

《太原海关关于晋升、微调杜义新等 24 人关衔的命令》
（并关衔令〔2022〕1 号）

（一）以下 6 名同志关衔微调为一级关务督办

杜义新　太原海关办公室文秘科副科长、二级主任科员

路志昊　太原海关卫生检疫和进出口食品安全处卫生检疫科二级主管

刘晓佳　太原海关所属太原机场海关旅检三科副科长

申梦童　太原海关所属运城海关查检科二级主办

聂小寒　太原海关所属运城海关旅检科副科长、三级主办

黄　磊　太原海关所属晋城海关查检科副科长、三级主办

（二）以下 2 名同志关衔晋升为一级关务督办

谭雨甜　太原海关所属太原机场海关办公室三级主办

李　玮　太原海关所属晋阳海关查检科副科长、三级主办

（三）授予以下 4 名同志二级关务督办关衔

冯嘉轴　太原海关所属武宿海关查检科四级主办

王静静　太原海关所属晋城海关查检科四级主办

李玲玉　太原海关所属阳泉海关查检科四级主办

张凌丽　太原海关所属忻州海关综合业务科四级主办

（四）以下 5 名同志关衔晋升为二级关务督办

高瀚林　太原海关办公室信息宣传科三级主任科员

李　盼　太原海关综合业务一处通关（知识产权）科副科长
张泽政　太原海关所属临汾海关查检科副科长
侯奋兴　太原海关所属运城海关稽查科四级主办
霍睿珍　太原海关所属朔州海关办公室四级主办

（五）以下6名同志关衔晋升为三级关务督办

张志文　太原海关所属太原机场海关旅检一科四级主办
任　帅　太原海关所属晋阳海关办公室四级主办
贾　芸　太原海关所属晋阳海关稽查科四级主办
王　蓓　太原海关所属大同海关办公室四级主办
许晓丹　太原海关所属运城海关办公室四级主办
黄　峪　太原海关所属运城海关稽查科四级主办

（六）授予以下1名同志一级关务员关衔

张　越　太原海关所属晋阳海关综合业务一科一级行政执法员

《国务院关于授予和晋升邸连柱等71名同志海关关衔的命令》
（国函〔2022〕84号）

授予以下1名同志一级关务监督关衔
张　军　太原海关党委纪检组组长、一级巡视员

《国务院关于晋升和授予冯斌等115名同志海关关衔的命令》
（国函〔2022〕124号）

（一）授予以下2名同志二级关务监督关衔
武志明　太原海关二级总监
翟金义　太原海关二级巡视员

（二）以下1名同志关衔晋升为二级关务监督
樊　琳　太原海关二级巡视员

《海关总署关于2022年第二次关衔集中调整的命令》
（署衔令〔2022〕19号）

（一）授予以下5名同志一级关务督察关衔
王建军　太原海关卫生检疫和进出口食品安全处副处长、三级高级主管
薛东华　太原海关所属太原机场海关四级高级主办
李润恒　太原海关所属太原机场海关四级高级主办

李　鹏　太原海关所属大同海关四级高级主办
郝建军　太原海关所属大同海关科长、四级高级主办

（二）以下 2 名同志关衔晋升为一级关务督察
赵中华　太原海关综合业务一处四级调研员
黄　娟　太原海关所属晋阳海关四级高级主办

（三）授予以下 1 名同志二级关务督察关衔
倪　松　太原海关所属太原机场海关一级主办

（四）以下 3 名同志关衔晋升为二级关务督察
单晓波　太原海关科技处科长、一级主管
朱江涛　太原海关机关党委科长、一级主任科员
李成林　太原海关所属大同海关科长、一级主办

（五）以下 6 名同志关衔晋升为三级关务督察
张海宁　太原海关办公室一级主任科员
徐　婷　太原海关综合业务二处一级主管
张小凤　太原海关所属临汾海关二级主办
李　坤　太原海关所属临汾海关二级主办
张　蕾　太原海关所属长治海关三级主办
赵瑞刚　太原海关所属忻州海关科长、一级主办

《海关总署关于授予、晋升和选升高峰等 366 名同志关衔的命令》
（署衔令〔2022〕21 号）

授予以下 2 名同志三级关务督察关衔
贾治山　太原海关党委派驻第三纪检组二级调研员
孙英泽　太原海关所属长治海关关长

《太原海关关于授予和晋升李芊芊等 48 人关衔的命令》
（并关衔令〔2022〕2 号）

（一）以下 17 名同志关衔晋升为一级关务督办
李芊芊　办公室机要档案科副科长、三级主任科员
许辕坤　综合业务二处风险管理科副科长、二级主管
原　迪　统计分析处统计科副科长、二级主任科员
武　炜　监察室执纪审查科科长
王　琦　太原机场海关办公室二级主办

李　鹭　太原机场海关旅检二科三级主办
张　燕　太原机场海关旅检二科二级主办
刘小亚　晋阳海关综合业务二科三级主办
谭国军　晋阳海关办公室主任
石毅潇　武宿海关综合业务科科长
王泽军　运城海关查检科三级主办
陈泽鹏　运城海关查检科三级主办
张　媛　晋城海关综合业务科三级主办
马艳芳　长治海关办公室三级主办
李　娜　长治海关查检科二级主办
张家维　忻州海关办公室三级主办
周轩德　忻州海关办公室主任

（二）以下14名同志关衔晋升为二级关务督办

顾　帅　综合业务一处监管科副科长、三级主任科员
姜　名　综合业务二处特殊区域发展科三级主任科员
马　榕　综合业务二处风险管理科三级主管
李轩质　机关党委（思想政治工作办公室）党风廉政建设科四级主任科员
樊　超　太原机场海关旅检二科副科长
李　晶　太原机场海关邮件监管科三级主办
李　敬　晋阳海关综合业务一科副科长
林鑫磊　大同海关办公室副主任、三级主办
高　洋　运城海关办公室副主任
张治国　运城海关综合业务科副科长
沈忆平　运城海关稽查科副科长
韩晓兰　晋城海关稽查科四级主办
鲁慧钦　晋城海关稽查科四级主办
闫欣桐　忻州海关查检科三级主办

（三）以下12名同志关衔晋升为三级关务督办

徐浩然　人事教育处工编事业科一级科员
支　茵　太原机场海关旅检一科四级主办
张　博　太原机场海关旅检二科四级主办
王亚乾　太原机场海关旅检二科四级主办
席亮亮　太原机场海关旅检三科四级主办

贺子恒　太原机场海关邮件监管科四级主办
温星宇　晋阳海关核查科四级主办
张瑞格　晋阳海关综合业务一科四级主办
陆　达　晋阳海关综合业务二科四级主办
李明月　武宿海关稽查科一级行政执法员
徐青阳　大同海关稽查科四级主办
苏　南　朔州海关办公室四级主办

（四）授予以下5名同志一级关务员关衔

范思瑞　太原机场海关一级行政执法员
孙世龙　武宿海关一级行政执法员
王凌云　大同海关办公室一级行政执法员
郑琁友　阳泉海关一级行政执法员
余　凯　朔州海关一级行政执法员

2022年太原海关各类荣誉和奖励情况表

序号	荣誉名称	获奖单位或个人	颁奖单位	发文字号	发文时间
1	全国海关系统先进集体	卫生检疫和进出口食品安全处	人力资源社会保障部 海关总署	人社部发〔2023〕9号	2023年2月2日
2	节约型机关	太原海关，太原机场海关、晋阳海关、大同海关、临汾海关、运城海关、长治海关、阳泉海关、忻州海关	国家机关事务管理局、中共中央直属机关事务管理局、国家发展和改革委员会、财政部	节约型机关创建	2022年11月3日
3	全国海关党建示范品牌	大同海关综合业务科党支部、保健中心党支部、办公室党支部	中共海关总署委员会	署党发〔2022〕41号	2022年7月7日
4	全国海关党建培育品牌	运城海关综合业务科党支部、临汾海关综合业务科党支部、晋阳海关查检科党支部	中共海关总署委员会	署党发〔2022〕41号	2022年7月7日
5	第一届山西省标准化创新贡献奖个人奖	宋欢	山西省人民政府	晋政函〔2022〕95号	2022年10月11日
6	海关总署动植司关于对智慧动植检相关工作表现突出的个人提出表扬	李彦缇	海关总署动植检司	动植司便函〔2022〕32号	2022年1月19日
7	海关总署统计分析司关于对专项工作中表现突出同志给予表扬的函	左云伟、徐靖、段歆、郭弘泰、蔚平英	海关总署统计分析司	统计司便函〔2022〕336号	2022年11月2日
8	2022年稽查岗位练兵个人技能比武全国百强	贾芸	海关总署稽查司	稽查司便函〔2022〕353号	2022年10月28日
9	全国缉私部门优秀青年	孙杰	海关总署缉私局	缉私党〔2022〕3号	2022年4月29日

续表

序号	荣誉名称	获奖单位或个人	颁奖单位	发文字号	发文时间
10	全国缉私部门优秀共产党员	张钊	海关总署缉私局	缉私党〔2022〕6号	2022年8月12日
11	全国缉私部门优秀党务工作者	郭志颖	海关总署缉私局	缉私党〔2022〕6号	2022年8月12日
12	全国缉私部门先进基层党组织	直属队党支部	海关总署缉私局	缉私党〔2022〕6号	2022年8月12日
13	全国缉私部门集体三等功	太原海关缉私局新冠肺炎疫情应对工作组	海关总署缉私局	缉私〔2022〕109号	2022年11月18日
14	全国缉私部门集体三等功	太原海关缉私局"百日行动"打击枪支走私案专案组	海关总署缉私局	缉私〔2022〕108号	2022年11月18日
15	全国缉私部门个人三等功	王鹏	海关总署缉私局	缉私〔2023〕67号	2023年7月28日
16	全国缉私部门个人嘉奖	郭志颖、李钢	海关总署缉私局	缉私〔2023〕67号	2023年7月28日
17	海关总署政治部对参加疫情防控一线集中封闭管理有关人员予以通报表扬	太原机场海关张志文、王亚乾	海关总署政治部	政人发〔2022〕8号	2022年9月30日
18	2021—2022年度信息工作先进单位	太原海关	山西省委办公厅	略	2023年7月27日
19	2021—2022年度信息工作先进个人	高瀚林	山西省委办公厅	略	2023年7月27日
20	2022年度信息报送工作成绩优异单位	太原海关	山西省人民政府办公厅	晋政办函〔2023〕39号	2023年4月19日

续表

序号	荣誉名称	获奖单位或个人	颁奖单位	发文字号	发文时间
21	2022年度信息报送工作成绩优异个人	延大海	山西省人民政府办公厅	晋政办函〔2023〕39号	2023年4月19日
22	2021年度省直文明单位标兵	太原海关机关，太原机场海关、晋阳海关、武宿海关、大同海关、临汾海关、运城海关、晋城海关、长治海关、阳泉海关、朔州海关、忻州海关，后勤管理中心、技术中心、保健中心	山西省直机关精神文明建设委员会	晋直文明委〔2022〕3号	2022年9月13日
23	2021年度山西省直机关精神文明建设先进工作者	苏宇澄	山西省直机关精神文明建设委员会	晋直文明委〔2022〕3号	2022年9月2日
24	"喜迎二十大 青春心向党 建功新时代"主题演讲比赛荣获一等奖	李彦缇	省直工委	获奖证书、奖杯	2022年5月27日
25	山西省青年文明号	武宿海关综合业务科、中华人民共和国朔州海关	共青团山西省委	晋团发〔2022〕16号	2022年9月19日
26	"喜迎二十大 奋进新征程"全省职工主题演讲比赛铜奖	李彦缇	山西省总工会	获奖证书、奖杯	2022年9月23日
27	2022年度安全生产目标考核安全生产先进单位	武宿海关	山西转型综合改革示范区安全生产委员会	晋综示安委发〔2023〕1号	2023年6月
28	2022年度安全生产"先进个人"	张东	山西转型综合改革示范区安全生产委员会	晋综示安委发〔2023〕1号	2023年6月
29	太原海关2022年度考核优秀的处级领导班子	办公室、综合业务一处、卫生检疫和进出口食品安全处、财务处、机关党委（思想政治工作办公室）、晋阳海关、大同海关、运城海关、山西国际旅行卫生保健中心（太原海关口岸门诊部）	太原海关	并关人发〔2023〕30号	2023年9月1日

续表

序号	荣誉名称	获奖单位或个人	颁奖单位	发文字号	发文时间
30	太原海关2020年至2022年连续3年优秀记个人三等功	廉慧锋、吴泽元、孙波、杨帅、樊超、张晶晶、刘小丰、郝建军、郭剑峰	太原海关	并关人发〔2023〕30号	2023年9月1日
31	太原海关2022年度考核优秀个人嘉奖	田宝珍、王云飞、赵宇晨、梁建玉、王怡敏、宋振宁、车家春、董旭亮、宋雷、郝新敏、许卫东、胡博、吴海军、谭涛、常海燕、朱月红、韩克俭、高瀚林、郭庆、李盼、尚文博、姜名、范晓瑞、曹欣、李彦缇、王瑞琛、左云伟、蒋鹏宇、邹萍、郝宏斌、张丽珍、单晓波、冀加杰、韩俊华、冯侃、张鹏、苏宇澄、武晓威、杜伟、贾治山、郭丽、裴晓丽、初放、师洪恩、倪松、张博、张志文、支茵、王亚乾、王跃、张新宇、刘卓婷、李玮、赵文娟、谭雨甜、成瑞、贾芸、李龙乾、杨波、张泽政、郭超、孙世龙、郭永红、姜南、李成林、樊燕红、宁钢、刘亚群、相小曼、张小凤、秦旭、靳斌斌、赵梦滢、王泽军、王坤、李林珊、王子临、张媛、刘洪、梁冀、史晓娜、李玉路、苏南、赵瑞刚、闫欣桐	太原海关	并关人发〔2023〕30号	2023年9月1日
32	太原海关2022年度考核优秀个人嘉奖（事业单位）	王红、康杰、李俊革、杨靖平、潘新果、刘军、高媛惠、王丽静、张敏爱、李霖、王琳、郭静、杨玉、李君萍、李晓宾	太原海关	并关人发〔2023〕31号	2023年9月1日
33	太原海关缉私局个人嘉奖	孙杰、刘刚、仇乐	太原海关缉私局	并缉发〔2023〕14号	2023年7月31日
34	太原海关缉私局集体三等功	政治督察工作组	太原海关缉私局	并缉发〔2023〕14号	2023年7月31日
35	太原海关缉私局集体嘉奖	"利剑斩毒"工作组	太原海关缉私局	并缉发〔2023〕14号	2023年7月31日
36	太原海关缉私局个人三等功	徐鹏超	太原海关缉私局	并缉发〔2023〕14号	2023年7月31日
37	太原海关缉私局个人嘉奖	魏晓君、张洁、武星延	太原海关缉私局	并缉发〔2023〕8号	2023年5月29日

续表

序号	荣誉名称	获奖单位或个人	颁奖单位	发文字号	发文时间
38	太原海关2022年政研课题特等奖	"RCEP其他成员国技贸措施研究及应对建议"（课题组长丁三寅副关长，第一执笔人石喆，成员：孙文芳、牛煜、金会东、苑利、康宁、李彦缇、侯芳芳、张宁、郭艳丽、张志凯、赵军、李娜、杨建业、文晓光、张新宇）、"DEPA与海关参与数字贸易国际规则标准制定引导研究"（参与成员：张鹏伟、金会东、张宁、吴嘉欣、李宁）、"海关数据安全管理机制研究"（参与成员：刘怡君、金会东）、"从碳排放看我国主要出口行业碳中和实现路径研究"（参与成员：左云伟、王子临、武星杰、杨浩、赵悠悠）	太原海关统计分析处	统计处通知〔2023〕3号	2023年2月16日
39	太原海关2022年政研课题一等奖	"以'精品'理念推动太原海关政务工作减负增效规范运转的方法研究"（办公室：宋阳、廉慧锋、郑罡、郑炜、王颖恺、延大海、杜义新）、"海关支持太忻一体化经济区发展研究"（晋阳海关：张新宇、宋雷、郭艳丽、谭国军、宁静）、"山西省外贸发展中对RCEP关税政策利用的思考"（业务二处：彭飞、王云飞、王谊、文晓光、陈然）、"强化内控规范管理 在新形势下推动智慧海关财务建设"（财务处：杨帅、王怡敏、原军丰、蔺伟伟）、"新冠肺炎疫情对实验室检验人员心理健康的影响研究"（保健中心、技术中心：李君萍、王红、李晓宾、张敏爱）	太原海关统计分析处	统计处通知〔2023〕3号	2023年2月16日
40	太原海关2022年政研课题二等奖	"创新基层党建工作机制 推动捍卫'两个确立'、做到'两个维护'、强化政治机关建设专项教育活动走深走实"（政工办：苏宇澄、翟金义、朱江涛、张鹏）"后疫情时代出入境人员传染病防控措施探讨"（保健中心：杨玉、王红、王文娟、闫鸿、李君萍、高彩虹、陈茜）、"邮递渠道麻醉药品、精神药品非法入境执法困境与工作建议"（缉私局：王鹏）、"一步式clean-up快速净化技术在'进出境食用陆生动物安全风险监控'中的研究"（技术中心：花锦）、"当前我国应对国际重大突发传染病生物安全机制浅析"（卫食处：赵宇晨、王建军、韩峰、高彩虹、曹欣、路志昊）、"浅析海关进出境货物木质包装检验检疫监管存在不足及对策建议"（临汾海关：赵慧玲、巨雨琴、何向华）、"RCEP协定对山西农产品出口影响分析"（动植检处：李彦缇、康宁、张志凯、李娜）、"RCEP框架下山西省开放发展新格局的构建研究"（运城海关：朱运红、许卫东、靳斌斌、张治国）、"太原航空口岸病媒生物监测分析"（机场海关：吉俊伟、李润恒、初放、冯艳）、"跨境电子商务综合试验区发展研究与实践"（武宿海关：石毅潇、黄金红、谭涛、王正）、"服务山西重大发展战略 使用信息化手段推动区外保税维修业务发展"（科技处、企管处：单晓波、江山、安东云、张国琴）、"提高政治站位 坚守职责定位 推动新时代海关纪检监察工作高质量	太原海关统计分析处	统计处通知〔2023〕3号	2023年2月16日

续表

序号	荣誉名称	获奖单位或个人	颁奖单位	发文字号	发文时间
40	太原海关2022年政研课题二等奖	发展"（监察室：杜伟、郭永军、焦鹏飞）、"推动内陆隶属海关风险管理工作高质量发展的思考"（大同海关：刘小亚、薛晓峰、段歆）、"海关征收税款滞纳金的合法性思考"（法督处：梁引国、吴冬花）、"论行政处罚法的修订对新形势下海关执法的影响"（人教处：杨志雄）、"长治市外向型经济发展研究分析"（长治海关：郎家兴、李文海、刘洪）、"浅谈如何推动忻州法兰行业健康发展"（忻州海关：周轩德、刘志鹏、赵瑞刚）、"依托属地纳税人管理，强化税收风险防控的思考与探索"（晋城海关：张媛）、"充分发挥海关职能 促进山西承接东部地区产业转移"（阳泉海关：郭弘泰）、"RCEP协定对朔州市陶瓷餐具出口的影响分析"（朔州海关：杨浩、胡博、张新年、彭搏）	太原海关统计分析处	统计处通知〔2023〕3号	2023年2月16日
41	太原海关2022年政研课题三等奖	"网络'代购'走私奢侈品案例分析及侦查对策研究"（缉私局：张钊）、"探讨新发展格局下中部地区综合保税区高质量发展的实现路径"（业务二处：侯倩、王云飞、于文芳、姜名）、"关检融合下风险防控工作的若干思考"（业务二处：邢郁文、王云飞、许辕坤、马榕、徐婷、侯素宏）、"口岸卫生检疫应急能力研究——以太原海关机场口岸为例"（卫食处：高彩虹、王建军、韩峰、曹欣、路志昊）、"大力推进智慧动植检建设，提升山西省动植物疫情疫病防范能力"（动植检处：李挚、闫玉芳、吴永升、常亚琦、张志凯）、"以焦炭为例浅谈如何扩大山西省大宗产品自营出口"（统计处：左云伟、梁建玉、蔚平英）、"新时期基层海关执法风险管理与内控机制实施路径的思考"（晋阳海关：李敬、姚宏、彭栋）、"晋阳海关关于切实践行海关信用管理制度改革，多措并举推进海关信用管理高质量发展的调研报告"（晋阳海关：成瑞、魏荣、赵霞）、"RCEP协定对山西醋产业发展影响分析"（晋阳海关：郭艳丽、孙文芳、张新宇、赵军）、"支持吕梁农产品扩大进出口贸易发展研究"（晋阳海关：赵昕、魏荣、彭栋、赵文娟、郝黎平）、"抢抓RCEP实施机遇，推动大同市外贸水平提质增量"（大同海关：段歆、薛晓峰、刘小亚）、"关于支持山西方略保税中心发展情况的思考课题"（临汾海关：吴嘉欣、孙文芳、周学宏、李宁）、"临汾市对外贸易存在的问题及对策"（临汾海关：徐靖、郝新敏、张彦、相小曼）、"以'求实、扎实、朴实'理念 深化内陆隶属海关业务改革的几点思考"（临汾海关：吴嘉欣、孙文芳）、"从一瓶果汁出口映射新形势下进出口食品安全监管"（运城海关：王泽军、许卫东、刘刚）、"从出口水果监管谈属地查检业务存在问题及对策"（运城海关：郭超、张升有、申梦童）、"属地查检的'实'与'效'改	太原海关统计分析处	统计处通知〔2023〕3号	2023年2月16日

续表

序号	荣誉名称	获奖单位或个人	颁奖单位	发文字号	发文时间
41	太原海关2022年政研课题三等奖	革探讨"（晋城海关：王子临）、"站在海关视角我们如何服务打造内陆地区对外开放新高地"（晋城海关：李蔚）、"强化政治机关建设工作研究"（晋城海关：崔璨、李鹏）、"长治市出口中药材情况分析和发展建议"（长治海关：李娜、常海燕、赵军）、"长治地区进出口食品农产品情况分析和发展建议"（长治海关：李娜、常海燕、赵军、梁冀）、"加强风险防控，提升外来入侵物种防控能力"（阳泉海关：葛润静）、"创新海关企业信用管理体系建设研究"（阳泉海关：茹艳丽）、"朔州市优化营商环境考核指标浅析"（朔州海关：杨浩、胡博、张新年、彭搏）、"提升生物安全实验室技术保障能力，助力太原海关完善国门生物安全治理体系"（技术中心、科技处：张敏爱、苏冰、苏健、张志华、陈阵）、"绿色、高效、精准检测食醋中的苯甲酸、山梨酸的技术研究"（技术中心：杜利君）、"探索《中华人民共和国疫苗管理法》实施后出入境人员预防接种新模式"（保健中心：闫鸿、王红、杨玉、王文娟、陈茜）、"关于海上运输交通船员咨询体检服务体系思路的探讨"（保健中心：穆贝莉、王红、范明卿、颜娜、杨永前、张马强）、"新冠肺炎疫情期间出入境人员健康宣教策略研究"（保健中心：王文娟、王红、李君萍、杨玉、闫鸿、陈茜、曹欣）、"卫生检疫实验室青年文明号标准化核心指标的构建"（保健中心：李晓宾、王红、李君萍、黄新、郭红丽）、"基层党组织强化政治引领，围绕履职尽责，促进党建和业务深度融合"（保健中心：黄新、王红、范明卿、王文娟、李微、赵华、田丽宏）	太原海关统计分析处	统计处通知〔2023〕3号	2023年2月16日
42	太原海关智库领军人才	石喆、徐炜、牛煜、于文芳、高彩虹、康宁、党海燕、吴永升、李彦缇、杨建业、蔚平英、杜伟、吉俊伟、张新宇、李玉路、宋欢、苑利、巩红霞、杜利君	太原海关统计分析处	统计处通知〔2022〕5号	2022年3月1日
43	太原海关2022年度优秀科技论文一等奖	"分子印迹技术用于水性介质中左氧氟沙星含量的测定"技术中心杨燕强	太原海关科技处	科技处通知〔2022〕58号	2022年12月28日
44	太原海关2022年度优秀科技论文二等奖	"试论推动新时代海关实验室建设 在高质量发展之路上行稳致远"（机关党委：翟金义）、"后疫情时代出入境人员传染病防控措施探讨——基于新冠肺炎疫情背景下山西口岸出入境人员传染病监测分析"（保健中心：王红）、"采用QuEChERS—气相色谱—质谱法快速测定农产品中143种农药及代谢物残留"（技术中心：杜利君）、"新冠肺炎疫情期间山西口岸出入境人员健康宣教策略研究"（保健中心：王文娟）	太原海关科技处	科技处通知〔2022〕58号	2022年12月28日

续表

序号	荣誉名称	获奖单位或个人	颁奖单位	发文字号	发文时间
45	太原海关2022年度优秀科技论文三等奖	"离子色谱—质谱法测定饼干中丙酸盐的含量"（技术中心：宋洁）、"山西口岸首例输入性类志贺邻单胞菌感染性腹泻病例的调查分析"（保健中心：李君萍）、"太原市一例输入性卵形疟处置及分析"（保健中心：杨玉）、"白酒能力验证检测项目不确定度评估"（技术中心：姚亚婷）、"低共熔溶剂固相萃取-高效液相色谱法同时测定粮谷中7种农药残留"（技术中心：张鑫鑫）、"新型冠状病毒全自动一体化快速检测设备性能验证分析"（保健中心：李晓宾）、"超高效液相色谱-串联质谱法测定动物源性食品中利尿剂残留量"（技术中心：薛颖）	太原海关科技处	科技处通知〔2022〕58号	2022年12月28日
46	太原海关2022年度优秀公职律师	梁引国	太原海关法规和督察内审处	法督处通知〔2022〕68号	2022年11月18日
47	2022年太原海关内控示范科室	综合业务一处通关科、动植物检疫处动物检疫科、太原机场海关旅检二科、晋阳海关查检一科、临汾海关综合业务科、财务处关务保障科、机关党委政工科、保健中心综合科、大同海关办公室、运城海关办公室	太原海关法规和督察内审处	法督处通知〔2023〕3号	2023年1月17日

"中国海关史料丛书"编委会

主 任 委 员 胡 伟　许大纯

副主任委员 黄冠胜　赵增连　杨振庆

编委会委员 翟小元　张 红　吴瑞祥　刘书臣　龙夫春　李海勇
　　　　　　　田 壮　詹庆华　陈福升　孙霞云

执 行 主 编 谢 放　詹庆华　郭志华

编　　　辑 房 季　王 虎　解 飞　范嘉蕾　李 多　刘金玲
　　　　　　　贺 红　邓玉栋